Lutz Müller

Trotzdem ist die Welt ein Rosengarten

Zum Glück des Seins erwachen
und das Wunder des Lebens feiern

Impressum

Dr. Lutz Müller, Jahrgang 1949, ist Psychotherapeut und Autor
Internetseite: www.opus-magnum.de

Die Deutsche Bibliothek verzeichnet diese Publikation in der Deutschen Nationalbibliografie.

Version 2. 01
Überarbeitete und wesentlich erweiterte Neuauflage von:
Trotzdem ist die Welt ein Rosengarten. Stuttgart: Kreuz 1996

Layout, Grafiken und Satz: Dr. Lutz Müller
Titelgestaltung unter Verwendung einer Nasa-Fotografie,
die die Erde im Abstand von ca. 35000 Km zeigt
http://visibleearth. nasa. gov/view_rec. php?id=15529
Herstellung: Book on Demand GmbH, Nordstedt
Verlag: opus magnum, Stuttgart. www. opus-magnum.de
ISBN 978-3-939322-53-5

Lutz Müller

Trotzdem ist die Welt ein Rosengarten

Zum Glück des Seins erwachen
und das Wunder des Lebens feiern

opus magnum

Inhalt

Was ist das Schwerste von allem?
Was dir das Leichteste dünkt.
Mit den Augen zu sehn,
was vor den Augen dir liegt.

Johann Wolfgang von Goethe[1]

Einleitung

Wir sind das Wunder,
auf das wir immer gewartet haben,
bereits jetzt und ohne jede Bedingung!

Liebe Leserin, lieber Leser,

bereits jetzt, in diesem Augenblick, ohne dass wir irgendwie anders sein oder etwas Besonderes tun müssten, sind wir wunder-volle, einzigartige Wesen. Bereits die einfache Tatsache, dass wir überhaupt existieren, dass wir auf diesem erstaunlichen blauen Planeten für ein paar Jahre leben dürfen, ist ein ganz und gar unwahrscheinliches Ereignis und ein unfassbares Geschenk der Schöpfung an uns. Aus Gründen, von denen einige in diesem Buch dargestellt werden, sind wir uns aber der Außerordentlichkeit unseres alltäglichen Da-Seins nicht wirklich bewusst.

Dass wir die Bedeutsamkeit unseres Leben nicht erkennen und würdigen, führt zu einem eigenartigen – vielleicht dem letzten großen – Tabu unserer Zeit und ist von tiefer Tragik. Wir versäumen unser Leben, wir belasten uns mit unsinnigen Idealen und Dogmen, wir nehmen vieles viel zu ernst, zu wichtig und zu schwer, wir suchen den Sinn und das Glück das Lebens dort, wo sie nur sehr schwer oder auch gar nicht gefunden werden können.

So glauben wir vielleicht, das Wunder unseres Lebens könne nur durch besonders schwer zugängliche mystische Erfahrungen oder durch tiefgründige philosophische Gedankengänge erfahren werden. Vielleicht wünschen wir uns visionäre Offenbarungen, geheimnisvolle magische Kräfte und übersinnliche Erscheinungen. Oder wir hoffen auf den großen überwältigenden Erfolg, das große Geld, die Macht, die Berühmtheit, die große Liebe. Oder wir glauben, wir müssten dauernd an uns arbeiten, dauernd verändern, dauernd besser werden, sei es moralisch oder leistungsmäßig.

Nicht, dass alle diese Dinge nicht auch ihren Wert und Sinn haben können – wir werden uns mit der berechtigten Freude an diesen Dimensionen des Lebens unter einer ganz neuen Perspektive beschäftigen. Aber wir übersehen sehr leicht, welche Wunder und welche überwältigenden Erfahrungen sich in jeder Sekunde immer wieder neu und unmittelbar in uns ereignen, ohne dass wir es recht bemerken und ohne dass wir dafür etwas leisten müssen: Das Wunder unseres einfachen Da-Seins hier auf der Erde, das Wunder unseres Lebendigseins in einem über alle Maßen erstaunlichen Körper, das Wunder unserer Liebesfähigkeit, das Wunder unserer Kreativität und das Wunder unseres Selbst-Bewusstseins, das uns erkennen lässt: „Ich bin jetzt hier!" Es kommt nur darauf an, dies alles emotional und bewusst als eben dieses Mysterium zu erfassen und es zu einer tragenden, bewussten Erkenntnis werden zu lassen.

Möglicherweise wenden an dieser Stelle viele ein: „Was, das soll es sein? Das Ziel meiner Sehnsucht, das Himmelreich, das wahre Selbst, das Göttliche, das, was ich immer gesucht habe, soll einfach das Leben hier auf unserem Planeten sein? Dieses schwierige, dieses verrückte, dieses verdammte Leben mit all seinem Leid, seiner Angst, seinem Kampf, seiner Anstrengung, seinem Ärger, seiner Gewalt, den Grausamkeiten und Unmenschlichkeiten, den Krankheiten, dem Alter, dem Tod? Dieses Leben lebe ich ja schon die ganze Zeit, und ich bin nicht glücklich dabei geworden!"

Wir übersehen bei dieser spontanen Reaktion möglicherweise die alles entscheidenden, die weltverändernden, revolutionären, magischen Wörtlein „bewusste Erkenntnis". Erst wenn wir wirklich bewusst erkennen und begreifen, gedanklich und gefühlsmäßig, erst wenn wir uns im Innersten unseres Herzens davon treffen lassen, dass unsere Existenz auf dieser Erde ein grandioses Wunder ist, dann beginnt in uns eine Ahnung aufzusteigen, worin unser eigentlicher Reichtum besteht und was das eigentliche Ziel unserer Sehnsucht ist.

Wie die Hand, vors Auge gehalten,
den größten Berg verdeckt,
so deckt das kleine irdische Leben
dem Blick die ungeheueren Lichter und Geheimnisse,
deren die Welt voll ist;
und wer es vor seinen Augen wegziehen kann,
wie man eine Hand wegzieht,
der schaut das große Leuchten des Weltinnern.

Rabbi Nachman[2]

Erwachen zum Glück des Seins

Freudiges, schöpferisches Lebendigsein, die Ganzheit des Lebens in Liebe, Freiheit und Frieden zu erfahren und zu erfüllen: Das ist es, wonach alle Menschen und alle Wesen in tausend Formen suchen, wonach wir uns seit unserer Geburt im Innersten sehnen. An dieser Sehnsucht ist nichts Falsches, nichts Unrealistisches, nichts Anmaßendes, nichts Sündiges. Im Gegenteil: Sie ist heilig. Sie scheint der Ursprung unserer Existenz und ist ihr Ziel. Weshalb sonst sollte das Universum je Leben hervorgebracht haben, wenn darin nicht ein höchster Wert läge? Der französische Philosoph Blaise Pascal hat es ganz schlicht und einfach ausgedrückt:

Der Mensch ist geboren für die Freude:
Er fühlt es und braucht keinen anderen Beweis.

Blaise Pascal[3]

Ein Blick auf das unaufhörlich sich ausdehnende Universum, auf unseren wundersamen blauen Planeten Erde, auf den unermüdlichen evolutionären Prozess, auf die sich dauernd gestaltende, umgestaltende Natur, den überwältigenden Drang, der Frau und Mann sich lieben und vereinigen lässt und die Geburt eines Menschen könnte genügen, um es überdeutlich werden zu lassen: Alles in uns strebt auf einen Zustand hin, in dem sich in uns und durch uns die verschwenderische Fülle des Lebens verwirklichen kann.

Wer je mit offenen Sinnen und freiem Bewusstsein den Flug der Vögel unter dem Himmel, das Springen der Fische im Wasser, das Aufbrechen der Natur im Frühling, das glückselige Herumtollen der Kinder beobachtet hat, wer jemals das einfache, alltägliche Erwachen aus dem Schlaf und das allmähliche Bewusstwerden seiner selbst am Morgen achtsam erfahren hat, der kann es unmittelbar spüren: Das Wunder des Lebens offenbart sich in uns immer wieder neu in seiner ganzen Vielfalt, in seinem ganzen Reichtum an Formen, Farben und Tönen, an Gerüchen und Empfindungen, an Gefühlen, Bewegungen und Handlungen.

Dieses Wunder ist so offensichtlich und könnte so beglückend sein, gleichzeitig ist es uns auch so merkwürdig verborgen. Tief in uns ist zwar ein Sehnen, und es scheint, als ahne etwas in uns, wie sich diese Sehnsucht erfüllen ließe, aber der leisen, unscheinbaren Stimme trauen wir nicht. Wir reden uns ein, dass sich unsere Sehnsucht gar nicht verwirklichen ließe, dass sie nur ein Kindertraum, eine Utopie sei.

Auch in „aufgeklärten“ intellektuellen und psychologischen Kreisen ist es fast ein Tabu geworden, über das Wunder und die Schönheit des Lebens zu sprechen. Das Wunder des Lebens wird ignoriert, abgewertet, lächerlich gemacht, wegrationalisiert, wegmoralisiert. Man fragt: Ist es nicht angesichts des menschlichen Elends und Leids, das auf der Welt überall herrscht, angesichts der Umweltzerstörung, der Kriege und Hungersnöte, der Grausamkeit und Gewalt geradezu ein Hohn, an das Gute und Schöne zu glauben? Ist es nicht eine Flucht in eine illusionäre „Heile Welt“, eine Flucht aus der Verantwortung vor den anstehenden, so ungemein drängenden politischen, ökologischen und gesellschaftlichen Fragen? Das Wunder des Lebens? Das ist doch nichts als eine naive, kindische, kitschige Vorstellung! Bestenfalls hat sie ihren Platz in den Schlagern der Volksmusik.

Ja, es stimmt, das Leben kann sehr schwer, sehr konflikthaft, voller Gewalt, Schmerz und Leid sein. In der Natur und im Leben finden wir unendlich viel Grausamkeit, Gleichgültigkeit und Kälte. Und wir kennen auch tausend Formen von Täuschung, Ablenkung und Flucht, um vor dem namenlosen Leid der Welt die Augen zu verschließen.

Aber warum tragen wir Menschen noch unseren großen Teil dazu bei? Warum helfen wir uns nicht gegenseitig, das Leid zu vermindern und unsere Entfaltung gegenseitig zu fördern? Könnte es nicht sein, dass das unaufhörliche Leid und die Gewalt, die wir uns und der Natur antun, vor allem aus unserer Unbewusstheit und unserer existenziellen Angst kommen? Kommen sie vielleicht daher, dass uns das Wunderbare unserer Existenz gar nicht wirklich bewusst ist? Wird unser Leben nicht immer noch vor allem bestimmt durch unsere tief in unseren Genen verankerten Kampf ums Überleben?

Sind wir vielleicht deswegen so gleichgültig, so lieblos, so unverantwortlich, so zerstörerisch, weil wir noch gar keine rechte Zeit hatten, uns klar darüber zu werden, welch unfassliches Geschenk es ist, dass gerade wir es sind, die das alles erleben dürfen? Erscheint uns unser Leben vielleicht deshalb so eingeengt, sinn- und wertlos, weil wir voll sind von abwertenden Urteilen über uns und das Leben, weil wir voll sind von einem verzweifelten, zerstörerischen Leistungs- und Erfolgsdenken, weil wir voll sind von tausenderlei Vorstellungen, wie wir idealerweise sein sollten, voll von vermeintlichen Pflichten und Regeln?

> Der Mensch ist unglücklich, weil er nicht weiß,
> dass er glücklich ist.
> Es ist nur das.
> Das ist alles, das ist alles!
> Findet das einmal einer heraus, wird er sofort,
> im gleichen Augenblick, glücklich werden …
>
> *Fjodor Dostojewskij*[4]

Vielleicht steckt hinter unseren vielen Süchten, hinter unserer Lebens-Gier, unserem Freiheits-Durst, unserer Selbst-Sucht und unserer Liebes Sehn Sucht gerade dieses nicht bewusste und nicht zugelassene Verlangen nach freier, offener Lebendigkeit und nach der Erfahrung einer liebevollen Verbundenheit mit dem Wunder des Lebens und des Selbst?

Es mag noch ungewohnt sein, so zu denken, aber versuchen wir einmal uns bewusst zu machen: Unser Körper mit seinen vielen Fähigkeiten und Funktionen, unser überaus schöpferisches Selbst und unser Bewusstsein sind die Quintessenz, die Summe der Erfahrung und Weisheit der Intelligenz der Natur auf dieser Erde und des Universums!

Im Vergleich zu den unbewussten Zuständen, in denen sich das Leben auf der Erde viele Millionen Jahre lang befunden hat, ist unser alltägliches, waches, bewusstes Dasein reine Ekstase. In ihm feiert das Universum das Bewusstwerden seiner eigenen Existenz. Und wir sind eingeladen, an dieser Feier teilzunehmen!

Machen wir uns nur einmal wirklich ganz bewusst: Viele Jahrmillionen war das Leben auf diesem Planeten vorhanden, aber „es" wusste kaum, dass es vorhanden war. Alles lief unglaublich weise, unglaublich intelligent, unglaublich aufeinander abgestimmt und miteinander verbunden ab, Jahreszeiten kamen, Jahreszeiten vergingen, Leben kamen, Leben vergingen, aber das Leben erkannte sich selbst nicht und von daher sah auch niemand das Wunder.

Es war, was es einfach war: ein ewiges Geborenwerden und Sterben, ein Kommen und Gehen, ein Fressen und Gefressenwerden. Es gab kein richtig und falsch, kein gut und böse, kein schön und hässlich. Aber es fehlte das Licht der Bewusstheit, es fehlte die Wärme der liebenden Verbundenheit mit dieser schweigenden Schöpfung, es fehlte die menschliche schöpferische Fantasie, die auf dieses Seins-Wunder antwortete und es zum Erblühen brachte.

Und dann plötzlich tauchte das Bewusstsein in der Menschheit auf wie die Sonne nach einer langen, schweren Nacht. Wie Bewusstsein überhaupt möglich ist, weiß keiner heute wirklich zu sagen oder zu verstehen. Ein geheimnisvoller fantastischer Quantensprung der Evolution scheint es irgendwie gewesen zu sein. Das menschliche Bewusstsein, die menschliche Liebe und die menschliche Kreativität sind die große Hoffnung des Lebens, aus dieser ursprünglich unbewussten Einheit, diesem ewigen, gleichförmigen Strom des Werdens und Vergehens herauszufinden, zumindest für die kurze Spanne unseres Daseins.

Es ist unsere Aufgabe, dem Dasein zum Licht des Selbsterkennens, zum Sinn, zur Freiheit und zur Liebe zu verhelfen. Es sind diese Fähigkeiten, die unsere Erde zu einem wirklichen Paradies machen könnten.

> Da gehn die Menschen hin,
> und staunend sehn sie nach den Bergesgipfeln,
> dem breiten Strom gewaltiger Flüsse,
> dem endlos weiten Rund des Ozeans und dem Lauf der
> Sterne, sich selber aber sehn sie nicht und sehn sich ohne
> Staunen.
>
> *Augustinus*[5]

Zu diesem Staunen über sich selbst zu erwachen, dieses freudige Bewusstsein über das Wunder der Existenz zur Grundlage unseres Lebens zu machen, ist unsere wichtigste Aufgabe. Aus ihm gehen alle weiteren wesentlichen Werte, Einstellungen und Ziele, die wir für das Leben brauchen, fast wie von selbst hervor. Die Einsicht, dass wir bereits hier, in diesem Augenblick, Anteil haben an einem der unfassbarsten Ereignisse, das sich denken lässt, verleiht unserem Leben spirituellen Sinn, sie verbindet uns mit den anderen Lebewesen wie mit den unpersönlichen Energien und Gesetzmäßigkeiten des Universums. Sie hilft uns auch zu entdecken, dass das, wonach wir insgeheim immer gesucht haben, wirklich existiert!

Unsere tiefe Sehnsucht nach Glück, Liebe, Freiheit und Frieden ist nicht eine unerfüllbare Hoffnung oder ein illusionärer Traum, sondern wird ein wirklich erfahrbarer Zustand sein, wenn wir nur bereit werden, uns ihm zu öffnen und uns dafür einzusetzen. Aber das ist nicht alles. Dieser Zustand der Befreiung und des Glücks ist nicht nur erfahrbar, sondern uns auch unmittelbar nahe.

Und das Allerschönste: Er ist in gewisser Hinsicht bedingungslos, selbstverständlich und einfach, er bedarf keiner gewaltigen Anstrengung, keiner moralischen Leistung, keines veränderten Bewusstseinszustandes, keiner besonderen philosophischen Gedankenarbeit. Wir brauchen auch nicht ständig anders zu sein, als wir sind. Er ist auch kein Gnadenakt, der uns von einer unbekannten Wesenheit erst dann zugestanden wird, wenn wir ihn uns verdient haben. Er ist einfach ein Geschenk der Schöpfung an uns, das sich im gegenwärtigen Augenblick bedingungslos ereignet.

Es ist, als hätte uns die Schöpfung unser Leben anvertraut mit den Worten: „Hier, nimm die Fülle, das Beste, was ich dir geben kann, das Beste, was überhaupt existiert." Jedem von uns steht diese Erfahrung der Fülle zu, auch wenn wir es nicht wissen und es uns sehr schwer fällt, sie zu sehen, zu würdigen und anzunehmen. Wir bräuchten einfach nur hinzuschauen und uns dieser einfachen Tatsache bewusst zu werden! „Wenn nur nicht das Einfachste das Allerschwierigste wäre!" (C. G. Jung[58])

Der durchgängige Leitgedanke dieses Buches ist also der, dass sich jetzt schon, von jedem Augenblick zu jedem Augenblick, das Leben – oder wenn wir wollen – das Mysterium oder das Göttliche – in seiner ganzen Fülle offenbart und dass es vor allem darauf ankommt, sich dessen bewusst zu werden bzw. sich davon nicht allzu sehr ablenken zu lassen.

Es geht zunächst einmal nicht darum, dass das Leben (und wir selbst) irgendwie entscheidend anders sein sollte, als es schon ist, sondern dass wir dem Leben (und uns) nicht mehr im Wege stehen, indem wir den gegenwärtigen Augenblick (und uns) kritisieren und ihm vorwerfen, er sei nicht Ordnung so, wir könnten ihn erst akzeptieren, wenn er ganz anders, viel besser und idealer sei.

Das Allerwichtigste ist, überhaupt erst einmal wirklich zu erkennen, was wir bereits sind und was wir bereits haben, bevor wir uns fragen, was wir sonst noch können und wollen. Wenn wir das erkannt haben, können wir daran gehen, mit Besonnenheit und Liebe die Dinge zu ändern, die wir meinen ändern zu müssen.

> [...] Natur ist göttlich voll; wer kann sie leisten,
> wenn ihn ein Gott nicht so natürlich macht.
> Denn wer sie innen, wie sie drängt, empfände,
> verhielte sich, erfüllt, in seine Hände.
> Verhielte sich wie Übermaß und Menge
> und hoffte nicht noch Neues zu empfangen,
> verhielte sich wie Übermaß und Menge
> und meinte nicht, es sei ihm was entgangen,
> verhielte sich wie Übermaß und Menge
> mit maßlos übertroffenem Verlangen
> und staunte nur noch, dass er dies ertrüge:
> die schwankende, gewaltige Genüge.

Rainer Maria Rilke[6]

Die überwältigende Fülle unseres gegenwärtigen Lebens bewusst zu erkennen, bedeutet aber keineswegs, sich oder die Welt nicht mehr verändern zu wollen, keine Ziele mehr anzustreben, alle Wünsche loszulassen oder nicht mehr an die Zukunft zu denken (wie es einige traditionelle religiöse Systeme vorschlagen). Das würde uns ohnehin nur schwer gelingen, denn hinter unseren Sehnsüchten, Wünschen und Hoffnungen stehen mächtige und schöpferische Lebenskräfte, ohne die wir gar nicht existieren würden.

Im Gegenteil, die freudige, engagierte Teilnahme an der fortwährend schöpferischen Entfaltung ist eines der Ergebnisse unserer weitergehenden Einsichten. Sie geschieht aber nicht hauptsächlich aus einem Gefühl des Mangels, eines Nicht-richtig-Seins oder eines Ungenügens heraus, sondern entspringt einer Lust und Freude an der Fülle, am Neuen, am Wachsen, am Spielerischen und Schöpferischen. Wenn also in diesem Buch immer wieder auch Anregungen zur Meditation, zur Imagination oder zur Übung gegeben werden, dann vor allem aus diesem Grund: Sich des Wunders des Lebens bewusster zu werden, den Widerstand gegen die Ganzheit des Lebens und gegen sich selbst aufzugeben und Erfahrungen zu sammeln, die uns ermutigen, sich dem Leben und dem Selbst immer mehr vertrauensvoll zu öffnen.

Während ständiges Üben in vielen Bereichen des Lebens zur Aneignung von Fertigkeiten und Wissen unverzichtbar ist, ist dies bei unserem Thema allerdings mit subtilen Fallstricken verbunden. Techniken und Methoden erzeugen in uns fast automatisch die Vorstellung, man müsste erst lange üben oder es bräuchte eine besondere Technik oder Methode, um ans Ziel zu gelangen. Fast alle traditionellen religiösen, philosophischen oder psychologischen Systeme legen uns nahe: „Das, was jetzt ist, ist noch nicht das Eigentliche. Das Eigentliche kommt erst dann, wenn Du eine bestimmte Entwicklung gemacht, einen bestimmten Zustand erreicht, ein ganz besonderer, ein besserer, ein bewussterer, ein reiferer Mensch geworden bist."

Obwohl diese Aufforderung in gewisser Hinsicht natürlich stimmt, denn Bewusstwerdung und Reifung sind immer auch Lernprozesse, so kann genau auch diese Notwendigkeit dazu benutzt werden, den Menschen Angst zu machen, ihnen andauernde Scham-, Schuld- und Minderwertigkeitsgefühle zu vermitteln. Damit „arbeiten" manche religiösen Traditionen seit Urzeiten, um Menschen in Abhängigkeit zu halten.

Wird eine psychologische oder spirituelle Methode in diesem Sinne falsch verstanden oder verwendet, wird sie zu einem kaum zu durchschauenden und zu überwindenden Widerstand gegen das unmittelbare Gewahrwerden des Wunders des sich jetzt hier offenbarenden Lebens. Die Methode oder Technik selbst wird zum eigentlichen Hindernis. Deshalb die dringende Empfehlung: Wagen wir es, erst einmal alle Techniken und Methoden zur Seite zu stellen und uns nur bewusst zu machen, was jetzt schon da ist. Und dann wollen wir schauen, was sich weiter entfalten will. Nur für den, der dennoch auf weitere Anregungen angewiesen ist, sind die Übungen in diesem Buch gedacht. Ansonsten gehen wir davon aus: Das Wunder ist immer schon da, bedingungslos und grenzenlos.

Den Widerstand gegen das Leben aufgeben

Zu dieser Einsicht braucht es keine besondere Methode und wir haben meist jetzt schon alle Fähigkeiten, die wir benötigen, um uns des Wunders gewahr zu werden. Wir brauchen nur unseren merkwürdigen Widerstand gegen diese einfache Tatsache aufzugeben, innezuhalten und uns zu sagen: „Dies hier ist es! Dies ist das wahre Leben! Dies, was sich jetzt hier ereignet, ist bereits das größte Wunder, das es für mich geben kann!" und wir brauchen vielleicht nur noch andere Menschen, die uns daran erinnern und die wir daran erinnern. Dann könnte das Leben zu dem Fest werden, das es schon immer ist.

> Das lebendige Leben muss etwas unglaublich Einfaches sein, das Alltäglichste und Unverborgenste, etwas Tagtägliches und Allstündliches, etwas dermaßen Gewöhnliches, dass wir einfach nicht glauben können, dieses Einfache könnte es sein, und deshalb gehen wir schon so viele Jahrtausende an ihm vorüber, ohne es zu bemerken und zu erkennen.
>
> *Fjodor Dostojewkij*[7]

Wenn wir ganz davon durchdrungen sind und wir keinen Zweifel mehr daran haben, dass dies wirklich so ist, dann können wir versuchen, einen weiteren Widerstand loszulassen: den Widerstand gegen uns selbst, gegen die unbekannte Ganzheit unseres Selbst, gegen unsere individuelle Eigenart, gegenüber dem, was wir wirklich sind, was wir wirklich fühlen, gegen unsere schwachen und dunklen Seiten und schließlich gegen die Einsicht in unser absolutes Nicht-Wissen. Bei Laotse heißt es: „Seine Unwissenheit zu kennen ist das Höchste." Wenn wir uns endlich unser absolutes Nicht-Wissen eingestehen können, dann beginnen wir zu erahnen, dass wir ein Mysterium sind und von einem Mysterium getragen werden.

Den Widerstand gegen das eigene So-Sein aufgeben

Den Widerstand gegen uns selbst und unsere Eigenart loszulassen, erscheint uns oft als fast unmöglich, weil dies mit tiefen Ängsten verbunden ist. Wir befürchten, die anderen Menschen würden uns dann nicht mehr mögen, ablehnen, verstoßen. Es lauert dahinter existenzielle Angst, wahrscheinlich sogar Todesangst. Wir sind alle so sehr abhängig von der guten Beziehung zu anderen Menschen, dass wir befürchten, wenn wir uns und anderen zugestehen könnten, dass wir gar nichts Besonderes sind, nichts Besonderes wissen und nichts Besonderes können und auch nicht besonders gut sind, dass wir dann nicht mehr geliebt werden. Und genauso geht es vielen anderen Menschen. Viele andere Menschen leiden ihr ganzes Leben an dieser Angst des Nicht-Geliebt-Werdens, Nicht-Gesehen-Werdens, Nicht-Dazu-Gehörens.

Andererseits leiden wir alle auch unsäglich darunter, dass wir nicht so sein dürfen, wie wir eben wirklich sind, so närrisch und so unwissend. Und jeder, der den Mut aufbringen würde, ein wenig mehr von seiner Eigenart, seinem Schatten und von seinem Nicht-Wissen zu zeigen, würde auch die anderen Menschen ermutigen, dies zu tun, sich zu ihrer Wirklichkeit zu bekennen und mit dem ewigen leidvollen Theaterspielen aufzuhören. Was für eine Erleichterung, was für ein befreites Lachen ginge um die Welt!

Wenn wir uns zulassen könnten, wie wir sind, könnten wir entdecken, dass gerade das, worunter wir so oft leiden, nicht ein zu überwindendes Übel sind. Sie sind vielmehr die Bedingung und Grundlage unserer Existenz, ohne welche wir nicht das erleben können, was wir erleben. Unsere Ängste, schwankenden Stimmungen, Triebe, Schattenseiten, Begrenztheiten und unsere tausendfältigen Konflikte, Polaritäten, Widersprüche und Paradoxien sind der Preis dafür, dass sich unsere Gene durch die lange Reihe unserer Ahnen bis zurück zu den Einzellern heute durchgesetzt haben und dass gerade wir heute das Vorrecht haben, zu existieren.

Stellen wir uns einmal vor, wir könnten, wo immer wir auch sind, einfach da sein. Stellen wir uns vor, wir müssten uns innerlich nicht rechtfertigen und verteidigen für unsere Eigenart, wir müssten nichts wissen, nicht recht haben oder besser wissen, wir könnten einfach da sein, zuhören, fühlen, fantasieren und lernen. Wir könnten fragen, ohne Angst zu haben, für dumm gehalten zu werden. Wir könnten ausprobieren und Fehler machen, ohne Angst zu haben, dafür bewertet oder bestraft zu werden. Wir könnten so selbstverständlich einfach da sein, dass wir uns vergessen könnten. Was für eine Befreiung und für ein Glück das wäre!

Die Gedanken und Texte in diesem Buch sollen uns zu dieser Befreiung ermutigen. Sie sind Wiederholungen und Variationen des einen grundlegenden Themas: „Das Leben hier und jetzt ist ein großes Wunder, wir dürfen ohne Angst, Scham und Schuld daran teilhaben, wir dürfen einfach sein, wie wir sind und dürfen alles wissen und erfahren, was es gibt!“

Das ständige Wiederholen dieses Gedankens in diesem Buch ist beabsichtigt und ein – zugegebenermaßen etwas hilfloser – Versuch, uns diese einfache Tatsache ins Bewusstsein zu heben. Denn diese fast banalen und selbstverständlichen Tatsachen sind uns in ihrer emotionalen Bedeutung nur schwer zugänglich und wir haben fast unüberwindliche Gegner: die Überlebensmechanismen der Evolution, die Gesellschaft und die religiösen Traditionen. Alle diese lassen uns das, was sich gerade jetzt hier vor unseren Augen ereignet, als etwas ganz und gar nichts Außerordentliches, ja sogar als etwas Banales und Langweiliges und Schlechtes erscheinen.

Mithilfe eines einfachen Modells, das fünf elementare Prinzipien des Lebens beschreibt, werden dann diejenigen Lebensweisheiten zusammenfassend dargestellt, die unser Grundthema unterstützen. Diese Lebensweisheiten sind einfacher, universaler Natur. Wir neigen zwar oft dazu, sie gering zu werten, aber sie sind dennoch so wichtig, dass es keinen Menschen gibt, der ein wahrhaft erfülltes, zufriedenes, schöpferisches und menschenwürdiges Leben führen könnte, ohne mit ihnen in Einklang zu stehen.

Zur Abbildung: Das Pentaolon-System stellt einen Versuch dar, die zentralen archetypischen Prinzipien des Seins in einem Mandala-Symbol anzuordnen. Vier Prinzipien sind als Erde (Bios), Herz (Eros), Schwert (Heros) und Licht (Logos) symbolisiert. Das fünfte Prinzip (Mystos) ist zum einen der unerkennbare Ursprung (Leere) wie auch die sich in allem offenbarende Ganzheit (Fülle). Der Spektralkreis mit den Diamanten soll verschiedene Bewusstseinsstufen und Strukturen andeuten, in denen sich das nonduale schöpferische Mysterium in seinen unendlichen Facetten spiegelt, ohne je ganz erkannt zu werden.[6]

Fünf einfache Lebensprinzipien

Wenn man vor diesem Hintergrund des Staunens und Wunderns über die eigene Existenz nach den Antworten sucht, welche die östlichen und westlichen Religionen, Philosophien und Psychologien, die Mythen und Märchen, Kunst, Literatur und Volksweisheiten auf die Fragen nach einer wahren Lebens-Kunst gegeben haben, stößt man im Kern immer wieder auf die gleichen Aussagen.

Und diese Aussagen, mit denen wir uns auch in diesem Buch beschäftigen wollen, haben alle etwas Erfreuliches gemeinsam: Sie sind im Grunde einfach und selbstverständlich, sie leuchten unmittelbar ein und bedürfen für einen Menschen mit Lebenserfahrung keines weiteren Beweises. Sie sind einfach und elementar, weil sie der Eigenart unseres Körpers, unserer Seele, unserer menschlichen Beziehungen und unseres Lebensprozesses entsprechen. Und sie sind einfach in dem Sinne, dass sie nichts voraussetzen, was wir nicht schon hätten und dass sie nichts verlangen, was nicht die meisten von uns erreichen könnten.

Diese essenziellen Einsichten und die von ihnen abgeleiteten Orientierungshilfen lassen sich in einem einfachen Mandala-Symbol („Pentaolon-System“) mit fünf zentralen Prinzipien (Bios, Eros, Heros, Logos, Mystos) zusammenfassen. Der Name „Pentaolon“ setzt sich zusammen aus der griechischen Vorsilbe „penta“ für die Zahl Fünf und dem griechischen „holon“, welches oft als modernes Wort für Ganzheit verwendet wird. Die Bezeichnung soll also darauf hinweisen, dass es ein ganzheitliches Modell ist, das auf fünf (vier plus eins) zentralen Elementen beruht. Diese Prinzipien sollten sich idealerweise im Leben des Einzelnen wie der Gesellschaft in einem gesunden ausbalancierten Fließgleichgewicht befinden, was sich in der Silbe „tao“, die in der Mitte erscheint, symbolisch gut ausdrückt. Das Pentaolon-System greift auf die großen universalen Symbole und die Lebensweisheit der Menschheit zurück, wie sie sich in den Jahrtausenden der menschlichen Entwicklung in ihren kulturellen Schöpfungen niedergeschlagen haben, in ihrer Kunst, ihren Geschichten und Gedichten, ihren Mythen und Märchen, in Sprichworten und Redensarten.

Im Folgenden seien die fünf (vier plus eins) zentralen Aspekte des Pentaolon-Systems kurz zusammenfassend dargestellt. Sie stehen einerseits in einem gewissen polaren Spannungsverhältnis zueinander, andererseits überschneiden sie sich in hohem Maße und ergänzen sich. Die Schattenseite eines Prinzips tritt besonders dann negativ und destruktiv hervor, wenn es wenig Beziehung zu den anderen Prinzipien hat oder ganz aus dem Leben eines Menschen oder einer Kultur ausgeschlossen wird. Dann erzwingt es sich seine Existenz meist auf gewaltsame Weise.

Das Bios-Prinzip

Das Bios-Prinzip (im weiteren kurz Bios genannt) bezeichnet die universalen, materiell-biologischen Lebensgrundlagen unserer Existenz. Dazu gehören also beispielsweise: Ursprung, Energie-Materie, Evolution, Leben und Natur, des Weiteren unsere vitalen Bedürfnisse, Instinkte und Triebe, die Fruchtbarkeit, das Sinnliche und Körperliche. Das ihm zugeordnete zentrale Symbol ist die Erde.

In den traditionellen Symbolsystemen wird Bios häufig mit dem weiblichen Urprinzip, der „Großen Göttin“ oder „Großen Mutter“ verbunden. Unser Leib mit seinen vielen Sinnen, Funktionen und Fähigkeiten ist die Summe des schöpferischen Mysteriums des Universums. Er ist aus den Elementen des Universums und der Erde aufgebaut und fasst den ganzen evolutionären Prozess zusammen. Er ist ein wahrer Mikro-Kosmos im Makro-Kosmos, der Tempel der Schöpfung.

Das Eros-Prinzip

Das Eros-Prinzip steht dem Bios-Prinzip in mancherlei Hinsicht sehr nahe und bezeichnet die Dimension der Beziehung, der Liebe, Schönheit, der Freude und der Harmonie. Sein Hauptsymbol ist das Herz. Die Erotik im weitesten Sinne, die Liebe und die Kunst machen uns zu den höchsten und tiefsten Gefühlen fähig, sie geben dem Leben Zauber, Glanz und Wärme und wecken die edelsten Tugenden des Menschen. Für viele Menschen ist der Eros, wie er sich in der Liebe und der Kunst zeigt, die bisher höchste Offenbarung des Göttlichen.

Das Heros-Prinzip

Das nächste universale Prinzip, welches dem Eros polar gegenübersteht, ist Heros. Während Eros verbindet, trennt Heros, um die bestehenden Begrenzungen zu erweitern. Heros bezeichnet solche Aspekte wie Tatkraft, zielgerichtetes Handeln, Autonomie, Stärke, Mut, Bereitschaft zu Konflikt, Auseinandersetzung und Kampf. Sein Hauptsymbol ist der nach rechts oben gerichtete phallische Pfeil oder das Schwert. Heros ist jene vorwärtsdrängende Energie, die uns den harten Kampf ums Dasein ermöglicht und uns die Kraft zur Selbstverwirklichung verleiht. Helden und Heldinnen sind die Hauptakteure in allen Erzählungen, Geschichten und Filmen. Sie ermutigen uns, der eigenen Vision zu folgen und die Gefahren der „Großen Suche", die zum Selbst führt, auf uns zu nehmen.

Das Logos-Prinzip

Dem Bios-Prinzip gegenüber polar angeordnet – aber auch hier niemals als ausschließender Gegensatz gemeint – steht das Logos-Prinzip, das die geistige Dimension bezeichnet. Zum Logos gehört alles, was sich auf den Geist, die Weisheit und Intelligenz, die in aller Schöpfung walten, auf Ordnungsstrukturen, Gesetzmäßigkeiten, auf Bewusstsein, Erkenntnis und auf Wahrheits- und Sinnfindung bezieht. Das zugeordnete Hauptsymbol ist das Licht, dargestellt durch die Sonne. Die traditionellen Symbolsysteme sehen in ihm das oft männliche Urprinzip, den männlichen Schöpfer-Gott oder den „Großen Vater".

Unser Bewusstsein scheint eine der komplexesten und differenziertesten Qualitäten des Logos zu sein, auch wenn der Logos keineswegs nur im Bewusstsein wirkt. Auch im Unbewussten, im Körper wie in der Natur sind hoch intelligente, strukturierende Kräfte wirksam. Durch unser Bewusstsein aber wird sich das Leben erst seiner selbst bewusst, es kann sich durch unser Bewusstsein in seiner ganzen Größe und unbeschreiblichen Schönheit erkennen und erfahren.

Das Mystos-Prinzip

Die beschriebenen vier Prinzipien sind verschiedene polare Aspekte eines umfassenden Ganzen. Dieses Ganze wird als fünftes Prinzip mit „Mystos" (griech. mystikos: geheimnisvoll) oder auch als „Schöpferisches Mysterium" bezeichnet, denn das Absolute und Ganze bleibt uns immer geheimnisvoll verborgen. Das Einzige, was wir mit Sicherheit sagen können, ist, dass Es existiert (sonst würde nichts existieren) und dass es offensichtlich schöpferisch ist (denn sonst gäbe es keine Schöpfung und kein Schöpferisches in uns). Was Es aber „wirklich" ist, das können wir aufgrund der prinzipiellen Begrenzungen unserer Sinne und Erkenntnismöglichkeiten niemals wissen.

Mystos weist also auf den verborgenen Mittelpunkt und den ganzen Umfang des Menschen wie auch des Lebens hin. Es ist das Mysterium der sich selbst organisierenden, schöpferischen Einheit und Ganzheit des Seins, aus der sich die beschriebenen anderen Faktoren in einem andauernden Wachstums- und Veränderungsprozess heraus differenzieren und hinein integrieren. Die Orientierung auf diese letztlich verborgene Einheit und Ganzheit scheint das Ziel aller religiösen Systeme und des Lebensprozesses zu sein. Die religiösen Traditionen haben sich mit den unterschiedlichsten Bezeichnungen auf „Es" bezogen, z. B. als das Absolute, das Eine ohne ein Zweites, das Göttliche, das Tao, der Stein der Weisen, das Selbst usw., aber auch schon immer gewusst, dass es in seinem Wesen letztlich unerkennbar ist.

Das Entscheidende am Mystos ist also seine unendliche Komplexität und Paradoxität als offenbares, „heilig-öffentliches Geheimnis“ (wie Goethe es nennt): Einerseits ist das Mystos-Prinzip das eigentlich Wirkliche und Wesentliche, das, was der Mensch immer schon in jedem Augenblick ist und woraus er unmittelbar lebt, das, was in jedem Moment so ist, wie es ist und was sich dauernd verändert. Andererseits ist und bleibt es, gerade weil es die Essenz ist, in gewisser Weise immer verborgen. Es ist damit ein offenbares und zugleich unzugängliches schöpferisches Mysterium. Wir werden auf dieses grundlegende Paradoxon, das uns so viele Rätsel aufgibt, im letzten Kapitel ausführlicher eingehen.

Im Bereich des menschlichen Organismus deckt sich das Mystos-Prinzip weitgehend mit dem Selbst-Begriff der Tiefenpsychologie C. G. Jungs und anderer moderner Autoren. Das Selbst im hier verwendeten Sinne bezeichnet die Gesamtheit aller unserer latenten wie realisierten bewussten und unbewussten Erlebens- und Verhaltensmöglichkeiten, die Gesamtheit des „Systems Mensch“.

Es bezeichnet auch jene innere steuernde Intelligenz und Weisheit unseres Organismus, die das unfassbare Potenzial an Funktionen und Fähigkeiten so organisiert, dass sie sich im Lebensprozess verwirklichen können.

Opus magnum: Das große Werk der Selbst-Verwirklichung

Das Leben und die Entwicklung des menschlichen Individuums ist ein Prozess, in dem sich die Persönlichkeit und das Bewusstsein des Menschen aus einem unbewussten, undifferenzierten Anfangszustand heraus in immer differenziertere, bewusstere Zustände hinein entwickeln. Diese Entwicklung verläuft im ständig wechselnden Rhythmus von Differenzierung und Wachstum und von Integration und (Ver-) Festigung. Selbst-Verwirklichung bedeutet nach diesem Modell also ungefähr dies:

- Herstellen einer guten Beziehung zum eigenen Körper und zur Umwelt; das sensible Wahrnehmen der Reaktionen, Instinkte und Bedürfnisse des Körpers, ein guter Umgang mit ihnen und der Erde (Bios-Prinzip).

- Entfaltung von Liebesfähigkeit, Lust und Freude an der harmonischen Ausgestaltung menschlicher Beziehungen wie der Lebensumwelt (Eros-Prinzip).
- Entwicklung von Autonomie, Mut und Willenskraft, um in eigener Verantwortung das Leben aktiv zu gestalten (Heros-Prinzip).
- Selbst-Erkenntnis, die Bewusstwerdung der Ganzheit der eigenen Persönlichkeit in seiner Abhängigkeit und Wechselwirkung mit seiner Mit- und Umwelt. Dazu gehört z. B. das Erkennen unbewusster Abhängigkeiten und beschränkender Fixierungen an einseitige Werte, Überzeugungen und Vorstellungen; die Auseinandersetzung mit tabuisierten, hemmenden, angst-, scham- und schuldbesetzten Wünschen und Fantasien, mit ungelebten Bedürfnissen und schöpferischen Potenzialen; die Einsicht in die eigene Persona, in verdrängte Schattenseiten und gegengeschlechtliche Anteile (Logos-Prinzip).
- Ganzheitliche Verwirklichung des Selbst und seines transpersonal-schöpferischen Potenzials mit Humor, Mitgefühl und Weisheit (Mystos-Prinzip).

Ein solcher Selbst-Verwirklichungsprozess, in dem der Mensch zu dem wird, der er vom Wesen her ist, ist alles andere als ein konfliktfreier Vorgang. Wer es wagt, die bisher unbewussten Seiten des Selbst bewusst werden zu lassen, der erfährt zunächst, dass er nicht so eindeutig ist, wie er glaubte. Er erfährt in mehr als einer Hinsicht die faustschen Seelen in seiner Brust, denn die Annäherung an die Ganzheit des Selbst erzeugt natürlicherweise jene Konflikte, die man durch ihr früheres Verdrängen und Unbewussthalten zu vermeiden versucht hatte.

Deshalb bringt der Selbst-Verwirklichungsprozess immer wieder unangenehme Zustände der Konflikthaftigkeit, der Verunsicherung und Desorientierung mit sich, bis wir gelernt haben, die Polaritäten des Daseins und die Dynamik zwischen ihnen als den Motor unserer Lebendigkeit, unseres Wachstums zu begreifen. In jedem Augenblick wechseln wir die Polaritäten: Die Gehirnzellen senden einen Impuls oder nicht; das Herz zieht sich zusammen und entspannt sich, wir atmen ein und aus; wir setzen den linken Fuß und verlagern unser Gewicht nach rechts, wir setzen den rechten Fuß und verlagern unser Gewicht nach links. Nur aus diesem beständigen Wechsel heraus können wir lebendig sein und Bewusstsein haben.

> Denn einzig darin besteht für mich das Leben, im Fluktuieren zwischen zwei Polen, im Hin und Her zwischen den beiden Grundpfeilern der Welt.
> Beständig möchte ich mit Entzücken auf die selige Buntheit der Welt hinweisen und ebenso beständig daran erinnern, dass dieser Buntheit eine Einheit zugrunde liegt; beständig möchte ich zeigen, dass Schön und Hässlich, Hell und Dunkel, Sünde und Heiligkeit immer nur für einen Moment Gegensätze sind, dass sie immerzu ineinander übergehen.
> Für mich sind die höchsten Worte der Menschheit jene paar, in denen diese Doppeltheit in magischen Zeichen ausgesprochen ward, jene wenigen geheimnisvollen Sprüche und Gleichnisse, in welchen die großen Weltgegensätze zugleich als Notwendigkeit und als Illusion erkannt werden.
>
> *Hermann Hesse*[9]

Das Selbst kann sich in uns nur dann ganzheitlich und lebendig verwirklichen, wenn wir stark genug sind, die Spannung scheinbar widersprüchlicher Bedürfnisse auszuhalten, z. B. zwischen körperlichen Trieben (Bios-Prinzip) und geistigen Bedürfnissen (Logos-Prinzip) oder zwischen dem Wunsch nach Selbstständigkeit (Heros-Prinzip) und der Sehnsucht nach Nähe und Gemeinsamkeit (Eros-Prinzip). Jeder neu bewusstwerdende Inhalt setzt uns in kleinerem oder größerem Umfang einem „Stirb- und Werde“-Prozess aus, denn es werden viele unserer bisherigen einseitigen Einstellungen und Werte in Frage gestellt. Aus der Erfahrung vieler solcher psychischer „Tode“ und „Wiedergeburten“ gewinnen wir nach und nach Vertrauen zum Selbst. Es findet eine innere kopernikanische Wende statt, in der das Selbst als schöpferisches, ordnendes und tragendes Zentrum unserer Persönlichkeit erkannt wird.

Die vielen, früher als unvereinbar empfundenen Seiten unserer Persönlichkeit, unsere verschiedenen Bedürfnisse, Gefühle und Gedanken können als notwendig zusammengehörend bejaht werden. Sie erscheinen – um eine bekannte Allegorie zu verwenden – wie die vielen Facetten eines Diamanten. Wenn wir einen Diamanten um so höher schätzen, je mehr er das Sonnenlicht in einen funkelnden Feuerzauber verwandeln kann, warum schätzen wir das dann nicht auch bei unserer Persönlichkeit?

Die Verwirklichung des Selbst ist kein einfarbiger, monotoner, statischer Zustand, sondern ein überaus funkelndes Wechselspiel der verschiedensten Facetten unseres Wesens, durch die sich das Licht des Lebens in uns offenbart. Erst im hingebungsvollen Zulassen dieses dauernd sich wandelnden und umgestaltenden Selbst können wir jene Selbst-Sicherheit und jenes tiefe Selbst-Vertrauen gewinnen, nach denen wir uns alle so sehr sehnen und die wir so lange versucht haben, mit weitgehend unzulänglichen Mitteln (Anpassung, Leistung, narzisstische Größenvorstellungen usw.) zu erreichen.

Auch das Mandala-Symbol sollte polar gesehen werden. Während seine wohlgeordnete, harmonische Vorderseite mehr dem statischen, bewussten, strukturierten Aspekt des Selbst entspricht, kann man sich seine uns nicht bekannte Rückseite als den dynamischen, unbewussten, chaotischen Aspekt des Selbst vorstellen. Es symbolisiert die niemals ganz zu verstehende, niemals festzulegende, niemals voraussagbare und sich ständig wandelnde Dynamik der schöpferischen Potenz in uns.

Von der Rückseite des Mandala aus gesehen, können wir das Selbst erfahren als etwas Pulsierendes, Kreisendes, Oszillierendes, in dem die verschiedenen Polaritäten sich in überraschenden immer neuen Nuancen auffächern, ständig ineinander übergehen, ihre

Akzente und Farben wechseln und unermüdlich frappierende neue Kombinationen erzeugen. Hier erleben wir das Spiel und den Tanz des Lebens: „Gestaltung – Umgestaltung des ewigen Sinnes ewige Unterhaltung."[10]

> Und es ist das ewig Eine,
> das sich vielfach offenbart:
> Klein das Große, groß das Kleine,
> alles nach der Eigenart.
> Immer wechselnd, fest sich haltend,
> nah und fern und fern und nah.
> So gestaltend, umgestaltend,
> zum Erstaunen bin ich da.
>
> *Johann Wolfgang von Goethe*[11]

Ich lieb ein pulsierendes Leben,
das prickelt und schwellet und quillt,
ein ewiges Senken und Heben,
ein Sehnen, das niemals sich stillt.

Ein stetiges Wogen und Wagen
auf schwanker, gefährlicher Bahn,
von den Wellen des Glücks getragen
im leichten, gebrechlichen Kahn.

Und senkt einst die Göttin die Waage,
zerreißt sie, was mild sie gewebt,
ich schließe die Augen und sage:
Ich habe geliebt und gelebt!

Rainer Maria Rilke[12]

Das Bios-Prinzip
Das Wunder des Lebens

Unser lebender Körper mit seinen vielen Sinnen, Funktionen und Fähigkeiten ist die Summe des schöpferischen Mysteriums des Universums. Er ist aus den Elementen des Universums und der Erde aufgebaut und fasst den ganzen evolutionären Prozess zusammen. Er ist ein Mikro-Kosmos im Makro-Kosmos. In ihm offenbart sich der „Anthropos", der kosmische Mensch.

Unsere Aufgabe ist es, unseren Körper mit seinen vielen Fähigkeiten und Funktionen zur guten Entfaltung zu bringen und unsere Verbundenheit und Abhängigkeit von der Erde und allem Lebendigen zu erfahren.

- Mache Dich von allen einengenden Vorschriften, Tabus und Abwertungen frei, die Du im Laufe des Lebens in Bezug auf Deinen Körper entwickelt hast. Lerne von den Tieren.
- Lerne so viel Du kannst über den Aufbau und die Funktionen Deines Körpers, damit Du sein Wunder würdigen und liebevoll mit ihm umgehen kannst.
- Achte gut auf die Bedürfnisse Deines Körpers, sei ihm dankbar, pflege ihn und erschöpfe ihn nicht.
- Übe Dich in Deiner sinnlichen Wahrnehmung. Halte mehrmals am Tage inne und konzentriere dich auf das, was Du gerade siehst, hörst, riechst, tastest, schmeckst, in Deinem Körper empfindest und fühlst.
- Vertiefe Deine Freude und Lust an den körperlichen und sinnlichen Erfahrungen und Reaktionen. Suche Dir stimmige Möglichkeiten, Deinen Körper in seiner Ganzheit und in Beziehung zu anderen Menschen lustvoll zu empfinden: Sport, Wandern, Singen, Tanzen, Spielen, Zärtlichkeit und Sexualität.

Eine einfache Vision

Vor etlichen Jahren, als ich mich mit den Themen dieses Buches beschäftigte, hatte ich einen kurzen Traum, der mich bis heute tief beeindruckt. In diesem Traum sah ich auf einmal und ganz überraschend die Erde vor mir leuchtend blau und weiß in der unendlichen Tiefe des Alls schweben. Ihr Anblick war verbunden mit dem Gefühl einer unfassbaren Schönheit, Einfachheit, Stimmigkeit, Stille und Selbstverständlichkeit. Alles war eine vollendete Einheit, der nichts hinzugefügt werden musste. Ich war erfüllt von großem Glück, tiefem Staunen und inniger Zärtlichkeit. Etwas sagte in mir: „Das alles ist ein unglaubliches Wunder! Und wir dürfen daran teilhaben!"

Ich wachte von diesem überwältigenden Gefühl auf und lag noch lange wach. Der Anblick der Erde hat mich seither als faszinierendes Symbol nicht mehr verlassen. Später erfuhr ich, dass die antiken Philosophen eine Übung kannten, bei der sie sich vorstellten, mit großem Abstand auf die Erde herabzusehen, um so zu einem richtigen Verständnis über die Dinge des Lebens zu kommen. Ich las auch über den so genannten „Overview-Effekt", der u. a. beschreibt, welche verändernden Wirkungen das Bild der Erde vom Weltraum aus gesehen für die Astronauten hat.

Viele meiner Gedanken und Vorstellungen ordneten sich unter diesem Mandala-Bild der Erde in tiefer und überraschender Weise neu. Mir wurde immer deutlicher: Die Kunst, ein wahrhaft erfülltes Leben zu leben, muss etwas mit einer liebenden Verbundenheit zu unserem Planeten Erde, mit Einfachheit, Freiheit, Schönheit und Selbstverständlichkeit zu tun haben. Und vor allem muss es etwas mit Staunen über das Wunder unseres Da-Seins zu tun haben.

Der Traum machte mir auch klar: Wenn wir die Verantwortung für unser Leben und für unsere Erde mit wirklichem Engagement, mit wirklicher Leidenschaft und wirklicher Liebe übernehmen wollen, dann brauchen wir eine positive Vision, die unserem Leben einen höheren Sinn verleiht und es mit Freude erfüllt. Wir brauchen eine positive Motivation zum Leben, eine Motivation, die nicht durch Angst, Scham- und Schuldgefühle, Anpassungszwänge, durch Minderwertigkeitsgefühle, durch moralische Vorschriften und Ermahnungen, durch Leistungszwang und Versagensangst bestimmt ist, sondern die vor allem einem freudigen, kompromisslosen „Ja" zum Leben entstammt, so kompromisslos, wie das Leben sich selbst bejaht, seitdem es begonnen hat, sich zu entwickeln, so kompromisslos, wie die Blume sich bemüht, im Frühling durch die schwere Erde hindurchzubrechen, um ihre Blüte dem Licht zu öffnen, so kompromisslos, wie wir als Kinder versucht haben, uns die Welt zu erschließen.

Hinschauen, hinschauen, hinschauen

Wie aber können wir zu einer solchen Vision, zu einer solchen Motivation finden, uns all dies bewusst machen, sodass es uns erfüllt und ergreift? Die einfachste Möglichkeit wäre: Nicht argumentieren, nicht analysieren, nicht versuchen, irgendein Glaubenssystem zu retten oder zu verteidigen. Loslassen unseres Widerstandes, die Fülle des Seins zu sehen, die sich uns jeden Tag neu und unendlich schöpferisch offenbart. Einfach hinschauen. Unsere Erde anschauen vor dem Universum. Anschauen, wirken lassen, wirken lassen, wirken lassen, bis uns ohne Zweifel klar wird: Was sich hier in diesem Universum, auf dieser Erde, in diesem Lebensprozess und mit der Entfaltung des menschlichen Bewusstseins ereignet hat, ist ein unglaublich grandioses Phänomen. In unserem individuellen Leben inkarniert sich die Energie und Intelligenz des Universums und wir haben die ganz und gar unwahrscheinliche Chance erhalten, dies bewusst miterleben zu dürfen!

Eine kosmische Sicht der Dinge

Archimedes, der antike Astronom und Mathematiker, soll bezüglich seiner Hebelgesetze sinngemäß gesagt haben: „Gebt mir einen Punkt und ich werde die Welt aus den Angeln heben." Der archimedische Punkt, von dem unsere eng gewordene Bewusstseinswelt mit ihren Gewohnheiten und ihrer dumpfen Unbewusstheit aus den

Angeln gehoben werden könnte, könnte zum Beispiel der Blick auf unseren Planeten Erde sein, wie er vom Weltraum aus möglich ist. Fred Hoyle, ein amerikanischer Astrophysiker, prophezeite 1948:

> Wenn es einmal eine Fotografie der Erde geben wird,
> die von Draußen aus aufgenommen ist, [...]
> dann wird eine neue Idee um sich greifen,
> die so umwälzend sein wird,
> wie nur je eine in der Geschichte gewesen ist.
>
> *Fred Hoyle*[13]

Was könnte das für eine neue Idee sein? Die höchste und wichtigste heutige Idee scheint die des kosmischen Menschen und des globalen, kosmischen Bewusstseins zu sein oder anders: die Idee, dass sich in uns die Evolution des Universums ein Wesen geschaffen hat, das über sich selbst und das Wunder des Universums reflektieren kann und allmählich zu dieser Bewusstheit hin erwacht. Vielleicht handelt es sich hier tatsächlich um eine der bedeutungsvollsten Offenbarungen, die die Menschheit je gemacht hatte und sehr wahrscheinlich liegt hierin der Kern einer zukünftigen Religion, welche Wissenschaft und Mystik miteinander versöhnen kann.

Der „Overview-Effekt“[14], der beschreibt, wie die Erfahrung des Weltraums das menschliche Wahrnehmen, Denken und Handeln verändert, könnte uns wie kaum eine andere reale Erfahrung dazu verhelfen, aus dem Gefängnis des Alltäglichen hinaus- und in die Freiheit und Weite des All-Tags hineinzufinden und das Wunder des Lebens zu entdecken. Die Erlebnisse der Astronauten, die die Erde von ihrem Raumschiff aus sahen, geben einen Eindruck davon, was vielleicht eines Tages viele Menschen erkennen werden. Die Astronauten waren tief beeindruckt von der unglaublichen Schönheit und Majestät unseres blauen Heimatplaneten, sie spürten seine Kostbarkeit und erlebten, dass sie ein einziger atmender, großer Organismus ist, auf dem es keine wirklichen geografischen Grenzen gibt.

Und je länger sie sich dem Anblick der ganzen Erde aussetzten, desto mehr erweiterte sich ihre Identität. Während sie anfangs noch versuchten, ihr eigenes Herkunftsland zu entdecken, sahen sie später nur noch die ganzen Kontinente und dann nur noch die Erde als den einen, ganzen, unteilbaren, wundersamen Planeten. Edgar Mitchell, ein amerikanischer Astronaut, schrieb:

> Wo vorher intellektuelle Suche gewesen war, regte sich plötzlich ein tiefes Gefühl in mir, etwas sei ganz anders geworden. Es erwuchs aus dem Anblick der Sonne vor dem samtig tiefschwarzen Kosmos, der nicht nur ahnen lässt, sondern die Gewissheit vermittelt, dass im Strom von Energie, Zeit und Raum im Weltall etwas Zweckvolles liegt, dass dies menschliches Verstehen übersteigt und dass sich dem Verstehen ein nichtrationaler Weg erschließt, der mir in meiner bisherigen Erfahrungswelt unzugänglich geblieben war.
>
> Das Universum scheint mehr zu sein als die zufällige, chaotische und sinnlose Bewegung einer Ansammlung molekularer Partikel. Während der Heimkehr staunte ich über 400000 Kilometer hinweg die Sterne und den Planeten an, von dem ich gekommen war. Da spürte ich mit einem Male die Intelligenz, die Liebe und die Harmonie im Universum.
>
> *Edgar Mitchell*[15]

Und der Kosmonaut Boris Wolynow sagte:

> Während eines Fluges im Kosmos ändert sich die Psyche eines jeden Kosmonauten. Wenn du die Sonne, die Sterne und unseren Planeten ansiehst, gewinnst du mehr Lebensfreude, wirst milder, bekommst eine innigere Beziehung zu allem Lebendigen und entwickelst ein gütigeres und duldsameres Verhältnis zu deinen Mitmenschen.
>
> *Boris Wolynow*[16]

Interessanterweise berichtet der Tiefenpsychologie C. G. Jung, dessen Leben durch zahlreiche visionäre Erfahrungen geprägt war und dessen Einsichten, die er daraus gewonnen hat, auch heute noch extrem revolutionär anmuten, ein vergleichbares Erleben im Zusammenhang mit einem Herzinfarkt, den er 1945 erlitt. In den damit verbundenen Visionen hatte er den Eindruck, sich weit außerhalb der Erde zu befinden. Den Anblick der Erde aus dieser Perspektive beschreibt er als das für ihn Herrlichste und Zauberhafteste, das er je erlebt hatte. Die Rückkehr aus diesem Zustand der Ekstase war für ihn dementsprechend sehr schwer.

> Gegen Abend schlief ich ein, und mein Schlaf dauerte etwa bis gegen Mitternacht. Dann kam ich zu mir und war vielleicht eine Stunde lang wach, aber in einem ganz veränderten Zustand. Ich befand mich wie in einer Ekstase oder in einem Zustand größter Seligkeit. Ich fühlte mich, als ob ich im Raum schwebte, als ob ich im Schoß des Weltalls geborgen wäre – in einer ungeheuren Leere, aber erfüllt von höchstmöglichem Glücksgefühl."Das ist die ewige Seligkeit, das kann man gar nicht beschreiben, es ist viel zu wunderbar!" dachte ich. [...]
>
> Von der Schönheit und der Intensität des Gefühls während der Visionen kann man sich keine Vorstellung machen. Sie waren das Ungeheuerste, was ich je erlebt habe. Und dann dieser Kontrast, der Tag! Da war ich gequält und mit den Nerven vollständig herunter. Alles irritierte mich. Alles war zu materiell, zu grob und zu schwerfällig, räumlich und geistig beschränkt, zu unerkennbarem Zwecke künstlich eingeengt, und besaß doch etwas wie eine hypnotische Kraft, an sich glauben zu machen, wie wenn es die Wirklichkeit selber wäre, während man doch ihre Nichtigkeit deutlich erkannt hatte.
>
> *C. G. Jung*[17]

Dieses Zitat ist in unserem Zusammenhang auch deswegen interessant, weil hier der typische Kontrast zwischen dem üblichen „grauen“ Welt- und Alltags-Erleben, das wir alle kennen und der ekstatischen Erfahrung, die wir in seltenen Momenten des Lebens machen können, besonders deutlich dargestellt ist.

Der moderne Orientierungsverlust und das Erwachen des kosmischen Bewusstseins

Wir heutige Menschen beklagen häufig den Sinn- und Werteverlust, der u. a. durch die „Wissenschafts- und Technikgläubigkeit“, die Reiz- und Informationsüberflutung, wie durch das Fehlen tragender religiöser Glaubenssysteme und Symbole entstanden sei. Aber gerade der Verlust der alten viel zu klein und eng gewordenen Vorstellungen von der Welt, dem Göttlichen und den Menschen, und gerade die Perspektiven der modernen Wissenschaften ermöglichen uns eine atemberaubende neue Sicht, eine neue Haltung, in der viel mehr Freiheit, viel mehr Liebe und viel mehr Selbstverantwortung möglich wird, als jemals zuvor auf diesem Planeten existierten. So ist in den letzten Jahrzehnten ein neues heilsames und sinnstiftendes Symbol im Bewusstsein der Menschen aufgetaucht, das von vielen Kulturen, von alten, wie von jungen Menschen gleichermaßen leidenschaftlich aufgenommen wird.

***Dieses neue Sinn-Symbol ist die Erde
in ihrer Einheit und Ganzheit
als lebendiger Organismus
vor dem Hintergrund des Universums!***

Wir leben einerseits in einem schrecklich bedrohlichen und zerstörerischen Jahrhundert. Gleichzeitig leben wir in einer aufregenden, fantastischen Zeit, in der wir Zeuge des Erwachens eines neuen planetaren und kosmischen Bewusstseins sind, mit all dem Chaos, der Verwirrung, Angst und Unsicherheit, die mit solchen Wandlungsprozessen verbunden sind.

Dank der Fortschritte der verschiedenen Wissenschaften und ihrer beginnenden globalen Zusammenarbeit, dank der Weltraumforschung und dank der Medien und ihrer zunehmenden Vernetzung – die alle natürlich ihre großen Schattenseiten haben, wie wir täglich erfahren – entsteht erstmals auf breiter Ebene, in breiteren Bevölkerungsschichten allmählich ein Bewusstsein dafür – und offenbar gerade auch als not-wendige Folge der planetaren Bedrohung –, dass wir ein Kosmos, eine Welt und ein Organismus sind und dass wir alle darin miteinander verbunden sind.

Dies ist eine sehr einfache und einleuchtende Idee, die von den frühesten Anfängen des religiösen und philosophischen Denkens der Menschheit bis in die heutige Zeit hineinreicht, von den ersten Weltschöpfungsmythen bis hin zu unserer modernen Suche nach einer Weltformel, einer Weltethik, einer Theorie für alles, dem Internet mit der Fantasie eines globalen Erwachens, eines globalen Gehirns, eines globalen Bewusstseins, einer globalen Sprache, einer globalen Kommunikation.

Was in früheren Zeiten nur einigen wenigen begabten Menschen in Visionen oder mystischen Erfahrungen offenbar wurde – ein kosmisches Bewusstsein – scheint nun allen Menschen, die es sehen und hören wollen, zugänglich zu werden.

Was soll hier „kosmisches Bewusstsein" heißen? Es ist damit nicht ein mystisches, in unendlich weite kosmische Dimensionen ausgedehntes Bewusstsein gemeint, sondern das unmittelbare Erkennen und relativ überzeugende Wissen, wie es uns durch die moderne Astronomie, die Raumfahrt, die Physik, Biologie, Genetik, Evolutionstheorie und auch Tiefenpsychologie in den letzten 100 Jahren der Menschheit zugänglich wurde. Diese Art von naturwissenschaftlichem kosmischem Bewusstsein erscheint uns vielleicht nicht ganz so grandios und numinos wie jene Art von subjektiv erlebtem kosmischen Bewusstsein, von denen die Mystiker berichten. Es hat aber den ganz großen Vorteil, dass es sich relativ einfach und überzeugend ins Bewussein bringen lässt, dass es relativ gut kommunizierbar ist, z. B. durch ein solches Foto wie auf dem Umschlag dieses Buches und dass es von fast jedem Menschen leicht erfahren werden kann. Man braucht eigentlich nur hinzuschauen. Und es hat den großen Vorteil, dass es weder mit den religiösen Überlieferungen, wenn sie psychologisch und symbolisch aufgefasst werden, noch mit dem gegenwärtigen wissenschaftlichen Denken in Widerspruch steht.

> Wie kommt es, dass kaum eine der großen Weltreligionen jemals die wissenschaftlichen Erkenntnisse betrachtete und dann daraus folgerte: „Das ist besser, als wir dachten! Das Universum ist viel größer, als unsere Propheten sagten, viel gewaltiger, subtiler und eleganter. Gott muss größer sein, als wir uns träumen ließen"?
> Stattdessen sagen sie: „Nein, nein, nein! Mein Gott ist ein kleiner Gott, und ich will, dass er klein bleibt." Eine Religion, die die Größe des Universums im Sinne der modernen Wissenschaft betont, könnte wahrscheinlich auf wesentlich mehr Ehrfurcht und Ehrerbietung hoffen als die herkömmlichen Glaubensrichtungen.
>
> *Carl Sagan*[18]

Lassen wir uns ein wenig Zeit und machen wir ein kleines Gedankenexperiment, das uns unsere Situation zu veranschaulichen hilft:

- Denken wir an die unermessliche Weite und Tiefe des Universums mit seinen Milliarden von Sonnensystemen und Galaxien, an die unvorstellbaren Zeiträume, in denen Planeten und Sterne in gigantischen Geburtswehen und gigantischen Todeskämpfen entstehen und vergehen.
- Denken wir dann an unseren blauen Planeten Erde, der wie eine seltene gastfreundliche Oase in der Dunkelheit, Kälte, Unwirtlichkeit, Einsamkeit, Fremdheit und Dunkelheit des Weltalls aufleuchtet.

- Denken wir an die Jahrmillionen, die nötig waren, bis Leben auf dieser Erde entstehen konnte, an die unermesslichen Qualen und Leiden, den unerbittlichen Kampf ums Dasein und ums Überleben, durch die sich das Leben auf diesem Planeten durchgesetzt und fortentwickelt hat.
- Denken wir schließlich an uns Menschen mit unserem wunderbaren Organismus, unserem Körper, unseren Sinnen, unseren Empfindungen, unseren Gedanken und Fantasien und unserem Bewusstsein, dem Wunder aller Wunder, das uns in die Lage versetzt, dies alles zu erkennen und zu fühlen.
- Was wir heute zu einem bestimmten Zeitpunkt sind, das ist das vorläufige Resultat eines etwa 15 Milliarden Jahre lang laufenden kosmischen Projektes, zu dem unzählige Lebewesen mit ihrem Leben und Sterben, mit ihrem Streben und Versagen, mit ihren Freuden und Leiden beigetragen haben. Und wir haben das Vorrecht, aus diesem unglaublichen Prozess hervorgegangen zu sein und das Wunder des Lebens genießen zu dürfen!
- Stellen wir uns vor: Wenn sich vor unseren Augen aus nebligem Wasserdampf allmählich eine Gestalt herauskristallisieren würde, diese immer festere, klarere Züge annehmen würde und sich schließlich als menschliches, lebendiges Wesen materialisieren würde, welches mit uns spräche: Würden wir das nicht als Wunder bezeichnen?
- Diese und viele andere Wunder haben sich im evolutionären Prozess tatsächlich ereignet, nur eben nicht in so schneller Zeit. Aus einfachen Gasen wie Helium und Wasserstoff hat sich das ganze Universum gebildet, die Galaxien, die Sterne, die Planeten, die Erde, die Natur, die Lebewesen, die Menschen, das Bewusstsein und der schöpferische Geist. Was für ein unfassbares Mysterium! Aus Gas!
- Selbst wenn sich dieser ganze unglaubliche Vorgang rein zufällig ereignet hätte, würde dies nichts an seiner Wunderbarkeit ändern, im Gegenteil. Wenn alles „nur Zufall" gewesen

ist und alles genauso gut nicht hätte sein können, dann wäre unser Dasein eben wegen dieser unwahrscheinlichen „Zufälligkeit" doch nur noch wesentlich kostbarer und schützenswerter. Vielleicht ist das Ereignis unseres Menschseins und Bewusstseins bisher einzigartig in diesem Universum. ***Und wäre es dann nicht unfassbar, wie gleichgültig und lieblos wir mit diesem Ereignis umgehen?!***

Wenn wir Menschen begreifen könnten, dass die Existenz auf diesem Planeten und dieses Bewusstsein, das wir alle haben, eine alles überragende Kostbarkeit sind, dann könnte dies einer wahrhaft kopernikanischen Wende in unserem Leben gleichkommen, einer Revolution, die zu einer tief greifenden Veränderung in der Einstellung zu diesem Leben und seinen Aufgaben führen würde. Dann würden wir das Leben nicht mehr wie im Schlaf oder Traum verbringen wollen. Wir würden dringend aufwachen wollen, um uns mit all unserer Begeisterungsfähigkeit, Kraft und Ekstase in dieses unglaubliche kosmische Abenteuer zu stürzen.

Wir würden begreifen, dass unsere Existenz auf diesem Planeten und dieses Bewusstsein, das wir haben, wahrscheinlich der größte Schatz und das umwälzendste Ereignis in dem uns bisher bekannten Universum sind. Wir würden anfangen, über uns selbst zu staunen, uns unseres Körpers mit seinen vielen Fähigkeiten, unseres Bewusstseins, unserer Beziehungen zu unseren Mitmenschen und Mitlebewesen und unserer Umwelt zu erfreuen und dankbar mit ihnen in Kooperation zu leben. Wir würden anfangen, das Leben zu feiern in allem, was wir tun. Und die einzig wichtigen Fragen, die sich daraus ergeben, könnten eigentlich nur sein:

Wie kann ich leben, um das Wunder unserer Existenz auf diesem erstaunlichen Planeten Erde richtig zu würdigen? Wie kann ich mich für dieses unfassbare Geschenk dankbar erweisen?

Das Wunder und die Einheit des Lebendigen

> Es ist wahr, ohne Lüge und ganz gewiss:
> Was unten ist, ist wie das, was oben ist,
> Und das, was oben ist, ist wie das, was unten ist,
> um die Wunder des Einen zu offenbaren.
>
> *Tabula Smaragdina*[19]

Diese Worte sind die ersten Zeilen der Tabula Smaragdina, der „smaragdenen Tafel", eines sehr alten hermetischen Textes. Seine genaue Herkunft ist unbekannt. Es wird erzählt, der sagenumwobene Ahnvater der geheimen Wissenschaften, Hermes Trismegistos – Hermes, der „Dreimal Größte" – habe darin das ganze Wissen der Menschheit in symbolischer, verdichteter Form der Nachwelt hinterlassen. Der Text soll nach alchemistischer Auffassung die Quintessenz der Lebensweisheit darstellen und gleichzeitig eine Beschreibung dessen sein, wie der magische und wunderwirkende „Stein der Weisen" gefunden werden kann.

Der „Stein der Weisen" symbolisiert in psychologischer Sichtweise die Verwirklichung unseres Wesens und ganzen Menschseins, er symbolisiert die höchste Einsicht und Weisheit, zu der wir Menschen gelangen können. Der Stein der Weisen sind wir selbst – oder besser: Er ist die Erfahrung und Entfaltung unseres Selbst und die Erkenntnis, dass wir mit der Erde und dem Universum untrennbar verbunden sind. Johann Gottfried Herder schreibt:

> Im Bau des Menschen vereinen sich Himmel und Erde;
> aus dieser ist sein Leib,
> von jenem weht sein lebendiger Atem.
> Wie das Staubkorn, auf dem wir wandeln,
> vom Himmel umgeben ist:
> So schwimmt unsre enge Sichtbarkeit
> im unermesslichen Ewigen,
> voll Glanzes, voller Kräfte und Reinheit.[20]

Alles, was existiert, ist miteinander verbunden. Die gleichen Gesetze und Vorgänge, die bei der Erschaffung des Universums wirksam waren und die Dynamik des Universums auch heute noch aufrechterhalten, sind auch in uns wirksam und bestimmen unser Erleben und Verhalten.

Dies ist der zentrale Gedanke überhaupt, der sich wie ein roter Faden durch alle religiösen und philosophischen Systeme und Überlieferungen zieht. Das aller Existenz zugrunde liegende Prinzip stellt eine umfassende, alle Polaritäten – z. B. Oben und Unten, Innen und Außen, Makrokosmos und Mikrokosmos, Weiblichkeit und Männlichkeit, Körper und Seele – verbindende Einheit dar. Aus dieser Einheit, dem „Einen" des Anfangs und des Ursprungs, treten alle Wunder der Existenz hervor, gestalten sich in ihr und lösen sich wieder in ihr auf. Heute wissen wir, dass solche Aussagen von der Einheit und inneren Verbundenheit alles Existierenden nicht nur in einem religiösen, mystischen, psychologischen oder symbolischen Sinne, sondern auch in einem ganz konkreten Sinne wahr sind.

> Am unglaublichsten ist die Erkenntnis, dass alles, was es im Universum gibt, von einem gemeinsamen Ursprung herkommt. Die Materie deines Körpers und die Materie meines Körpers sind innigst miteinander verwandt, weil sie aus einem einzigen Energiegeschehen hervorgegangen sind und noch immer in ihm zusammenhängen.
> Unsere Ahnenreihe reicht über die verschiedenen Lebensformen zurück bis zu den Sternen, zurück bis zu den Anfängen des urzeitlichen Feuerballs.

Brian Swimme[21]

In uns sind noch immer die Energien, Elementarteilchen und Atome wirksam, die sich vor etwa 15 Milliarden Jahren ins Universum expandiert haben, die sich dann ständig modifiziert, differenziert und transformiert haben, bis daraus Materie, Leben und Bewusstsein entstehen konnten. In diesen energetischen Teilchen des Anfangs, die im ersten Schöpfungsakt entstanden sind, muss bereits alles an Entwicklungspotenzial latent vorhanden gewesen sein, was heute existiert: die Sterne, die Erde, die Lebewesen, das Bewusstsein.

Diese Energien und Teilchen mit den ihnen innewohnenden Eigenarten, Gesetzmäßigkeiten und Möglichkeiten sind auch heute noch Teil unserer existenziellen Basis und wirken in uns. Wir sind voll von vorwärts treibender, aktiver, explosiver Energie, wir sind aber auch träge und um uns herum kreisend, wir ziehen uns an und fühlen uns angezogen, wir stoßen uns ab und fühlen uns abgestoßen, in uns ist Leere und Fülle. Auch wenn das menschliche Bewusstsein von weitaus höherer Differenziertheit und Komplexität ist als die relativ einfache atomare Struktur der Anfangsteilchen, so verdanken wir doch alles, was wir in uns tragen, der Energie, die sich in der kosmischen Ur-Explosion offenbarte. Wir leben von und in dieser Energie, wie wir von der Erde, dem Feuer und dem Licht der Sonne, dem Wasser und der Luft leben, die wiederum auch aus dieser Energie hervorgekommen sind. Alles, was wir sind, stammt aus diesen „Elementen", die das Universum für uns auf unserem blauen Planeten in einzigartiger Kombination zur Verfügung gestellt hat.

> Die Sonne ist sein Vater,
> der Mond seine Mutter.
> Der Wind hat es in seinem Bauch getragen.
> Die Erde ist seine Amme.[22]

Mit diesen vier Sätzen wird die Tabula Smaragdina fortgeführt. Die Menschen des Altertums, die das Feuer und das Wasser – diese wurden oft auch durch Sonne und Mond symbolisiert – die Luft und die Erde als die Grundlage ihrer Existenz ansahen, und die Alchemisten des Mittelalters, die sich vorstellten, der Stein der Weisen sei die Quintessenz dieser vier Elemente, hatten in gewisser Weise sehr recht: Wir sind tatsächlich und konkret eine Mischung aus diesen vier Elementen, unsere Lebendigkeit und unser Bewusstsein sind deren Quintessenz.

Wir moderne Menschen wollen oft verleugnen, dass wir Lebewesen, die Elemente, die Sterne und das Universum, ein zusammengehörender Organismus sind. Wir wollen nicht wahrhaben, dass die Beschaffenheit der Elemente Feuer, Wasser, Luft und Erde draußen, in der Umwelt, ihre Reinheit und Gesundheit, auch etwas mit uns und unserer Gesundheit zu tun haben. Wir möchten uns unabhängig davon empfinden. Mit diesem Stolz der vermeintlichen Unabhängigkeit verlieren wir aber das beglückende Gefühl der Einheit und der liebenden Verbundenheit mit der ganzen Existenz, wir verlieren unsere Orientierung, unseren Sinn und unser Ziel.

So notwendig es einmal gewesen sein mag, dass der Mensch aus diesem Einheitsbewusstsein mit der Erde und dem Universum herausfiel, um Bewusstsein zu entwickeln und zum Individuum zu werden, so notwendig ist es für uns heute, uns dieser Einheit wieder bewusst zu werden. Denn, auch wenn wir es verleugnen oder nicht sehen wollen, wir sind Geschöpfe des Sonnen-Feuers, des Wassers, der Luft und der Erde. Und dies ist heute noch so wahr, wie es zu Anbeginn des Lebens auf der Erde wahr war.

Geschöpfe der Sonne

> Wenn du in voller Schönheit am Horizont des Himmels
> aufsteigst, O lebendige Scheibe, dann beginnt das Leben.
> Dann erscheint dein Licht am Horizont im Osten,
> mit deiner Schönheit erfüllst du die ganze Erde.
> [...]
>
> Du hast den Himmel erschaffen
> und läufst am Firmament in deinem Glanze deine Bahn,
> du bewirkst, dass man alles sieht, was du erschaffen hast,
> denn du bist der Einzige,
> glänzend in allen Formen wie eine lebendige Sonnenscheibe.
> [...]

Echnaton[23]

Seit Urzeiten haben die Menschen empfunden und gewusst, dass ihr Leben von der Sonne abhängt und dass die in ihnen pulsierende Lebenskraft von der Sonne kommt. Die Sonnen-Energie ist ja auch heute noch oder gerade wieder ein großes Symbol des Lebens und der Hoffnung. Sonne ist Feuer, Energie, Lebenskraft, Vitalität, Wärme. In jedem Augenblick geschieht in unserem Körper, unseren Zellen und Organen ein „alchemistischer" Verwandlungsvorgang, in dem die in unserer Nahrung gespeicherte Sonnenenergie durch ein Zusammenspielen von Erde, Wasser und Luft in Lebensenergie transformiert wird, welche Wärme, Bewegung und Bewusstheit schafft. Wir leben in und durch das Feuer der Sonne, wir sind buchstäblich und konkret Sonne, auch im seelischen und gefühlsmäßigen Bereich.

Wenn uns häufig auch nicht mehr bewusst ist, dass wir wirklich Geschöpfe der Sonne sind, so spüren wir doch noch einen Abglanz davon, wenn wir die Wirkung der Sonne auf unser tägliches Wohlbefinden wahrnehmen. Wir erleben die verschiedenen Tageszeiten und Jahreszeiten, die durch den Sonnenlauf bestimmt werden, und die verschiedenen Wetterlagen, und wir beobachten auch, dass sie in uns verschiedene Stimmungen und Befindlichkeiten auslösen.

Jeder von uns kennt die Befreiung, wenn uns die hellen Strahlen der Sonne am Morgen von den Sorgen und Qualen einer schweren Nacht oder einer seelischen Dunkelheit erlösen; jeder kennt den inneren Jubel, wenn nach einer Reihe von verhangenen, dunklen Tagen das erste Sonnenlicht wieder durch die Wolken bricht. Jeder spürt das beglückende Gefühl der milden Frühlingssonne auf seiner Haut, empfindet die brütende, schwüle, belastende Hitze des Hochsommers und die sanfte, melancholische Abschiedsstimmung eines goldenen Herbsttages. Das Licht der Sonne schenkt unserem Körper und unserer Seele Feurigkeit, Wärme, Lebendigkeit, Intensität, Emotionalität, Lust, Leidenschaft, Freude, Güte, Liebe, aber auch Einsicht, Übersicht, Klarheit und Freiheit.

Aufgrund dieser umfassenden Bedeutung der Sonne für uns wird verständlich, dass sie durch alle Kulturen hindurch mit den höchsten

Werten und den wesentlichsten Erfahrungen, zu denen der Mensch fähig ist, verbunden wurde. Die Sonne wurde erlebt als göttliche Urkraft, als göttliches Urlicht, das in allem Existierenden lebt und wirkt. Sie wurde zum Sinnbild befreiender Erkenntnis aus der Dunkelheit des Unwissens und damit zum Symbol des Bewusstseins, wie auch der höchsten menschlichen Bewusstseinserfahrung überhaupt, der Erleuchtung, in der der Mensch sich seines wahren, göttlichen, sonnenhaften Wesens als Licht, Leben und Liebe bewusst wird.

Unsere Seele scheint tief in ihrem Inneren die Erinnerung an ihren Ursprung aus der Ur-Energie, dem Ur-Feuer und an ihren jahrmillionenlangen, leidvoll-ekstatischen evolutionären Weg bewahrt zu haben. Das zeigt sich in vielen Visionen, Träumen und religiösen Offenbarungen der Menschheit.

Der Schriftsteller J. B. Priestley berichtet von einem „weisen" Traum, den er im Alter von 42 Jahren hatte. Dieser habe auf ihn einen tieferen Eindruck als jedes frühere Erlebnis gemacht und ihm mehr über dieses Leben gesagt als je ein Buch. Er träumte, er stehe auf der Spitze eines sehr hohen Turmes, und blicke auf tausende von Vögeln hinab, die alle in einer Richtung flogen. Dann wurde auf mysteriöse Weise geschaltet, das Tempo wurde schneller und er sah Generationen von Vögeln, wie sie aus dem Ei krochen, flügge wurden, sich paarten, schwächer wurden, abnahmen und starben.

Er fragte sich verzweifelt, welchen Sinn dieser ganze blinde Kampf ins Leben hinein, das eifrige Erproben der Flügel, das eilige Paaren, das Fliegen und Aufschwingen, die ganze gigantische, sinnlose biologische Anstrengung überhaupt habe? Es wäre besser, wenn kein Einziges von ihnen allen, wenn kein Einziger von uns allen geboren wäre, wenn der Kampf für immer aufhörte. Dann wurde wieder geschaltet, die Zeit lief noch schneller ab, und er sah jetzt eine Art weißer Flamme, zitternd, tanzend, dann vorwärts stürmend durch die Körper.

> [...] und sobald ich sie sah, wusste ich, dass diese weiße Flamme das Leben selbst war, die reine Quintessenz des Lebens; und es ging mir auf, in einer raketenartigen Ekstase, dass es auf nichts ankam, dass es nie auf irgendetwas ankommen könnte, weil nichts wirklich war außer diesem vibrierenden, eilenden Glanze des Daseins. Vögel, Menschen und Geschöpfe, noch ungeformt und ungefärbt, sie alle hatten Bedeutung nur soweit diese Lebensflamme durch sie zog. Keine Trauer blieb zurück; was ich für Tragik gehalten hatte, war nur Leere und Schattenspiel; denn jetzt war alles wirkliche Gefühl beschlossen und verklärt in der weißen Flamme des Lebens und tanzte in Ekstase mit ihr. [...]
>
> Ich habe nie zuvor ein so tiefes Glücksgefühl empfunden wie am Ende des Traumes vom Turme und den Vögeln, und wenn ich dieses Glücksgefühl in mir nicht bewahrt habe, als innere Atmosphäre und Zuflucht für das Herz, so ist es deshalb, weil ich ein schwacher und närrischer Mensch bin, der die verrückte Welt einlässt, die zertrampelt und jeden grünen Weisheitsschößling zerstört. Trotzdem bin ich seither nicht mehr ganz derselbe Mensch.
>
> Ein Traum war schließlich der Fülle der Geschäfte überlegen.
>
> *John Priestley*[24]

Dies scheint die tiefste, wichtigste und beglückendste Erfahrung zu sein, zu der wir Menschen fähig sind: zu erkennen, dass wir Anteil haben am Schöpfungsprozess, dass in uns kosmisches Licht und göttliches Leben wirken, das die Ursache, die Dynamik und das Ziel unserer Existenz ist, dass wir in dieser Energie mit allem Existierenden verbunden sind und dass dieses Lebens-Licht, das wir sind, nach Erweiterung, Erfüllung, Bewusstwerdung und Ekstase drängt, wenn wir ihm Zeit und Raum dafür lassen.

Der Lauf des Wassers

Kein lebender Organismus könnte sich bilden, wachsen und fortpflanzen, keine Lebenstätigkeit sich vollziehen, kein Gefühl sich entfalten, kein Gedanke gedacht werden, wenn sie nicht getragen, genährt und gereinigt würden vom Wasser. Nicht nur, dass alles Leben in der Feuchtigkeit entsteht und aus dem Wasser hervorkommt, wie wir sowohl aus der evolutionären Schöpfungsgeschichte als auch aus unserer eigenen vorgeburtlichen Existenz im Mutterleib wissen, sondern unser Körper besteht auch zu zwei Dritteln ganz real aus Wasser und ist auf das Wasser als seinem Lebenselement dauernd angewiesen. Auch die chemische Zusammensetzung unserer Blutflüssigkeit ist der des Meerwassers ähnlich.

Wie ist es nur möglich zu glauben, dass das Wasser, aus dem wir bestehen, das wir mit jedem Schluck und jedem Bissen aufnehmen, dass die Feuchtigkeit, die wir einatmen und die unsere Haut benetzt, unabhängig sein könnte von der Beschaffenheit des Wassers, das außerhalb von uns in den Flüssen, Seen, Meeren und Wolken existiert? Wie können wir nur glauben, dass die Verschmutzung und Vergiftung unserer Flüsse, Seen und Meere nicht auch die Vergiftung und Verunreinigung unseres Lebenswassers ist?

Das Göttliche in uns wurde in den religiösen Traditionen häufig auch mit der Quelle, dem Wasser und dem Brunnen verglichen: „Wie der Hirsch lechzt nach frischem Wasser, so schreit meine Seele, Gott, zu dir." (Psalm 41,2) Die Suche nach dem Wasser des Lebens, wie sie sich in Märchen findet, ist die Suche nach der belebenden Beziehung zum schöpferischen Selbst. So finden wir bei Hildegard von Bingen:

> Der lebendige Brunnen aber ist der Geist Gottes;
> ihn hat Gott in all seine Werke aufgeteilt.
> Aus diesem Quell leben sie,
> von ihm haben sie das lebendige Leben,
> wie auch der Schatten aller Dinge im Wasser erscheint,

und es gibt kein Ding,
das ganz und gar erkennen könnte, wodurch es lebendig
wird, es spürt vielmehr nur dunkel, wodurch es bewegt wird.
[...]
Und wie das Wasser alles, was in ihm ist, fließend macht,
so ist auch die Seele ein lebendiger Geisthauch,
der immerfort im Menschen west und ihn durch Wissen,
Sprechen, Denken und Wirken gleichsam fließend macht.[25]

Weil das Wasser seit Urzeiten eines unserer tragenden Lebenselemente ist, gleichen auch viele geistige und seelische Vorgänge dem Wasser.

Des Menschen Seele gleicht dem Wasser:
Vom Himmel kommt es, zum Himmel steigt es,
und wieder nieder zur Erde muss es, ewig wechselnd.
Strömt von der hohen, steilen Felswand der reine Strahl,
dann stäubt er lieblich in Wolkenwellen zum glatten Fels,
und leicht empfangen, wallt er verschleiernd,
leisrauschend zur Tiefe nieder.
Ragen Klippen dem Sturz entgegen,
schäumt er unmutig stufenweise zum Abgrund.

Im flachen Bette schleicht er das Wiesental hin,
und in dem glatten See weiden ihr Antlitz alle Gestirne.
Wind ist der Welle lieblicher Buhler;
Wind mischt vom Grund aus schäumende Wogen.
Seele des Menschen, wie gleichst du dem Wasser!
Schicksal des Menschen, wie gleichst du dem Wind!

Johann Wolfgang von Goethe[26]

Eine weitere inspirierende Darstellung der Beziehung zwischen dem menschlichen Sein und dem Lauf des Wassers finden wir in Hermann Hesses Roman „Siddhartha". Gegen Ende seiner Such-Wanderung findet sich Siddhartha am Fluss, der ihm sein Lehrer wird, der ihn zur Erfahrung der Einheit des Lebens führt.

> Und alles zusammen, alle Stimmen, alle Ziele, alles Sehnen, alle Leiden, alle Lust, alles Gute und Böse, alles zusammen war die Welt. Alles zusammen war der Fluss des Geschehens, war die Musik des Lebens. Und wenn Siddhartha aufmerksam diesem Fluss, diesem tausendstimmigen Liede lauschte, wenn er nicht auf das Leid noch auf das Lachen hörte, wenn er seine Seele nicht an irgendeine Stimme band und mit seinem Ich in sie einging, sondern alle hörte, das Ganze, die Einheit vernahm, dann bestand das große Lied der tausend Stimmen aus einem einzigen Worte, das hieß Om: die Vollendung.

Hermann Hesse[27]

Der Atem des Lebens

Von keinem anderen Lebenselement spürt der Mensch seine Abhängigkeit so unmittelbar und stark wie von der Luft. Während wir einige Zeit leben können, ohne etwas von unserem inneren Feuer, unserer inneren Wärme und dem ständigen Fluss unseres Wassers zu spüren, so können wir es doch kaum ertragen, wenn uns nur für wenige Sekunden etwas von unserem Atem genommen wird.

Atmen ist uns gleichbedeutend mit Leben. Wir beginnen unser Erdenleben mit dem ersten Atemzug, dem ersten Lebensschrei und beenden es, indem wir es aushauchen. In der biblischen Schöpfungsgeschichte heißt es: ... da bildete Gott der Herr den Menschen aus Erde vom Ackerboden und hauchte ihm Lebensodem in die Nase; so ward der Mensch ein lebendes Wesen. (Genesis 2,7)

Und so vieles, was unser Lebendig-Sein ausmacht, wird ganz elementar im Atmen erfahren. Im Atmen erleben wir unmittelbar das beständige Ein und Aus des Lebens, den Wechsel der Polaritäten von Leben und Tod, Aktivität und Passivität, Spannung und Entspannung, Weite und Enge, Glück und Depression, wir spüren unmittelbar unsere innige Verbundenheit und Abhängigkeit von unserer Umwelt. Im Atmen sind wir offen-aufnehmend und gebend-verströmend. Im Rhythmus des Atmens, seiner Schnelligkeit und Tiefe drückt sich unser augenblickliches Lebensgefühl aus.

> Im Atemholen sind zweierlei Gnaden:
> Die Luft einziehen, sich ihrer entladen;
> Jenes bedrängt, dieses erfrischt;
> So wunderbar ist das Leben gemischt.
> Du danke Gott, wenn er dich presst,
> Und dank ihm, wenn er dich wieder entlässt.
>
> *Johann Wolfgang von Goethe*[28]

Wenn wir uns bedroht fühlen, sei es vor einer äußeren Gefahr, sei es durch einen seelischen Angriff, dann geht der Atem schnell, gleichzeitig fühlen wir uns eng und haben das Gefühl, nicht genügend Luft zu bekommen. Es kommt uns dann so vor, als sei die Atmosphäre, in der wir uns befinden, beklemmend, bedrückend, geladen, als sei „dicke Luft", sodass es uns „den Atem verschlägt" oder wir nicht zu atmen wagen.

Wenn wir uns gut fühlen, frei und freudig gestimmt, dann atmen wir tief und leicht. Gefühle der Freude und des Glücks sind stark mit der Atmung und einer Aufwärtsbewegung in die Luft verbunden. Wir möchten am liebsten in die Luft springen, wir möchten tanzen, uns schnell bewegen, wir möchten lauthals singen und jubeln, wir möchten uns und unseren Körper von der Erdenschwere lösen und dem offenen Raum anvertrauen. Wir fühlen uns wie Vögel frei von den Fesseln der Materie und der Schwere, frei von bedrückenden Sorgen. Wir spüren dann den Wind, der weht, wohin er will, den schöpferischen Geist, der uns inspiriert, „begeistert" und „beflügelt".

Leider lassen wir diesen „großen" Atem in unserem Alltagsleben wenig zu. Wir atmen flach, eingeschränkt, kurz, hastig. Alles wollen wir sicher machen, alles ängstlich unter unserer Kontrolle halten. Was könnte alles passieren, wenn wir unseren aufsteigenden Gefühlen, Fantasien, Wünschen und Visionen freien Lauf und freien Flug ließen? Was denken die anderen? Halten sie uns für verrückt, unrealistisch, verträumt, abgehoben? Glauben sie, wir hätten einen Vogel?

Natürlich – es gibt die Gefahren des Luftigen, wir können uns wirklich in Größenfantasien versteigen, in Luftschlössern verlieren, uns und andere Menschen überfordern oder in Gefahr bringen. Aber Angst vor dem ekstatischen Höhenflug haben wir vielleicht vor allem, weil wir nicht wissen, wie wir mit diesem leichten, freien und beweglichen Element umgehen können und wie wir lernen können, sicher zu fliegen und auch wieder sicher zu landen.

Wir sind über die Atmung in einem intensiven und offenen Austausch mit unserer Umwelt, nehmen sie in uns auf und geben an sie ab. Je offener, direkter und ungehemmter wir uns auf diese Weise austauschen, desto ganzheitlicher fühlen wir uns mit dem Leben verbunden. Das Element Luft vermag uns dann unseren wahren ekstatischen und göttlichen Charakter zu enthüllen. Nicht ohne Grund vermittelten religiöse Traditionen, dass es mithilfe des Atems möglich ist, in eine innige Berührung mit dem wahren Selbst und dem göttlichen Lebensatem in uns zu kommen.

Wer sich immer tiefer entspannend in seinen Atem hineinlässt, immer mehr dort hineinatmet, wo ihm die Angst den Atem stocken lässt, der kommt in Berührung mit der ängstlich vermiedenen Ganzheit des Lebens, der erfährt, dass das, was in ihm atmet, was einströmen und ausströmen, was sich erfüllen und entleeren, was sich weiten und zusammenziehen will, der Atem der Schöpfung selbst ist.

Atmen, das unsichtbare Gedicht!
Immerfort um das eigne
Sein rein eingetauschter Weltraum. Gegengewicht,
in dem ich mich rhythmisch ereigne.

Rainer Maria Rilke[29]

Die Erde ist unsere Mutter

Das Sonnenfeuer in uns könnte nicht brennen, das Lebenswasser könnte nicht in uns fließen, der göttliche Atem könnte nicht ein- und ausströmen, wenn es nicht eine Gestalt, einen Organismus gäbe, der allem seinen Raum und seine Form gibt. Diese Gestalt bekommen wir von der Erde. Wir sind Geschöpfe der Erde. Wir sind in allem mit dem großen lebenden Organismus Erde verbunden wie ein Säugling mit seiner Mutter. Alle Bausteine unseres Körpers verdanken wir ihrer freigiebigen, verschwenderischen Fülle.

Das Bewusstsein unserer Verbundenheit mit dem Organismus Erde scheint glücklicherweise in der Menschheit zu wachsen. Der leidvolle Umweg über Umweltverschmutzung, Klimakatastrophe und Bevölkerungsexplosion lehrt uns, was frühere Kulturen möglicherweise auch bereits ahnten oder wussten und in ihren großen mythischen Bildern zum Ausdruck brachten: Die Erde ist ein großer lebender Organismus, sie ist unsere Mutter und wir sind ihre Kinder.

> Denn das wissen wir, die Erde gehört nicht zu den Menschen, der Mensch gehört zur Erde – das wissen wir. Alles ist miteinander verbunden, wie das Blut, das eine Familie vereint. Alles ist verbunden. Was die Erde befällt, befällt auch die Söhne der Erde. Der Mensch schuf nicht das Gewebe des Lebens, er ist darin nur eine Faser. Was immer Ihr dem Gewebe antut, das tut Ihr euch selber an.
>
> *Häuptling Seattle*[30]

Der Leib als Tempel des Göttlichen

Wenn es schon ein großes Wunder ist, dass das Universum die Elemente Feuer, Wasser, Luft und Erde hervorgebracht hat, so ist es ein noch größeres Wunder, dass es einen Organismus schuf, in dem alle diese Elemente in harmonischer und intelligenter Weise zusammenwirken und zur Bewusstheit finden: unseren Körper.

Viele von uns können heute nur noch schwer nachvollziehen, wie es nachdenklichen und intelligenten Menschen früherer Zeiten möglich gewesen sein konnte, den Körper herabzuwürdigen, ihn als einen Klumpen bloßer, dummer, triebhafter Materie anzusehen, den man möglichst abzutöten, zu quälen und zu unterdrücken hatte. Wenn man aber genauer hinschaut, dann findet man auch heute noch viele Spuren der alten Körperfeindlichkeit, besonders überall da, wo der Körper und seine Bedürfnisse als nieder und primitiv angesehen werden oder im Sport oder in den übertriebenen Fitness-Fantasien des erfolgreichen Menschen von heute, wo der Körper als Objekt des Ehrgeizes und als Maschine bis ins Letzte ausgebeutet wird.

Es vergeht kein Tag, an dem die moderne Wissenschaft nicht neue Erkenntnisse über den wunderbaren Aufbau und die Funktionen unseres Körpers entdeckt. Unser Staunen dürfte eigentlich kein Ende nehmen und trotzdem hörte man in der Sprache der Wissenschaft und in unseren Schulbüchern nur selten etwas davon. Der Körper wird in seine Einzelteile zerlegt, seine Funktionen werden säuberlich voneinander getrennt und analysiert, mit einer nüchternen, trockenen Sprache beschrieben und in unanschauliche Formeln übersetzt. So entsteht der Eindruck, man habe es mit einem Stück toter Materie oder einem technischen Gerät zu tun. Nichts Erstaunliches, nichts Wunderbares, nichts Beunruhigendes, nichts zu Feierndes.

Auch die traditionellen religiösen Systeme hatten vielerlei Vorbehalte gegen unsere fleischliche, insbesondere sexuelle Existenzform, obwohl sich hier und dort durchaus auch wertschätzende Auffassungen erahnen lassen. So findet sich bei Paulus die Aussage, dass der Leib der Tempel des Heiligen Geistes sei, weshalb der Mensch Gott mit seinem Leib verherrlichen solle. Dies wird aber gleich verbunden mit der Warnung vor der Sünde der „Unzucht“ (1. Korinther, 12-20).

Auch die mythische Vorstellung des Alten Testamentes, nach der Gott den Menschen sich selbst zum Bilde geschaffen habe oder die

Botschaft des Neuen Testamentes von der Menschwerdung Gottes – die „Inkarnation", was „Fleischwerdung" heißt – könnte uns an diesen Gedanken der Göttlichkeit unseres Körpers erinnern. Sie könnte uns ermutigen, den Weg der Erlösung nicht als Überwindung und Abtötung des Körpers zu verstehen, sondern als Integration unserer körperlich-seelisch-sozial-planetarischen Einheit.

> Wie ist es möglich, dass ein Wesen mit solchen feinen Juwelen wie den Augen, solch zauberhaften Musikinstrumenten wie den Ohren und einer so großartigen Arabeske aus Nerven wie dem Gehirn sich selber als irgendetwas Geringeres als einen Gott erleben kann? Wenn man dann noch berücksichtigt, dass dieser unendlich subtile Organismus von den noch zauberhafteren Gebilden und Mustern seiner Umgebung, von den winzigsten elektrischen Phänomenen bis hin zu all den Milchstraßen, nicht zu trennen ist – wie soll man dann noch begreifen, dass diese Inkarnation alles Ewigen sich vom Sein angeödet fühlen kann?
>
> *Alan Watts*[31]

Haben wir uns je einmal Zeit genommen, uns bewusst zu machen, was es heißt, sich aufzurichten, auf zwei Beinen zu stehen und zu gehen, sich frei zu bewegen, die Arme gen Himmel zu strecken? Haben wir jemals gespürt, was das für die Entwicklung des Universums bedeutet haben mag, als ein Wesen begann, sich von vier Füßen auf zwei zu erheben und sich und seinen ganzen Körper dem Himmel entgegenzustrecken? Haben wir uns jemals Zeit gelassen nachzuspüren, welch euphorische Gefühle uns als Kind dabei durchfluteten? In einem Jahr hatten wir gelernt, etwas zu tun, was die Menschheit in Jahrmillionen erworben hat. Haben wir je unseren Beinen gedankt, für die vielen Jahre, in denen sie uns durch das Leben getragen haben, wohin wir wollten?

Haben wir uns jemals Zeit gelassen, unsere Hände zu betrachten und darüber zu staunen, was sie alles vermögen, wie sie uns helfen, die Welt zu ertasten, erkunden, begreifen und aktiv zu gestalten? Ist uns jemals die ungeheure Freude wirklich bewusst geworden, die uns erfüllt, wenn wir mit unseren Händen etwas Neues schaffen, etwas basteln, malen, schreiben, etwas, das aus unserem Denken oder unserer Fantasie durch unserer Hände Kunst Wirklichkeit wird?

Haben wir jemals begriffen, dass sich hier in unserem ganz kleinen persönlichen Bereich das große Wunder der Schöpfung widerspiegelt? So zu fragen lässt sich mit jedem Körperteil, ja mit jeder Körperzelle fortsetzen: mit unseren Geschlechtsorganen, mit dem Herzen, der Lunge, mit unseren Sinnen, der Nase, den Ohren, den Augen. In jedem von ihnen ist die ganze Weisheit des Universums und die Erfahrung der uns vorangegangenen Menschen und Lebewesen gesammelt, jeder Teil spiegelt unsere lange, lange Geschichte und die vielen Versuche, zu einer optimalen Lebenserfahrung zu gelangen.

> Es gibt nur einen Tempel in der Welt,
> und das ist der menschliche Körper.
> Nichts ist heiliger als diese hohe Gestalt...
> Man berührt den Himmel, wenn man einen Menschenleib betastet.
>
> *Novalis*[32]

Wie können wir unsere tiefe Geist-Seele-Körper-Spaltung überwinden?

Wir können unseren Tag beginnen mit einem Dank an unseren Körper, dass er uns bisher so zuverlässig und treu durch unser Leben begleitet hat. Wir können unseren Körper dabei liebevoll streicheln und wenn wir wollen mit einzelnen Körperteilen freundlich reden. Wir können ihn bitten, dass er uns auch an diesem Tage gut begleiten möge. Als Dank versprechen wir ihm, dass wir ihn gut pflegen und ernähren werden und gut auf seine Bedürfnisse und Reaktionen achten werden.

Während des Tages können wir immer einmal für eine kurze Zeit innehalten, uns entspannen, uns zentrieren und alle unsere Sinne aktivieren. In einer solchen Phase der Zentrierung können wir uns auch fragen, wie sich unser Körper gerade fühlt und was er jetzt am liebsten möchte. Wir können diese gleiche Frage auch an unser „Inneres Kind" stellen, denn unser Inneres Kind steht in einem sehr engen Kontakt zu unseren körperlichen Bedürfnissen (vgl. dazu ab S. 214 ff.)

Unser Körper hält sich oft gerne in der Natur auf, bewegt sich gerne, liebt die Luft und das Wasser, atmet gerne, riecht gerne, hört und sieht gerne, mag Pflege und Massage, hat gerne direkten Berührungskontakt mit anderen Menschen, wird gerne gestreichelt, erlebt gerne sexuelle Lust, tanzt gerne, singt gerne, isst gerne, trinkt gerne.

Er mag es überhaupt nicht, wenn er gehetzt und gestresst wird, wenn er nach der Uhr, nach dem Terminkalender oder nach irgendeinem Maschinentakt funktionieren soll, wenn er beim Essen nur einmal kurz nebenher „abgespeist" wird. Seine Sinne und Organe, sein Bewusstsein, seine Arme und Beine sind vor allem dazu gemacht, das Wunder des Lebens zu begreifen, zu genießen und ihm Ausdruck zu verleihen.

> Der Meister sprach: „Der Edle ist kein Gerät."
>
> *Konfuzius*[33]

Unser Körper liebt Muße und Entspannung. Wir wissen heute, dass das Leben in unserem Körper rhythmisch verläuft, es unzählige verschiedene Biorhythmen in uns gibt. Es werden sogenannte ultradiane Rhythmen beschrieben, die in einem Zyklus von etwa 90 bis 120 Minuten verlaufen. In der ersten Stunde dieses Rhythmus empfinden wir uns frisch und wach, Energie, Gedächtnis und Lernfähigkeit sind ausgezeichnet. In der zweiten Stunde sinkt unsere Leistungsfähigkeit, bis sie einen Tiefpunkt erreicht. Dann braucht der Körper etwa 20 Minuten zum Abschalten und Regenerieren.

Die typischen Symptome für die nötigen Entspannungspausen sind etwa: Vom Arbeitsplatz aufstehen wollen, gähnen, sich strecken, das Nachlassen der Konzentration, leichte Gedächtnisstörungen, man macht Flüchtigkeitsfehler, man fühlt sich „daneben" oder vielleicht ein wenig depressiv, man bekommt Hunger, möchte auf die Toilette.[34]

Der Körper signalisiert uns sein Ruhebedürfnis sehr genau und deutlich, wenn wir seine Hinweise wahrzunehmen gelernt haben. Und er signalisiert uns auch, was er zu seiner Regeneration jetzt benötigt: Hinlegen, dösen oder schlafen, sich bewegen, spazieren gehen, eine kleine Unterhaltung mit einem anderen Menschen, eine Kleinigkeit essen. Hinterher bedankt er sich bei uns mit höherer Lebensfreude und verbesserter Leistungsfähigkeit.

Das Glück der Sinnlichkeit

> Der Zenmeister Bankei war mitten in einer Rede, als ein Anhänger einer Sekte seine Ausführungen unterbrach und prahlte: „Der Gründer unserer Sekte hatte so wunderbare Kräfte, dass er einen Pinsel auf der einen Seite des Flusses in der Hand hielt und sein Diener auf der anderen Seite ein Papier, und der Lehrer schrieb den ganzen Namen Amidas durch die Luft. Kannst du etwas so Wunderbares tun?" Bankei erwiderte milde: „Vielleicht kann dein Schlaukopf diesen Trick zeigen, aber das ist nicht die Art des Zen. Mein Wunder besteht darin, dass ich esse, wenn ich hungrig bin, und trinke, wenn ich durstig bin."[35]

Zu essen, wenn wir hungrig sind und zu trinken, wenn wir durstig sind, das kommt uns so alltäglich und so einfach vor, dass wir das gar nicht als ein Wunder ansehen können. Wenn wir uns aber genauer beobachten, was wir eigentlich wirklich tun, wenn wir essen oder trinken, dann werden wir bemerken, dass wir selbst mit diesen elementaren Lebensvorgängen meist ganz und gar nicht natürlich und ungestört umgehen.

Oft sind wir innerlich in Eile und mit etwas ganz anderem beschäftigt, als dass wir unseren Hunger und unseren Durst gleich spüren. Wir haben unseren Tag schematisch eingeteilt in Zeiten des Arbeitens und des Essens. Wir nehmen unsere spontan auftauchenden Bedürfnissen kaum ernst, spüren ihnen nicht nach, wir verschieben sie auf die dafür eingerichteten Zeitphasen. Wenn wir dann essen oder trinken, dann lassen wir uns dazu auch wieder keine richtige Zeit. Wir eilen uns, mit dem Essen fertig zu werden, essen und trinken hastig, sind weiter in unseren Gedanken, Projekten und Sorgen verstrickt. Wir sind ganz selten wirklich bei dem, was wir gerade tun. Ganz selten nur schmecken wir bewusst, ganz selten nur genießen wir das wirklich, was wir essen und trinken.

Glück und Freude lassen sich aber nur richtig und intensiv in einem gegenwärtigen Bewusstseinszustand erfahren. Sie ereignen sich immer nur im „Hier und Jetzt", nicht irgendwann in der Zukunft oder in der Vergangenheit. Wie viele wundervolle Mahlzeiten, für die andere Menschen Mühe und Zeit eingesetzt haben, haben wir schon versäumt und nicht genossen, weil wir nicht wirklich anwesend waren? Und wie viele davon wollen wir noch weiter versäumen? Haben wir überhaupt jemals eine Mahlzeit wirklich genossen (außer als Säugling vielleicht) und werden wir jemals eine wirklich genießen? Nicht nur für ein paar Sekunden, sondern längere Zeit?

Solche Fragen können wir leicht auf viele andere alltägliche Begebenheiten übertragen: Wann haben wir zuletzt wirklich genussvoll geschlafen, wann sind wir zuletzt genussvoll aufgestanden? Wann haben wir uns zuletzt genussvoll gewaschen und gepflegt? Wann sind wir zuletzt genussvoll spazieren gegangen? Wann haben wir zuletzt eine Begegnung mit einem anderen Menschen wirklich genossen? Wann haben wir zuletzt Zärtlichkeit, Nähe, Liebe und Sexualität wirklich genussvoll erlebt? Wann waren wir bei einer Sache wirklich mit „ganzem Herzen und ganzer Seele“ dabei? Wann haben wir zuletzt an unserem eigenen Leben wirklich bewusst teilgenommen mit allen unseren Sinnen, Gefühlen und Gedanken?

In vielen östlichen und westlichen Religionen wurde versucht, eine Befreiung des Menschen dadurch zu erreichen, dass ideale geistige Tugenden geübt und andere „schlechte“, „fleischliche“ Seiten unterdrückt werden sollten. Viele sahen den zu bekämpfenden Feind im Körper, seinen Bedürfnissen und Trieben, insbesondere der Sexualität, andere in den natürlichen Bedürfnissen des Menschen nach Sicherheit, Nahrung und Besitz und noch andere wollten gar die Erde, die „schwere, dumpfe, herabziehende, sündige“ Materie überhaupt überwinden.

Solche Versuche aber müssen scheitern. Sie machen uns nicht glücklich, sondern unglücklich, denn sie verletzen und zerreißen unsere polare Ganzheit. Sie gehen von der Vorstellung aus, der Mensch könne seine Natur überwinden oder seinen Frieden finden, indem er eine radikale Spaltung vollzieht zwischen seinen so genannten guten, richtigen, „höheren“ und seinen bösen, falschen „niederen“ Seiten. Diese Spaltung ist es aber gerade, die so viel zu unserer Gewalttätigkeit, zu unseren lebenslangen zwischenmenschlichen und innerpsychischen Konflikten beigetragen hat.

Die Natur in uns lässt sich – glücklicherweise! – nicht austilgen. Sie ist unsere Lebensbasis. Ohne jene starken Selbsterhaltungs- und Arterhaltungstriebe würden wir heute nicht existieren. Deshalb gibt es auch sehr aggressive, gierige, grausame und dunkle Seiten in der menschlichen Natur, die nicht durch Zwang oder Abtötung zu überwinden oder zu bewältigen sind. Der sinnvolle Umgang mit ihnen scheint darin zu liegen, sie gut kennen zu lernen, sie als zu sich selbst gehörend anzunehmen und mit ihnen verantwortlich und bewusst zu leben. Ein Zen-Meister schrieb nach seiner Erleuchtung:

> Welch außerordentliches Wunder:
> Ich hacke Holz!
> Ich schöpfe Wasser aus dem Brunnen.[36]

Wenn unsere Sinne geöffnet sind, unsere leibliche Natur und unser Bewusstsein frei geworden ist, dann bleibt äußerlich gesehen erst mal alles beim Alten. Die Dinge der Welt, die Menschen, die Beziehungen, die Tätigkeiten sind die gleichen wie zuvor, man ist der gleiche Mensch mit den gleichen Schwächen und Fähigkeiten. Aber unsere innere Einstellung hat sich gewandelt. Wir sehen die Dinge mit anderen Augen.

Wir erkennen: Die Welt mit all unseren Sinnen wahrnehmen zu können, zu denken, zu fühlen, zu fantasieren, zu sprechen und zu singen, zu gehen und zu tanzen, uns unseres Körpers und unseres Selbstes bewusst zu sein, mit den anderen Menschen und Lebewesen liebend verbunden zu sein: Das ist alles unendlich viel. Alles, was wir darüber hinaus haben können, ist gering im Verhältnis zu dem, was wir bereits von der Natur als Geschenk mitbekommen haben. Und dann können wir vielleicht mit Matthias Claudius „täglich singen“:

Täglich zu singen

Ich danke Gott und freue mich
wie's Kind zur Weihnachtsgabe,
dass ich bin,
bin!
Und dass ich dich,
schön menschlich Antlitz! habe;
Dass ich die Sonne, Berg und Meer
und Laub und Gras kann sehen
und abends unterm Sternenheer
und lieben Monde gehen;
Und dass mir denn zu Mute ist,
als wenn wir Kinder kamen
und sahen, was der Heil'ge Christ
Bescheret hatte, Amen![37]

Übung: Ich danke meinem Körper

Die folgende Übung hat ihre tiefste Wirkung, wenn sie nicht in der Fantasie, sondern in der Realität ausgeführt wird. Sie stellen sich vor einen Spiegel, schauen sich ganz genau und in aller Ruhe von allen Seiten an und beobachten Ihre Gefühle und Ihre gedanklichen Reaktionen und versuchen dann, sich mit Ihrem Körper und Ihrem Aussehen zu versöhnen. Für manche stellt diese direkte Konfrontation mit sich selbst und ihrem Aussehen aber möglicherweise eine Überforderung dar, sodass im Folgenden das sanftere Vorgehen in der Fantasie beschrieben wird.

Wenn Sie bereits ein Entspannungsverfahren kennen oder eine Meditationshaltung gewöhnt sind, dann verwenden Sie ruhig diese als Einleitung. Wenn nicht, lesen Sie bitte zuerst die folgenden Schritte und üben Sie dann.

Suchen Sie sich einen Ort, an dem Sie ausreichend Ruhe haben und für etwa 20 Minuten ungestört sein können. Der Ort sollte für Sie angenehm sein, und Sie sollten sich wohlfühlen.

Setzen Sie sich oder legen Sie sich so, dass Sie sich ganz entspannt fühlen können. Es ist nicht wichtig, dass Sie eine besondere Körperhaltung einnehmen. Ihr wahres Selbst ist ohnehin ständig in Ihnen wirksam, ob Sie sitzen, gehen, liegen, schlafen oder wachen. Viel wichtiger ist, dass Sie sich so entspannen können, dass Sie mit Ihrem Herzen in Kontakt kommen und Sie sich seinen leisen Impulsen öffnen können.

Wenn Sie Ihre Ausgangshaltung eingenommen haben, überprüfen Sie noch einmal kurz, ob Sie auch wirklich bequem sitzen. Überprüfen Sie Ihr Gesicht, lockern Sie die Stirn, die Augenpartie, die Kiefermuskulatur, lockern Sie die Schultern und atmen Sie einige Male etwas tiefer in den Bauch ein und aus. Stellen Sie sich vor, dass beim Ausatmen eine Welle der Wärme und Entspannung erst durch Ihre Arme, dann durch Ihre Beine fließt. Mit jedem Ausatmen wird die Entspannung tiefer und tiefer. Sie lassen sich ganz los.

Wenn Sie den Eindruck haben, dass Sie zur Ruhe gekommen, Arme, Beine und der Körper entspannt sind und Sie sich wohlfühlen, dann fangen Sie mit der Fantasieübung an.

Stellen Sie sich vor, dass Sie sich in einem angenehm warmen, hellen Raum befinden, in dem Sie sich frei und sicher bewegen können. An einer Wand befindet sich ein großer Spiegel, in dem Sie sich und jede Einzelheit von Ihnen ganz deutlich sehen können. Sie können sich, wann immer Sie es wollen, nach links, nach rechts und ganz herumdrehen, auf den Boden setzen, um sich von allen Seiten, von oben und unten genau betrachten zu können. Es gibt nichts, was Sie sich nicht genau anschauen dürfen, im Gegenteil, Sie können sich der ganzen Wahrheit, die Sie sehen, bewusst werden. Das, was Sie sehen, sind Sie, und Sie müssen sich mit Ihrer Ganzheit und Wirklichkeit versöhnen, wenn Sie Ihren Frieden und Ihre Freiheit gewinnen wollen.

Machen Sie es sich bewusst, dass das Leben Sie gewollt hat, so wie Sie sind. Das Leben hat Ihnen ein bestimmtes Geschlecht, einen bestimmten Körper, auch bestimmte seelische und geistige Anlagen geschenkt und große Hoffnung in Sie gesetzt. Die Hoffnung nämlich, dass es in Ihnen zu dem findet, was seine tiefste Sehnsucht ist: bewusst und ganz da zu sein in Liebe, Licht, Freiheit und Freude.

Nehmen Sie nun Ihren Körper wahr. Spüren Sie seine Wärme. Lauschen Sie ein wenig nach innen und spüren Sie das pulsierende Leben in sich. Beobachten Sie ein wenig Ihren Atem. Machen Sie sich bewusst, dass dieses pulsierende Leben und der Atem kosmischer Natur sind. Wir haben das Leben nicht gemacht, wir haben den Atem nicht gemacht, wir haben das Bewusstsein nicht gemacht.

Machen Sie sich ganz bewusst: Es lebt in uns, Es pulsiert in uns, Es atmet in uns, Es nimmt wahr in uns, Es fühlt in uns, Es fantasiert in uns, Es denkt in uns.

Stellen Sie sich diese pulsierende Energie, dieses Leben in Ihnen als ein warmes goldenes Licht vor, das Ihren Körper durchflutet, Ihren Körper umgibt und von Ihrem Körper ausstrahlt. Stellen Sie sich vor, dass dieses Licht das Höchste und Beste ausdrückt, wonach sich das Leben in Ihnen sehnt: die Fülle des Lebens in Freiheit auszudrücken, zu einem klaren Bewusstsein der Wahrheit und Wirklichkeit zu gelangen, sich in Liebe mit allem, was existiert, verbunden zu fühlen und die grenzenlose Freude über dieses Wunder der Existenz mit allen zu teilen.

Schauen Sie sich nun von oben bis unten in aller Ruhe an und beobachten Sie Ihre Reaktionen. Beobachten Sie ganz besonders, wo Sie sich kritisieren und abwerten. Empfinden Sie sich irgendwo als zu klein oder zu groß, als zu dünn oder zu dick, als unproportioniert, zu alt, zu faltig, zu unattraktiv, zu hässlich?

Halten Sie gerade an diesen Stellen länger inne, lassen Sie alle Gefühle des Unbehagens, der Peinlichkeit, der Scham, der Angst, der Verletzung zu. Versuchen Sie mit diesen Stellen in einen tiefen emotionalen Kontakt zu treten. Versuchen Sie insbesondere zu spüren, was Sie sich selbst mit Ihrer eigenen Abwertung und Kritik, die Sie vielleicht jahrelang diesem Körperteil gegenüber gehabt haben, an Schmerzen angetan haben. Werden Sie sich bewusst, dass dieser Körperteil vielleicht schon jahrelang, wenn nicht ihr Leben lang so gewesen ist, wie er ist, und dass all ihre Abwertung und Kritik nichts an seinem Zustand geändert haben. Bemühen Sie sich jetzt, mit ihm in ein besseres Verhältnis zu kommen.

Wenn Sie ein wenig geübter sind, können Sie mit Ihrem Körperteil in ein imaginäres Gespräch kommen. Sagen Sie ihm, was Sie ihm sagen wollen. Erzählen Sie ihm, wie schwer es Ihnen gefallen ist oder immer noch fällt, ihn anzunehmen. Fragen Sie ihn, wie er sich dabei fühlt, und achten Sie auf die Antworten, die Ihnen spontan in den Sinn kommen. Vielleicht erfahren Sie dann etwas über die enorme Last, die diesem Körperteil durch Ihre Ablehnung aufgebürdet wurde. Vielleicht können Sie ein Gefühl der Dankbarkeit ihm gegenüber spüren, weil er trotz allem seine Funktionen – so gut es ihm möglich war – erfüllt hat. Sprechen Sie mit ihm darüber, was Sie tun können, um sich miteinander zu versöhnen.

Es geht nicht darum, dass Sie ihn besonders schön oder attraktiv finden müssen, wo er es nicht ist. Es geht darum, dass Sie ihn als zu sich gehörig ganz annehmen und jetzt „Ja!" zu ihm sagen. Wenn es Ihnen möglich ist, sagen Sie ihm: „Ich bitte Dich um Verzeihung für das, was ich Dir angetan habe. Ich werde Dich nicht mehr abwerten und schlecht machen. Ich werde mich nicht mehr für Dich schämen. Du darfst bei mir so sein, wie Du bist. Ab jetzt will ich ganz zu Dir stehen und gut für Dich sorgen."

Hören Sie mit diesem Gespräch nicht auf, bevor Sie das deutliche Gefühl haben, dass es Ihnen wirklich ernst mit diesen Aussagen ist. Es hilft nur wenig, wenn solche Sätze nur so dahingesagt werden. Wenn es Ihnen schwerfällt, sich bedingungslos hinter ihren Körper und sich selbst zu stellen, weil so viele kritische und abwertende Stimmen in Ihnen sind, dann sollten Sie für sich kämpfen, wie Sie auch z. B. für Ihr Kind kämpfen würden, wenn es von jemandem gedemütigt würde. Setzen Sie Ihre ganze Energie ein, um von diesen alten, destruktiven Einstellungen loszukommen.

Wenn Sie den Eindruck haben, Sie sind ein Stück weiter gekommen, dann beenden Sie die Übung. Verabschieden Sie sich von ihrem Körper und sagen Sie ihm, dass Sie ihn nicht vergessen werden und dass Sie immer wieder zu ihm zurückkommen werden, um wieder mit ihm in eine gefühlsmäßige Beziehung zu treten. Sagen Sie ihm, dass Sie von ihm lernen wollen, das Leben zu genießen und dass Sie immer mehr auf seine Signale hören wollen.

Diese Übung können Sie später mit dem gleichen Körperteil, mit einem anderen oder auch mit bestimmten Eigenschaften und Charakterzügen, die sie nicht annehmen können, wiederholen. Seien Sie sich bewusst, dass diese Übung möglicherweise eine der wichtigsten ist, die Sie in Ihrem Leben machen können, um ihren Frieden mit sich selbst und ihrem Körper zu finden.

Der kosmische Mensch

Um an die eingangs zitierte geheimnisvolle „Tabula Smaragdina" anzuknüpfen: Der „Stein der Weisen", um dessen Herstellung es in diesem Text geht, lässt sich in einer zeitgemäßen Deutung verstehen als die Bewusstwerdung der Geist-Seele-Körper-Umwelt-Einheit, die sich in der Gestalt des Menschen offenbart. Wie dieser Stein aus den Elementen der Natur gewonnen werden könnte, versucht der Text folgendermaßen weiter zu formulieren:

> Es [die Ur-Energie, die Anfang und Ende des ganzen Prozesses darstellt. Anm. d. Autors] ist die Ursache aller Vollendung in dieser Welt.
> Seine Kraft ist voll, wenn es zur Erde wird.
> Scheide die Erde vom Feuer, das Feine vom Groben, sanft und mit großem Verständnis.
> Es steigt von der Erde zum Himmel und wieder herab zur Erde und empfängt die Kräfte des Oberen und des Unteren.
> So wird dir der Ruhm der Welt gehören.
> Und alle Dunkelheit wird von dir weichen.
> Es ist die Stärke aller Stärken, denn es überwindet alle feinen Dinge, durchdringt alles Grobe.
> So wurde die Welt erschaffen.
> Aus diesem werden wunderbare Anwendungen hervorgehen, zu denen hier die Mittel gegeben sind.
> Darum werde ich Hermes der Dreimal Größte genannt, der die drei Teile des Wissens der Welt besitzt.
> Vollendet ist, was ich über das Werk der Sonne gesagt habe.
>
> *Tabula Smaragdina*[19]

Eine Interpretationsmöglichkeit des hier beschriebenen alchemistischen „Opus magnum" ist die, dass der Differenzierungs- und Entwicklungsprozess des menschlichen Bewusstseins (siehe dazu das Kapitel zum Logos-Prinzip) angedeutet wird, durch den der Mensch schließlich seine Einheit und seine Verbundenheit mit dem Universum erkennt. In jedem Menschen lebt in gewissem Sinne der große kosmische Urmensch, der „Anthropos", der so alt ist wie das Universum. C. G. Jung schreibt an einer Stelle über jene zeitlosen archetypischen Aspekte des Unbewussten in uns:

> Könnte man das Unbewusste personifizieren, so wäre es ein kollektiver Mensch, jenseits der geschlechtlichen Besonderheit, jenseits von Jugend und Alter, von Geburt und Tod, und würde über die annähernd unsterbliche menschliche Erfahrung von ein bis zwei Millionen Jahren verfügen. Dieser Mensch wäre schlechthin erhaben über den Wechsel der Zeiten. Gegenwart würde ihm ebenso viel bedeuten wir irgendein Jahr im hundertsten Jahrtausend vor Christi Geburt [...]
>
> *C. G. Jung*[38]

Und Hildegard von Bingen berichtet 1000 Jahre vor C. G. Jung in einer wunderbar poetischen Vision von einer kosmischen Gestalt, die das ganze Firmament in sich trägt und durchdringt:

> Ich, die höchste und feurigste Kraft, habe jedweden Funken von Leben entzündet und nichts Tödliches sprühe ich aus[...]
> Mit meinen höheren Flügeln umfliege ich den Erdkreis:
> Mit Weisheit habe ich das All geordnet.
> Ich, das feurige Leben göttlicher Wesenheit, zünde hin über die Schönheiten der Fluren, ich leuchte in den Gewässern und brenne in Sonne, Mond und Sternen.
> Mit jedem Lufthauch, wie mit unsichtbarem Leben, das alles erhält, erwecke ich alles zum Leben.
> Die Luft lebt im Grünen und Blühen.
> Die Wasser fließen, als ob sie lebten.
> Und so ruhe ich in aller Wirklichkeit verborgen als feurige Kraft.

Alles brennt so durch mich, wie der Atem den Menschen unablässig bewegt, gleich der windbewegten Flamme im Feuer. [...]
Allem hauche ich Leben ein, sodass nichts davon in seiner Art sterblich ist. Denn ich bin das Leben.

Hildegard von Bingen[39]

Es scheint, als wollte uns unsere Seele durch solche Bilder, Träume und Visionen, die in ähnlicher Weise auch von modernen Menschen in veränderten Bewusstseinszuständen erfahren werden können, immer wieder an die Tatsache erinnern, dass wir und unser Körper kosmische Wesen sind und dass wir teilhaben an der gleichen Energie, die auch das Universum, die Erde und die Natur hervorgebracht hat.

Übung: Das Göttliche Kind des Universums

Diese Übung kann Ihnen eine sehr tiefe Erfahrung vermitteln. Sie ist möglicherweise eine der wichtigsten Übungen, die Sie jemals in Ihrem Leben gemacht haben. Darum sollten Sie sich für sie genügend Zeit lassen und sie so oft wiederholen, wie es Ihnen möglich ist. Erwarten Sie aber auch nichts Dramatisches oder Großartiges. Das Wesentliche und Entscheidende beginnt meist mit ganz zarten, leisen und unscheinbaren Empfindungen und Gefühlen.

Wenn Sie bereits ein Entspannungsverfahren kennen oder eine Meditationshaltung gewöhnt sind, dann verwenden Sie ruhig diese als Einleitung. Wenn nicht, lesen Sie bitte zuerst die folgenden Schritte und üben Sie dann.

Suchen Sie sich einen Ort, an dem Sie ausreichend Ruhe haben und für etwa 20 Minuten ungestört sein können. Der Ort sollte für Sie angenehm sein, und Sie sollten sich wohlfühlen.

Setzen Sie sich oder legen Sie sich so, dass Sie sich ganz entspannt fühlen können. Es ist nicht wichtig, dass Sie eine besondere Körperhaltung einnehmen. Das Wunder des Lebens ereignet sich ohnehin in Ihnen, ob Sie sitzen, gehen, liegen, schlafen oder wachen. Viel wichtiger ist, dass Sie sich so entspannen können, dass Sie mit Ihrem Herzen in Kontakt kommen und Sie sich seinen leisen Impulsen öffnen können.

Wenn Sie Ihre Ausgangshaltung eingenommen haben, überprüfen Sie noch einmal kurz, ob es auch wirklich bequem für Sie ist. Überprüfen Sie Ihr Gesicht, lockern Sie die Stirn, die Augenpartie, die Kiefermuskulatur, lockern Sie die Schultern und atmen Sie einige Male etwas tiefer mit dem Bauch ein und aus. Stellen Sie sich vor, dass beim Ausatmen eine Welle der Wärme und Entspannung erst durch Ihre Arme, dann durch Ihre Beine fließt. Mit jedem Ausatmen wird die Entspannung tiefer und tiefer. Sie lassen sich ganz los.

Wenn Sie den Eindruck haben, dass Sie zur Ruhe gekommen, Arme, Beine und der Körper entspannt sind und Sie sich wohlfühlen, dann lassen Sie allmählich in sich das Bild der Erde entstehen. Stellen Sie sich vor, dass Sie sich wie ein Weltraumfahrer außerhalb der Erde befinden und die Erde vor Ihnen als weiß-blauer Ball liegt.

Lassen Sie sich Zeit, bis Sie ganz in Fühlung mit dieser Vorstellung sind. Wenn die Gedanken abschweifen, ist das in Ordnung. Kommen Sie dann einfach zum Bild der Erde zurück. Denken Sie immer wieder daran, dass das Bewusstsein, das Sie durch diese Übung bekommen können, die wichtigste Veränderung in Ihrem bisherigen Leben mit sich bringen kann und dass sich die kleine Anstrengung der Konzentration lohnt.

Schauen Sie in die Tiefe und Weite, in die Unermesslichkeit des Universums und schauen Sie auf den blauen Planeten, der unsere Heimat ist. Öffnen Sie sich für alle Gefühle, die in Ihnen bei diesem Anblick entstehen. Erwarten Sie nichts Dramatisches.

Vielleicht kommt erst einmal gar nichts. Dann ist es auch gut. Vielleicht kommen Wehmut, Trauer, Schmerz, Angst. Lassen Sie es zu. Öffnen Sie sich diesen Gefühlen ganz. Unsere Erde hat diese Gefühle verdient. Sie braucht diese Gefühle von uns.

Vielleicht kommen aber auch Zärtlichkeit und Liebe. Lassen Sie es zu. Öffnen Sie sich diesen Gefühlen ganz.

Vielleicht haben Sie das Bedürfnis, unsere Erde, unsere gute Mutter, in die Arme zu schließen, sie zu streicheln, sie zu liebkosen. Tun Sie es. Sie hat es verdient. Sie braucht es.

Vielleicht spüren Sie Liebe und Dankbarkeit. Lassen Sie es zu. Öffnen Sie sich diesen Gefühlen ganz. Bringen Sie sie der Erde gegenüber zum Ausdruck. Sagen Sie ihr, dass Sie sie lieben, dass Sie ihr danken. Sie hat es verdient. Sie braucht es.

Vielleicht spüren Sie etwas davon, dass unsere Erde und das sie umgebende Universum zusammengehören, dass sie aus den gleichen Elementen bestehen, dass das Universum die Erde hervorgebracht hat und dass die Erde Sie hervorgebracht hat, dass Sie ein Kind der Erde und des Universums sind und dass dies alles ein einziger großer Organismus ist.

Vielleicht spüren Sie aber auch schon etwas davon, dass die Existenz dieses Planeten vor Ihnen inmitten der Kälte und Einsamkeit des Universums ein großes Wunder ist. Vielleicht spüren Sie, wie einzigartig und unendlich kostbar unsere Erde ist, mit allem, was sich darauf befindet.

Vielleicht ahnen Sie auch schon etwas davon, wie unsinnig so viele Dinge sind, die wir Menschen uns selbst, unseren Mitmenschen und Mitlebewesen und der Erde antun.

Vielleicht spüren Sie etwas von dem tiefen Wunsch in Ihrer Seele, diese Chance, die die Erde Ihnen in diesem Leben bietet, wirklich zu nutzen und vielleicht möchten Sie das, was in Ihnen leben möchte, auch wirklich ganz zum Ausdruck bringen.

Denken Sie an die unermessliche Weite und Tiefe des Universums mit seinen Milliarden von Sonnensystemen und Galaxien.

Denken Sie an die unvorstellbaren Zeiträume, in denen Planeten und Sterne in gigantischen Geburtswehen und gigantischen Todeskämpfen entstehen und vergehen.

Denken Sie dann an unseren blauen Planeten Erde, der wie eine gastfreundliche Oase in der Dunkelheit, Kälte, Unwirtlichkeit, Einsamkeit, Fremdheit und Dunkelheit des Weltalls aufleuchtet.

Denken Sie an die Jahrmillionen, die es gebraucht hat, bis Leben auf dieser Erde entstehen konnte, an die unermesslichen Qualen und Leiden, das Fressen und Gefressenwerden, den unerbittlichen Kampf ums Dasein und Überleben, mit dem sich das Leben auf diesem Planeten durchgesetzt und durch das es sich fortentwickelt hat.

Denken Sie an die Lebewesen und Menschen, die uns vorangegangen sind, die geboren wurden, gelebt, gehofft, gelitten haben und wieder gestorben sind und die alle mit ihrem Dasein, mit ihren Erfahrungen dazu beigetragen haben, dass wir heute da sind.

Denken Sie an Ihre direkten Vorfahren, Ihre Großeltern, Ihre Eltern, die es Ihnen ermöglicht haben, heute hier zu sein.

Denken Sie an Ihre Zeit im Mutterleib, wie der Samen Ihres Vaters sich mit dem Ei Ihrer Mutter vereinigte und wie dann die Kraft des Lebens und die Weisheit des ganzen evolutionären Prozesses, die unsere wahren Eltern sind, begannen, unseren Organismus aufzubauen.

Stellen Sie sich Ihre Geburt vor und machen Sie sich bewusst, dass Sie doppelten Ursprungs sind. Sie wurden von leiblichen Eltern gezeugt und von einer leiblichen Mutter geboren, aber das wirkliche Leben wurde Ihnen vom Universum, von der Sonne und der Erde, dem Wasser und der Luft geschenkt, die auch Ihre Mutter und Ihren Vater hervorgebracht haben. Machen Sie es sich bewusst, dass Sie vor allem ein Kind Ihrer kosmischen Eltern sind. Machen Sie es sich bewusst, dass Sie ein Göttliches Kind sind und dass dieses Göttliche Kind auch heute noch in Ihnen lebendig ist in Ihren Sehnsüchten, Fantasien und Träumen.

Machen Sie es sich bewusst, dass das Leben Sie gewollt hat, so wie Sie sind. Das Leben hat Ihnen ein bestimmtes Geschlecht, einen bestimmten Körper, auch bestimmte seelische und geistige Anlagen geschenkt und große Hoffnung in Sie gesetzt. Die Hoffnung nämlich, dass es in Ihnen zu dem findet, was sein tiefstes Verlangen ist: bewusst und ganz da zu sein in Liebe, Licht, Freiheit und Freude.

Nehmen Sie nun Ihren Körper wahr. Spüren Sie seine Wärme. Lauschen Sie ein wenig nach innen und spüren Sie das pulsierende Leben in sich. Beobachten Sie ein wenig Ihren Atem. Machen Sie sich bewusst, dass dieses pulsierende Leben und der Atem kosmischer Natur sind. Wir haben das Leben nicht gemacht, wir haben den Atem nicht gemacht, wir haben das Bewusstsein nicht gemacht.

Machen Sie sich ganz bewusst: Es lebt in uns, Es pulsiert in uns, Es atmet in uns, Es nimmt wahr in uns, Es fühlt in uns, Es fantasiert in uns, Es denkt in uns.

Stellen Sie sich diese pulsierende Energie, dieses Leben in Ihnen als ein warmes goldenes Licht vor, das Ihren Körper durchflutet, Ihren Körper umgibt und von Ihrem Körper ausstrahlt. Stellen Sie sich vor, dass dieses Licht das Höchste und Beste ausdrückt, wonach sich das Leben in Ihnen sehnt: die Fülle des Lebens in Freiheit auszudrücken, zu einem klaren Bewusstsein der Wahrheit und Wirklichkeit zu gelangen, sich in Liebe mit allem, was existiert, verbunden zu fühlen und die grenzenlose Freude über dieses Wunder der Existenz mit allen zu teilen.

Wenn Sie die Übung beenden möchten, beenden Sie sie. Verabschieden Sie sich von der Erde und ihrem Körper und sagen Sie ihnen, dass Sie sie nicht vergessen werden und dass Sie wieder zu ihnen zurückkommen werden, um wieder mit ihnen in eine gefühlsmäßige Beziehung zu treten.

Kommen Sie allmählich zurück und seien Sie sich bewusst, dass diese Übung möglicherweise eine der wichtigsten ist, die Sie jemals in Ihrem Leben gemacht haben.

Freude schöner Götterfunken,
Tochter aus Elyseum,
Wir betreten feuertrunken
Himmlische, dein Heiligtum.
Deine Zauber binden wieder,
Was der Mode Schwert geteilt;
Alle Menschen werden Brüder,
Wo dein sanfter Flügel weilt.
...
Freude heißt die starke Feder
In der ewigen Natur.
Freude, Freude treibt die Räder
In der großen Weltenuhr.
Blumen lockt sie aus den Keimen,
Sonnen aus dem Firmament.
Sphären rollt sie in den Räumen,
Die des Sehers Rohr nicht kennt.
...

Friedrich Schiller[40]

Das Eros-Prinzip
Das Wunder der Liebe und der Schönheit

Wir alle sind Teil des schöpferisch sich entfaltenden Universums. Wir können nur leben in und durch die Beziehung und Wechselwirkung mit allem anderen, was existiert. Jede Vorstellung von einer unabhängigen getrennten Existenz ist eine leidvolle Illusion. Wir sehnen uns alle zutiefst danach, in guter Gemeinschaft mit anderen Wesen zu leben, zu lieben und geliebt zu werden.

Unsere Aufgabe als Menschen ist, diese Verbundenheit mit allem Existierenden zu erfahren, in liebevollem Verhalten zum Ausdruck zu bringen und mit dazu beizutragen, die Liebe, Schönheit und Freude am Leben zu mehren.

- Kannst Du Dich in Deiner einmaligen, individuellen Eigenart vollständig annehmen, gerade so, wie Du bist?
- Bist du Dir bewusst, dass Du andere Menschen nur in dem Maße lieben kannst, wie Du Dich selbst und dein Dasein liebst?
- Sorgst Du dafür, dass in deinem Leben, Liebe und Erotik, Schönheit und Harmonie, Tanz und Musik, Lachen und Freude genügend Raum finden?
- Weißt Du, dass es unendlich viel gibt, für das Du dankbar sein kannst und dass Dankbarkeit einer der einfachsten Schlüssel zum Glück ist?
- Bist Du Dir der Einheit und Verbundenheit mit allen Menschen, Lebewesen und Deiner Umwelt bewusst?
- Weißt Du, dass Liebe und Freiheit einander bedingen und benötigen?
- Kennst Du die „Goldene Regel", die einfachste und wichtigste aller Beziehungsratschläge?
- Kennst Du die „bedingungslose Liebe", die Güte und das Mitgefühl für alles Existierende?

Die verwandelnde Kraft der Liebe

> Ein Wissenschaftler hatte viele Jahre seines Lebens mit dem Bemühen verbracht, den alchemistischen Stein der Weisen in seinem Laboratorium herzustellen, jene geheimnisvolle Substanz, die unedle Metalle in Gold verwandeln konnte, die viele Krankheiten heilen und einem alles das verschaffen konnte, wonach man sich immer gesehnt hatte. Er schien sehr nahe an sein Ziel gekommen zu sein. Er war überzeugt, es fehle ihm nur noch ein ganz kleiner Teil in der Formel seiner Rezeptur, dann hätte er es geschafft. Aber so sehr er sich auch bemühte, er kam einfach nicht weiter.
> Eines Tages hörte er, dass in den entlegenen Bergen von Tibet ein Lama lebte, der ihm den Rest der Formel offenbaren könnte.
> Diesem dürfte man aber nur eine Frage stellen.
> Als er nach langer, entbehrungsreicher Wanderung schließlich zu dem Lama fand, sah er zu seiner tiefen Verwunderung keinen alten, weisen Mann vor sich, wie er erwartet hatte, sondern eine wunderschöne junge Frau.
> Sie lächelte ihn liebevoll an und sagte mit einer in seinen Ohren himmlisch klingenden Stimme: „Herzlichen Glückwunsch, Reisender! Ihr habt den weiten, beschwerlichen Weg zu mir auf Euch genommen und mich gefunden. Ihr wisst, Ihr könnt mir nun eine Frage stellen. Wie lautet sie?"
> Aber anstatt nun nach dem Rest seiner alchemistischen Formel zu fragen, die ihn so lange beschäftigt hatte, hörte der Forscher sich zu seinem eigenen großen Erstaunen sagen: „Darf ich fragen, ob Sie verheiratet sind?"[41]

Das war eine etwas peinliche, aber glückliche Fehlleistung. Sehr wahrscheinlich hat sich unser Sucher nach dem Stein der Weisen hinterher erst einmal sehr geärgert, dass er der Macht seiner erotischen Gefühle und Sehnsüchte so unterlegen war, dass er vergaß, weshalb er eigentlich gekommen war. Und wir werden vielleicht an unsere vielen eigenen Merkwürdigkeiten, Irrungen und Wirrungen, an unsere Täuschungen und Peinlichkeiten gedacht haben, die wir unter dem Einfluss des Mysteriums des Eros fantasiert und erlebt haben.

Aber wenn wir ein wenig bei der Geschichte verweilen, können wir noch eine tiefere Dimension entdecken, die wir auch auf unser Leben übertragen können. Hat unser Forscher nicht, indem er die schöne Frau fragte, ob sie verheiratet sei, sich selbst offenbart, dass er in all seinem Suchen und Trachten nach dem Stein der Weisen auch und vielleicht sogar vor allem die Liebe suchte, das „Mysterium coniunctionis“, die „Mystische Hochzeit“, den „Hieros gamos“ der Göttin mit dem Gott? Hat er in seiner Frage sich nicht selbst schon genau die Antwort gegeben, die er suchte? Ist nicht die Liebe ein ganz wesentlicher Bestandteil des „Steins der Weisen“, ist nicht die Liebe die Kraft, die unser Leben in Gold zu verwandeln vermag, die uns gesund macht und die uns so viel von dem ermöglicht, wonach wir uns im Innersten sehnen?

Die Kunst der Liebe beginnt mit der Selbstliebe

> Der Grund aller Weisheit ist:
> Glück kommt nur durch Liebe.
> Sage ich nun: „Liebe deinen Nächsten!“
> so ist das schon eine verfälschte Lehre.
> Es wäre viel richtiger zu sagen:
> „Liebe dich selbst so wie deinen Nächsten!“
> Und es war vielleicht der Urfehler,
> dass man immer beim Nächsten anfangen wollte.
>
> *Hermann Hesse*[42]

Obwohl die Selbstliebe das Einfachste und Selbstverständlichste von der Welt zu sein scheint, bereitet sie uns doch gerade große Schwierigkeiten. Unausgesetzt und gegen alles bessere heimliche Wissen, dass wir etwas Unmögliches versuchen, bemühen wir uns verzweifelt, anders zu sein, als wir wirklich sind. Wir hoffen auf diese Weise, von den anderen Menschen jene Liebe, Achtung, Anerkennung und Bestätigung zu erhalten, die uns so lebensnotwendig ist und die wir früher wahrscheinlich nicht in dem Maße bekommen haben, wie wir sie gebraucht hätten.

Wir sind uns bei diesem Bemühen selbst zum ärgsten Feind geworden. Ständig vergleichen wir uns mit dem Aussehen, der Attraktivität, der Leistungsfähigkeit, dem Erfolg und dem Besitz anderer Menschen. Ständig kritisieren wir an uns herum, ständig sind wir unzufrieden damit, wer und was wir sind. Ständig versuchen wir, uns selbst und den anderen etwas vorzumachen. Wir verstecken uns ängstlich hinter unseren Masken und Statussymbolen, wir verbergen, was nicht gesehen oder gewusst werden soll.

Einen Großteil unserer Lebensenergie verwenden wir darauf, um in unzähligen, oft verzweifelten Versuchen der Verstellung, der Tarnung und der Täuschung den Eindruck von Selbstsicherheit, Souveränität und Besonderheit zu erwecken. Insgeheim empfinden wir uns viel verletzlicher, viel unsicherer und viel liebesbedürftiger, als wir nach außen hin zeigen. Das Tragische und Paradoxe an dieser Situation ist, dass die meisten von uns mit dieser Verletzlichkeit und Unsicherheit zu kämpfen haben, aber glauben, so tun zu müssen, als ob gerade wir stark und selbstsicher seien, als ob gerade wir keine Selbstwertprobleme hätten.

Niemand soll etwas sehen von unseren vermeintlichen Schwächen und Fehlern, von unserer vermeintlichen Unbedeutendheit, Minderwertigkeit und Hässlichkeit, von unseren Ängsten, von unserer Hilflosigkeit und unseren schlimmen Geheimnissen. Niemand soll etwas davon erfahren, wie einsam, wie unverstanden, wie fremd wir uns fühlen, wie verletzbar wir sind. Wir fürchten die Scham, die Demütigung, die Verachtung, das Lächerlichgemachtwerden, wenn wir unser wahres Wesen zeigen.

Und das Schlimmste daran: Sehr vielen anderen Menschen geht es ebenso. Wir tun nach außen hin verzweifelt so, als seien wir die schönsten, großartigsten und erfolgreichsten Menschen und wissen oder ahnen heimlich, dass das alles so gar nicht stimmt. Wir qualen uns und andere Menschen mit Ansprüchen, die wir nicht erfüllen können, von denen wir aber vielleicht befürchten, dass die anderen sie erfüllen könnten. So verraten wir unsere eigene Wahrheit und Wirklichkeit Tag für Tag.

Welche tragikomische Blüten unsere Angst vor Bloßstellung und Ablehnung hervorbringen kann, das wird in Hans Christian Andersens köstlicher Geschichte von des Kaisers neuen Kleidern erzählt.[43] Aus lauter Angst, als dumm und unfähig für sein Amt zu erscheinen, tut ein Kaiser so, als könne er die „wundervollen" Kleider sehen, die ihm von betrügerischen Webern genäht worden waren, die aber in Wirklichkeit gar nicht vorhanden sind. Auch des Kaisers Beamte und das Volk auf der Straße tun so, als seien diese Kleider wirklich vorhanden. Keiner will sich die vermeintliche Blöße der Dummheit und Inkompetenz geben. So entsteht die peinliche Situation, dass bei einer stolzen Prozession des Kaisers durch die Straßen der Stadt alle Beteiligten sehen, dass der Kaiser nackt ist, aber dies verleugnen und Beifall heischend so tun, als habe er die prächtigsten Kleider an, die man sich vorstellen kann. Bis endlich ein Kind die unschuldigen Worte ruft: „Aber er hat ja gar nichts an!"

Was für eine unsinnige Anstrengung! Was für ein unsinniges Theaterspielen! Was für ein unnötiges Leid! Und wie einfach und kreativ könnte unser Leben sein, wenn wir all die Energie, die wir mit unseren unzähligen Selbsttäuschungsmanövern verschwenden, zur freien Verfügung hätten! Wir bräuchten nur den Mut aufzubringen, unserer Wahrnehmung zu trauen, das zu sehen und zu dem zu stehen, was wir alle eigentlich von uns selbst längst wissen und was wir überall bei unseren Mitmenschen entdecken können: Jenseits von dem, war wir nach außen hin darzustellen versuchen, unseren Masken und Fassaden, jenseits von unserem Ruhm und Reichtum, unserem Besitz, unseren Status-Symbolen sind wir alle ganz normale, gewöhnliche Menschen mit ganz ähnlichen Bedürfnissen, ganz ähnlichen Ängsten, Unsicherheiten und Sehnsüchten. Und alle wollen wir nur das Eine: Lieben und geliebt werden und auf dieser Basis unser „wahres" Selbst zum Ausdruck bringen.

So müssen wir endlich einen Weg finden, uns ganz zu bejahen und zu lieben, wie wir sind. Wenn wir uns des Geschenks der Schöpfung für würdig erweisen und die Verantwortung für die damit verbundenen Aufgaben übernehmen wollen, dann müssen wir allen Abwertungen und Misshandlungen dieses geheimnisvollen, oft genug auch sehr fremdartigen Wesens, das wir sind, entschieden und mit aller Energie entgegentreten. Wir dürfen es nicht mehr zulassen, dass andere oder wir selbst entwürdigend und verächtlich mit uns umgehen.

Stehen wir zu unserer individuellen Eigen- und Einzigartigkeit, zu unserem Geschlecht, zu unserem Aussehen, zu unserem Körper, zu unserem Alter, zu unserem Charakter, zu unserer Intelligenz. Hören wir auf, uns mit anderen Menschen zu vergleichen, uns zu kritisieren, abzuwerten oder wegen unserer Eigenart zu verteidigen oder zu rechtfertigen. Versuchen wir nicht, jemand anderes zu sein. Versuchen wir nicht zu sein, wie „man sollte" oder wie „man müsste". Es ist unmöglich.

Werden wir uns bewusst, dass es einen Menschen wie uns kein zweites Mal auf dieser Erde geben wird, noch jemals gegeben hat. Alle abwertenden Vergleiche bringen uns und anderen Menschen nichts anderes als Leiden und Qual. Gerade unsere Einzigartigkeit ist auch das Kostbare. Kein anderer Mensch ist in der Lage das zu tun, was wir tun können, wie gering unser Beitrag zum Leben auch aussehen mag.

> Der Mensch kann dem Göttlichen nicht nahe kommen,
> indem er über das Menschliche hinauslangt;
> er kann ihm nahe kommen, indem er der Mensch wird,
> der zu werden er, dieser einzelne Mensch da, erschaffen ist.
>
> *Martin Buber*[44]

Lernen wir, unseren spontanen, lebendigen Impulsen zu vertrauen, die aus unserem Selbst kommen. Manche spontane Reaktionen des Selbst mögen überraschend, ungewöhnlich, merkwürdig, verrückt erscheinen und uns von daher erschrecken, aber wir können ziemlich sicher sein – von extremen Notsituationen einmal abgesehen –: Sie werden uns und andere nicht wirklich schädigen. Wenn sie das tun, dann waren es Reaktionen aus unseren alten Programmierungen und Verhaltensschemata, die aus dem Gefühl der Angst und des Nicht-Geliebtseins entstammen. Wer sich selbst liebt und mit Freude und Interesse an der Welt Anteil nimmt, kann niemals Befriedigung daran finden, sich selbst oder andere Wesen zu schädigen.

Deshalb ist es eine gute Übung, sich mehrmals am Tag für eine Minute zu entspannen und sich zu fragen: „Wie kann ich jetzt etwas Gutes für mich tun?“ oder auch: „Was ich jetzt tue und erlebe: Stimmt das für mich?“, dann auf eine Reaktion zu warten, die aus unserem Selbst oder unserem „Herzen“ kommt, und diese Reaktion auch ernst zu nehmen und zu verwirklichen.

Wir brauchen uns dabei keine allzu großen Sorgen um die anderen Menschen zu machen. Wenn wir Gutes für uns tun, und wenn wir wissen, dass wir in der Lage sind, unsere Wünsche und Bedürfnisse zum Ausdruck zu bringen, dann können wir auch viel leichter auf die Bedürfnisse anderer Menschen eingehen. Außerdem: Wenn wir gut für uns sorgen, dann sorgen wir nicht nur für „uns“, sondern wir übernehmen auch Verantwortung für ein Wesen, das nur zu einem kleinen Teil „uns“ gehört, und zu einem viel größeren Teil der Schöpfung. Denn nicht wir haben uns hervorgebracht, sondern die Schöpfung uns. Vertrauen wir deshalb darauf, dass wir dann am glücklichsten sind, dann am meisten von den anderen Menschen gemocht und respektiert werden und dann am ehesten das erreichen, wonach wir uns sehnen, wenn wir ganz einfach wir selbst sind. Wenn wir aufrichtig, offen und liebevoll mit uns selbst umgehen, ermutigen wir auch unsere Mitmenschen, sich ebenso offen und liebevoll zu verhalten.

Carl Rogers, der von taoistischen Gedanken inspirierte Begründer der Gesprächspsychotherapie, fasst in einem Aufsatz einige seiner wichtigsten Erkenntnisse, die er im Laufe seines langen Lebens gewonnen hat, zusammen. Er schreibt:

> In meinen Beziehungen zu Menschen habe ich herausgefunden, dass es auf lange Sicht nicht hilft, so zu tun, als wäre ich jemand, der ich nicht bin.
> Es hilft nicht, ruhig und freundlich zu tun, wenn ich eigentlich ärgerlich bin und Bedenken habe.
> Es ist nicht hilfreich, so zu tun, als wüsste ich Antworten, wenn ich sie nicht weiß.
> Es hilft nicht, den liebevollen Menschen zu spielen, wenn ich im Augenblick eigentlich feindselig gestimmt bin.
> Es hilft mir nicht, so zu tun, als wäre ich voller Sicherheit, wenn ich eigentlich beängstigt und unsicher bin [...]
> Es hilft mir nicht, so zu tun, als sei ich gesund, wenn ich mich krank fühle.[45]

Und an anderer Stelle schreibt Carl Rogers:

> Je mehr ich einfach gewillt bin, inmitten dieser ganzen Komplexität des Lebens ich selbst zu sein, und je mehr ich gewillt bin, die Realitäten in mir selbst und im anderen zu verstehen und zu akzeptieren, desto mehr scheint Veränderung in Gang zu kommen. Es ist eine sehr paradoxe Sache – in dem Maße, wie jeder von uns gewillt ist, er selbst zu sein, entdeckt er, dass er sich verändert, und nicht nur das: Er findet auch, dass sich die anderen verändern, zu denen er Beziehung hat.
> Dies ist zumindest ein sehr lebendiger Teil meiner Erfahrung und eine der tiefsten Erkenntnisse, die ich in meinem persönlichen und beruflichen Leben gewonnen habe.[46]

Besonders wichtig an diesen Erfahrungen von Carl Rogers ist, dass sich wesentliche Veränderungen offenbar erst dann ergeben, wenn wir bereit sind, uns vollständig zu akzeptieren. Diese Veränderungen sind dann aber keine gewollten und beabsichtigten, sie entsprechen keinen idealen Erwartungen und Vor-Einstellungen, sondern es sind solche, die sich spontan aus den natürlichen Wachstums- und Entwicklungstendenzen unseres Organismus ergeben. Auch scheinen sie eine ansteckende, inspirierende Wirkung auf unsere Mitmenschen zu haben. Sie sind von solcher Art, dass sie unser Leben offener, freier, liebevoller und glücklicher machen und dadurch unsere Mitmenschen dazu ermutigen, sich ebenfalls ihrer Wahrheit und Wirklichkeit zu öffnen.

> Einen Tag lang, einen kurzen, glänzenden Tag lang
> war es ihm gelungen, die einfache Kunst zu üben,
> die jeder Grashalm kann.
> Einen armen Tag lang hatte er sich selbst geliebt,
> sich als Eines und Ganzes gefühlt,
> nicht in feindliche Teile zerspalten,
> er hatte sich geliebt,
> und in sich die Welt und Gott,
> und nichts als Liebe, Bestätigung und Freude
> war ihm von überallher entgegengekommen.

Hermann Hesse[47]

Selbst-Liebe ist Nächstenliebe

Ein Mensch, der wirklich liebevoll mit sich umgeht und der sich bewusst ist, dass er Teil eines übergreifenden evolutionären Prozesses ist, kann ein zufriedener und glücklicher Mensch sein. Denn Selbst-Liebe ist nicht auf uns beschränkt, sie ist ein offener Zustand. Indem wir uns selbst wirklich lieben, lieben wir zugleich auch die Schöpfung in uns, die Natur in uns, das Kindliche und Jugendliche in uns, das Alte in uns, das Tier in uns, die Menschen, die uns vorangegangen sind und uns begleitet haben, die Menschen, die Lebewesen und die Natur um uns herum, weil sie alle zu dem Lebens-System gehören, in dem wir leben und das uns ermöglicht, so zu leben, wie wir sind.

Und wenn wir mit unserem Leben zufrieden und glücklich sind, gibt es nur eines, was uns unglücklich macht: Zu erleben, dass andere Menschen und Lebewesen nicht zufrieden und glücklich sind, dass sie nichts von dem Wunder ihres Lebens wissen und das übergreifende Leben, dem sie angehören, nicht achten.

> Deine erste Pflicht ist,
> dich selbst glücklich zu machen.
> Bist du glücklich, so machst du auch andere glücklich.
> Der Glückliche kann nur Glückliche um sich sehen.
>
> *Ludwig Feuerbach*[48]

Zwischen der Liebe zu sich selbst und der Liebe zu anderen Menschen und der Welt besteht kein Widerspruch, sondern ein notwendiges Ergänzungsverhältnis. Jede Selbst-Erkenntnis und Selbst-Verwirklichung, die tief genug reicht, um die Wurzeln unserer Existenz wahrzunehmen, führt zu dem Gefühl einer dankbaren und liebevollen Verbundenheit mit der Schöpfung, dem Leben, der Umwelt und den Mitmenschen. Denn dazu, dass wir überhaupt da sind, dass wir heute so leben können, wie wir es tun, und so sein können, wie wir sind, haben unzählige Naturvorgänge und unzählige Lebewesen mit ihren Hoffnungen und Leiden, mit ihren Wünschen und Sehnsüchten, mit ihrem Wissen und ihrer Liebe beigetragen. Meister Eckehart schreibt:

> Hast du dich selbst lieb, so hast du alle Menschen lieb wie dich selbst. Solange du einen einzigen Menschen weniger lieb hast als dich selbst, so hast du dich selbst nie wahrhaft liebgewonnen, - wenn du nicht alle Menschen so lieb hast wie dich selbst, in einem Menschen alle Menschen: und dieser Mensch ist Gott und Mensch.[49]

Dank an alle Wesen, die uns vorausgegangen sind

Bevor wir als individuelle Wesen existierten, bevor wir ein Ich-Bewusstsein entwickelten, bevor wir geboren wurden, gab es andere Lebewesen, andere Menschen. Ohne diese anderen Lebewesen, Pflanzen, Tiere, Menschen, die uns vorangegangen sind, würde es uns heute nicht geben. Dies gilt sowohl für unsere körperliche Existenz, wie für unsere seelische Entwicklung und unser Bewusstsein. Wir sind körperlich, seelisch und geistig das Produkt einer langen, langen Kette von Lebewesen und Menschen. Mehr als 99,9 % unseres jetzigen Daseins verdanken wir den Lebewesen, die uns vorangegangen sind und die unser Leben begleiten.

Wir hingen und hängen bis heute mit jeder Faser unseres Wesens von anderen Menschen ab. Keinen Gedanken könnten wir denken, wenn wir ihn nicht in der einen oder anderen Weise von jemand anderem vorgedacht bekommen hätten. Kein Wort könnten wir sprechen, wenn uns nicht zahllose Wörter vorgesprochen worden wären, die wir von anderen Menschen gehört haben. Nichts könnten wir wahrnehmen oder verstehen, wenn wir nicht von anderen Menschen gelernt hätten, Dingen eine Bedeutung und einen Namen zu geben und Begriffe zu gebrauchen.

Dieser Abhängigkeit von anderen Menschen und Lebewesen brauchen wir uns nicht zu schämen, im Gegenteil: Es ist unser innerstes Wesen, wir bestehen aus Beziehung, aus Verbundenheit, aus Zugehörigkeit. So ist es nur natürlich, dass wir menschliche Nähe, Anerkennung, Zugehörigkeit so sehr suchen und Einsamkeit, Verlassenwerden, Trennungen, Nicht-Dazugehören so schwer aushalten können. Wenn wir nicht in der einen oder anderen Weise auf andere Menschen bezogen sind – und sei es nur in der Fantasie – dann ist alles sinnlos, leer, dann können wir das als Tod empfinden.

Eine kurze Überlegung, die wir immer wieder einmal anstellen können, ist Folgende: Wir machen uns bewusst, wie viele Menschen dazu beigetragen haben, dass wir etwas in einem bestimmten Augenblick erleben dürfen, z. B. lesen wir gerade in dem vorliegenden Buch. Jetzt können wir einmal nachdenken: Wie viele Menschen haben dazu beigetragen, dass wir dieses Buch in unseren Händen halten können? Der Buchhändler, die Büchergroßhandlungen, die Buchhandelsvertreter, die Werbeleute, die Transporteure, die Buchbinder, die Drucker, die Papierhersteller, die Grafiker, die Verlagsleute, der Autor, die Computer- und Softwarehersteller, unzählige Philosophen und Psychologen.

Kein einziger Gedanke, den Sie in diesem Buch finden, ist wirklich neu, höchstens vielleicht die Art ihrer Zusammenstellung und Gliederung. Tausende Menschen haben sie vorgedacht und sie uns in der einen oder anderen Weise vermittelt. Dass wir heute hier sein und über solche Fragen nachdenken können, wie sie in dem vorliegenden Buch dargestellt sind, ist nur möglich, weil zahllose Menschen uns dies mit lebenslanger Arbeit und unter größten Opfern ermöglicht haben. Manche von ihnen haben ihr Leben in Einsamkeit, in Kerkern verbringen müssen, manche von ihnen gaben ihr Leben. Sie wurden als Ketzer gequält und hingerichtet dafür, weil sie sich selbst treu bleiben wollten, etwas dachten und sagten, was im Widerspruch zu den herrschenden Dogmen und der herrschenden Macht stand.

Wie viele Menschen haben ihr Leben auf den Schlachtfeldern gelassen, für Freiheit, Gerechtigkeit gekämpft, damit wir uns heute und hier unserer Freiheit des Denkens und Fühlens erfreuen können, dass wir heute sagen und schreiben dürfen, was wir wollen! Wie viele Forscher, Wissenschaftler, Künstler, Musiker, Dichter haben ihr Leben dafür hergegeben, damit unser Bewusstsein wachsen konnte, sich differenzieren konnte, sodass wir überhaupt in die Lage versetzt werden, das Wunder des Lebens verstehen und richtig würdigen zu können. Wenn wir also genau hinschauen, entdecken wir eine ungeahnte Verflechtung mit den tausendfältigen Bemühungen vieler Menschen der Vergangenheit und Gegenwart. Wie groß ist dazu im Verhältnis unsere eigene Leistung? Ist unter einer solchen Perspektive gesehen ein einfaches Buch nicht etwas unglaublich Großartiges?

In Prozessen der Psychotherapie und der Selbsterfahrung beschäftigen wir uns häufig sehr lange mit den Verwundungen und Verletzungen der Kindheit und der Gegenwart. Um zu unserer Liebesfähigkeit und Lebensfreude zurückfinden zu können, ist es oft hilfreich und manchmal notwendig, sich seiner Verletzungen und Traumatisierungen bewusst zu werden und die mit ihnen verbundenen Gefühle des Schmerzes, der Angst, der Scham, der Trauer und der Schuld durchzuarbeiten. Indem wir es uns erlauben, Mitgefühl mit uns selbst und dem, was uns als Kind geschah, zu entwickeln, können wir uns lieben lernen und uns helfen, uns von unnötigen Beschränkungen und Ängsten unseres Wesen zu befreien.

Allerdings liegt darin auch die Gefahr, dass man lernt, sich hauptsächlich auf das zu konzentrieren, was uns andere Menschen, Eltern, Partner, Lehrer angetan und nicht gegeben haben. Wir fixieren uns auf den Mangel und vergessen, dass es auch einiges Positives gegeben haben muss, denn sonst würden wir heute nicht mehr existieren. Unser „Inneres Kind", mit dem wir uns noch beschäftigen werden, hat auch Schattenseiten, die wir deutlich sehen müssen: Egozentrismus, alles nur aus seiner Sicht heraus zu sehen und zu erleben, keine Verantwortung für sich zu übernehmen, passive Erwartungshaltung und Schuldzuschreibung, Bequemlichkeits- und Opferhaltung: „Du hast mir geschadet!", „Du bist der Täter, ich das Opfer, jetzt musst du auch Buße tun und mir alles wieder gutmachen!"

So schwer es uns auch fallen mag: Irgendwann sollten wir begreifen, dass wir dem Leben anderer Menschen fast alles verdanken, was wir sind und dass wir ohne andere Menschen nichts wären. Wir sollten unseren Eltern und Beziehungspersonen verzeihen, wir sollten Mitgefühl entwickeln für deren Beschränkungen, Ängste und Schwierigkeiten, sollten uns mit ihnen versöhnen, ohne das Schlechte zu verleugnen, ohne zu tun, als sei alles, was uns verletzt hat, nicht geschehen.

Die Goldene Regel

Viele Menschen scheinen heute unter Beziehungsstörungen zu leiden und fragen sich, was sie tun können, um ihre Beziehungen zu verbessern. Die einfache Antwort darauf ist die uralte, schlichte „Goldene Regel", die es in vielen Varianten gibt:

- Verhalte Dich im Umgang mit anderen Menschen und Deiner Umwelt so, wie Du möchtest, dass mit Dir umgegangen wird.
- Alles, was Du von anderen erwartest, das tue ihnen zuerst.
- Was wir säen, das werden wir ernten.
- Wie man in den Wald hineinruft, so schallt es heraus.
- Wie Du mir, so ich Dir.
- Was Du nicht willst, dass man Dir tu', das füg' auch keinem andern zu.
- Wenn wir geliebt werden wollen, dann müssen wir lieben und uns liebenswert zeigen.

Wir können jahrelang Kommunikations-, Kontakt- und Beziehungstrainings machen, wir werden auf Dauer nur wenig erreichen, wenn wir dabei diese einfache Wahrheit nicht berücksichtigen.

In unserer naiven, egozentrischen Art glauben wir leicht, wir seien der Mittelpunkt der Welt, um den sich alles dreht, alle Menschen müssten so fühlen, denken und wollen wie wir selbst, die anderen seien dankbar und froh, wenn wir ihnen die „Wahrheit" über sie sagen, sie belehren und korrigieren.

Wir glauben naiverweise, wir würden auch noch dafür bewundert werden, wenn wir unsere Vorzüge großartig herausstellen und uns anderen gegenüber als besser und überlegen zeigen, obwohl wir doch aus eigener Erfahrung genau wissen, wie sehr wir Menschen, die sich uns gegenüber als besser und überlegen zeigen, beneiden, abwerten, sogar hassen und mit rachsüchtigen Gedanken verfolgen.

Ob wir es nun wahrhaben wollen oder nicht: Jeder Mensch ist sehr kränkbar und verletzlich, auch wenn er souverän und selbstsicher wirkt. Niemand möchte gern in seinem Selbstwertgefühl angegriffen werden, niemand möchte gern gezeigt bekommen, dass er weniger wert ist, weniger kann oder weniger weiß als ein anderer Mensch. Niemand möchte abgelehnt, kritisiert, beschämt, ausgelacht werden. Jeder von uns hat existenziell bedrohliche, wenn nicht sogar traumatische Erfahrungen mit Ablehnung, Trennung, Verlassensein, Unverstandensein und Einsamkeit gemacht, und wir leiden tief, wenn wir solche Situationen wieder erleben.

Jeder Mensch, den wir in der einen oder anderen Weise verletzen, demütigen, herabsetzen oder ignorieren, wird sich eines Tages auf die eine oder andere Weise bei uns rächen, er wird es uns „heimzahlen", wenn es uns in der Zwischenzeit nicht gelungen ist, die Kränkung wieder gutzumachen.

Um die Goldene Regel zu leben, brauchen wir die anderen Menschen natürlich nicht ganz so wichtig zu nehmen, wie wir uns selbst wichtig sind. Das scheint von der Natur nicht so vorgesehen zu sein, vielleicht höchstens hinsichtlich unserer eigenen Kinder. Der Selbsterhaltungstrieb und das Prinzip „Eigennutz" sind einige die mächtigsten Triebfedern der Evolution (vgl. Heros-Prinzip). Das Ideal der vollkommen selbstlosen Nächstenliebe führt, wenn missverstanden, leicht zu einer Überforderung, zur Verdrängung unserer egoistischen Schattenseiten, zu ständigen Versagens- und Schuldgefühlen, weil es uns einfach nicht gelingen will, an anderen Menschen ebenso viel Interesse zu haben, wie an uns selbst.

Es reicht schon und ist mehr, als die meisten Menschen hinbekommen, wenn wir mit anderen Menschen nicht schlecht umgehen, wenn wir ihnen nicht absichtlich schaden, sie nicht verletzten, demütigen, sie nicht ihrer Freiheit und ihrer Würde berauben. Es reicht, wenn wir sie als andere Menschen mit eigenen Gefühlen und Ansichten respektieren, wenn wir ihnen mit etwas mehr Dankbarkeit, Freundlichkeit und Achtsamkeit, mit etwas mehr Rücksicht und Vorsicht, mit etwas mehr Interesse und Verständnis für ihre Eigenart und Situation begegnen, wenn wir uns bemühen, sie so zu akzeptieren, wie sie sind.

Die Goldene Regel im Alltag

Hier sind einige bewährte Orientierungshilfen für den Umgang mit anderen Menschen, die aus der Goldenen Regel abgeleitet werden können:

- Schenke dem anderen Menschen die Freiheit, ganz so zu sein, wie er ist. Erwarte nicht, dass er anders ist als er ist. Versuche nicht, ihn zu manipulieren, zu beherrschen, zu besitzen, zu kontrollieren oder ihm vorzuschreiben, wie er sein soll.
- Bestätige und anerkenne die guten Seiten des anderen Menschen. Zeige und sage ihm, dass du ihn achtest, wertschätzt und magst.
- Zeige engagiertes Interesse am Leben des anderen Menschen. Höre ihm zu, ohne ihn zu bewerten oder zu verurteilen.
- Antworte oder reagiere nicht gleich. Versuche erst zu verstehen, was der andere Mensch wirklich sagen will. Achte dabei auch auf die geäußerten Gefühle, auf die Körpersprache. Fühle Dich in seine Situation ein. Höre nicht nur auf den verbalen Inhalt, sondern auch auf die Fantasien und Gefühle, die bei Dir ausgelöst werden. Frage nach, kläre die Zusammenhänge, wiederhole seine Aussage sinngemäß, überprüfe, ob du ihn inhaltlich und emotional einigermaßen richtig verstanden hast. Antworte erst dann.
- Gehe niemals davon aus, dass andere Menschen so sind, fühlen oder denken wie Du. Schließe nicht automatisch von deiner Situation auf ihre. Sei Dir immer bewusst, dass jeder Mensch in einer eigenen Welt lebt und sich meistens innerlich gerade in einer ganz anderen Situation befindet, als Du.
- Sei Dir bewusst: Missverständnisse sind die Regel, nicht die Ausnahme. Gehe immer auch davon aus, dass es sich bei Streitfällen um nicht wirklich geklärte und verstandene Zusammenhänge handelt und dass mit 50% Wahrscheinlichkeit auch du einen Fehler gemacht hast.

- Wenn Du wirklich einmal meinst, kritisieren oder korrigieren zu müssen, dann kritisiere nur die Sache, nicht die ganze Person. Gib Deiner Kritik einen fragenden, hypothetischen Charakter, so dass der Andere immer noch die Möglichkeit hat, etwas richtig zu stellen, ohne sich gleich angegriffen zu fühlen. Gib dem anderen die Möglichkeit, sein Gesicht zu wahren.
- Vermeide herabsetzende Worte wie: Quatsch, Unsinn, Blödsinn, Dummheit, Schwachsinn. Vermeide unsachliche Verallgemeinerungen wie: Immer, dauernd, ständig, nie. Vermeide, den Anderen bloßzustellen oder lächerlich zu machen.
- Sprich offen über Deine eigenen Fehler und Schwächen, Dein Nichtwissen. Stell Dich nicht als Vorbild oder als besserer, klügerer, erfolgreicherer Mensch hin.
- Denke daran, dass es im Umgang mit anderen Menschen immer noch die tief greifenden Möglichkeiten des Verzeihens, Versöhnens und des Humors gibt.

Diese Orientierungshilfen lassen sich nicht nur auf unsere Mitmenschen, sondern auch auf unsere Umwelt und auf das ganze Leben übertragen. Wenn wir beginnen, das Leben wahrzunehmen, so wie es ist, dabei nicht nur das Negative und Problematische sehen, sondern auch auf seine Schönheit achten und seine besten Möglichkeiten „herauslieben", dann öffnet sich uns das Tor zur „bedingungslosen Liebe" und zum „bedingungslosen Leben."

Bedingungslose Liebe

Auch wenn es uns im alltäglichen Bewusstsein nur selten erfahrbar ist und wir dies auch niemals von anderen Menschen einfordern können: Es gibt in uns wirklich einen Zustand, in der wir eine Art der Liebe erfahren können, die tiefer ist als jede andere Form von Liebe, die wir üblicherweise kennen.

Wenn wir mit dieser Liebe in Berührung kommen, haben wir das Gefühl, dass dies „reine" Liebe „an sich" ist. Eine Liebe, die nichts ausschließt, die sich nicht nur an eine Sache oder einen Menschen bindet, sondern nicht anders kann, als alles Existierende, auch das Dunkle und Schattenhafte und Böse, zu umarmen.

In einem gewissen Sinne scheint eine solche bedingungslose Liebe sehr unpersönlich zu sein, weil wir oft davon ausgehen, Liebe müsste sich an einen Menschen oder eine beschränkte Anzahl von Menschen binden. Im Zustand dieser Liebe wird aber gerade dieses liebevolle Gebundensein an einen bestimmten Menschen nicht wirklich als Liebe empfunden, eben weil sie andere Menschen oder anderes Leben ausschließt. Ausschließen, trennen, unterscheiden ist nicht das Wesen der bedingungslosen Liebe.

Bedingungslose Liebe will alles umfassen, alles einbeziehen. Wenn sich ein Mann und eine Frau oder Eltern und ihre Kinder auf „gewöhnliche Weise" ganz „persönlich" „lieben", kann dies auf tieferer Ebene (fast paradoxerweise) sogar als schmerzlich erlebt werden, so, als sei das eigentlich gar keine Liebe, sondern ein heimlicher Narzissmus und Machtanspruch, der sich als Liebe tarnt.

Ja, die Liebes-Verhältnisse scheinen sich unter dieser Perspektive geradezu umzukehren: Was uns im Alltagsbewusstsein als persönliche Liebe zwischen Menschen vorkommt, ist gar nicht so persönlich und „meint" den anderen Menschen oft gar nicht wirklich, während die so unpersönlich erscheinende bedingungslose Liebe als die „wirklichere" persönliche Liebe empfunden wird, weil sie den anderen Menschen so sein lässt, wie er ist und nichts Anderes alles dessen Wohlergehen im Sinne hat.

Diese Form der Liebe ist uns, obwohl eigentlich ganz einfach, weil sie gar keinen Anspruch an irgendetwas stellt, doch sehr schwer zugänglich. Es scheint, als würde zwischen unserem Alltagsbewusstsein und der bedingungslosen Liebe eine dicke, manchmal fast undurchdringlich erscheinende Abwehr-Schutz-Schicht von Angst, Scham und Schuld stehen. Irgendetwas macht uns Angst, diese offene, weite, umfassende Liebe zu spüren und zu leben. Es ist viel gerätselt worden, woher diese Angst stammt, ob sie mit narzisstischen Persönlichkeitsstörungen, frühen Kindheitsverletzungen zu tun hat, mit dem Schmerz der Ur-Trennung, mit dem Inzest-Tabu (dem Tabu, den Vater, die Mutter oder noch tiefer: das eigene Selbst, das Aller-Innerste und Aller-Persönlichste intensiv und ganz lieben zu dürfen), mit der Angst vor der Ich-Auflösung oder gar vor dem leiblichen Sterben. Wahrscheinlich ist, dass es eine Mischung verschiedenster Befürchtungen ist, die sich zu der Angst verdichten, nichts und nicht mehr zu sein.

Leo Booth und John Bradshaw[127] haben einen sehr eindrucksvollen meditativen Text über unser Leid, von dieser „wirklichen" Liebe getrennt zu sein, geschrieben. Für sie ist es die krankhafte Scham und die Angst vor der Ablehnung durch andere Menschen, die unsere Liebesfähigkeit und damit die besten Seiten unserer Seele morden.

> Ich habe deine Seele gespalten.
> Ich habe dich bis zum Kern durchbohrt.
> Ich habe dir das Gefühl vermittelt, unvollständig und minderwertig zu sein.
> Ich habe dir Gefühle des Misstrauens und des Zweifels vermittelt, dir eingeredet, dass du hässlich, dumm und minderwertig bist.
> Ich habe dafür gesorgt, dass du dich anders fühlst als die anderen Menschen.
> Ich habe dir gesagt, dass mit dir etwas nicht stimmt.
> Ich habe deine Gottähnlichkeit besudelt.
>
> **Mein Name ist krankhafte Scham. [...]**
>
> Ich kann chronische Schmerzen verursachen,
> Schmerzen, die nie nachlassen [...]
> Die Schmerzen, die ich dir bereite, sind so unerträglich, dass du mich an andere weitergeben musst.

Du erreichst das durch Kontrolle, Perfektionismus,
Verachtung, Kritik, Tadel, Neid, Verurteilung,
Macht und Zorn.
Die Schmerzen, die ich dir bereite, sind so intensiv, dass du
mich mit Süchten, starren Rollen, Wiederholungszwängen
und unbewussten Abwehrmechanismen zudecken musst.
Die Schmerzen, die ich dir bereite, sind so intensiv, dass du
dich betäuben musst, damit du mich nicht mehr spüren
kannst [...]
Ich morde deine Seele, und du gibst mich von einer
Generation an die andere weiter.

Mein Name ist krankhafte Scham.

Liebe ist die Antwort

Menschen, die die Mauer aus Angst überwinden konnten und die den Zustand der bedingungslosen Liebe in sich erfahren durften, möchten niemals wieder von dieser Energie getrennt werden, niemals wieder zurückkehren in einen Zustand des Ausgrenzens, Bewertens und Abwertens. Sie erleben diese Energie als zutiefst göttlich und zutiefst menschlich, sie ist warm, gütig, verzeihend, mitfühlend, mitleidend, fast etwas mehr traurig als freudig. Sie kann sich deswegen nicht ganz freuen, weil es überall so viel Leid gibt. Aber sie trägt die Hoffnung oder fast Gewissheit in sich, dass sie die einzige wirkliche Antwort auf alle Fragen ist, wie Menschen miteinander und mit dem Leben umgehen sollen. Dies zu entdecken, kann uns sehr froh und glücklich machen.

In Michael Endes „Unendlicher Geschichte“ findet der Junge Bastian am Ende seiner langen Reise auf dem Weg seiner Wünsche schließlich zur Quelle von allem, zum Zentrum. Nachdem er all seine Macht, seine Kraft, seine Fantasie verloren hat, alles aufgegeben hat, hilflos geworden ist, selbst seinen Namen nicht mehr kennt und auf die Hilfe Anderer angewiesen ist, da öffnet sich ihm der Zugang zu den Wassern des Lebens.

In der Mitte einer gewaltigen Kuppelhalle liegen kreisförmig zwei riesige Schlangen, nachtschwarz die eine, silberweiß die andere. Sie umschließen einen mächtigen Springquell, der ein einziges Brausen, Jubeln, Singen, Jauchzen, Lachen und Rufen mit tausend Stimmen der Freude ist. Es sind die Wasser des Lebens.

> Wir, die Wasser des Lebens!
> Quelle, die aus sich selbst entspringt
> und um so reicher fließt,
> je mehr ihr aus uns trinkt...
> Trink! Trink! [...]
> Tu, was du willst![50]

Bastian springt in das kristallklare Wasser hinein und lässt sich von der Lebendigkeit und Freude des Wassers erfüllen. Er wird neu geboren. Er weiß jetzt wieder, wer er war und wohin er gehört, und möchte niemand anderer mehr sein als der, der er ist. Er weiß jetzt, dass alle Formen der Freude auf eine einzige zurückgehen: auf die Freude, lieben zu können. Freude und Liebe sind ein und dasselbe.

Das Wasser des Lebens, so, wie es hier von Michael Ende dargestellt wird, ist ein wunderschönes Mandala- und Selbst-Symbol. Ähnlich dem chinesischen Yin-Yang-Symbol zeigt es uns, dass der gesunde Lebensprozess auf dem ausgewogenen Zusammenspiel polarer Kräfte – der weißen und der schwarzen Schlange – beruht und dass erst dann, wenn sich diese Polaritäten im Sinne eines schöpferischen Fließgleichgewichts verbinden, sich das ganze Leben in uns manifestieren kann. Das Wasser des Lebens symbolisiert die schöpferische, wandelnde und erneuernde Kraft der Seele und der bedingungslosen Liebe. Es weist uns darauf hin, dass der Sinn unseres Daseins darin liegt, liebend da zu sein und der Fülle des Lebens in uns, so gut es eben geht, Ausdruck zu verleihen. Die folgenden Abschnitte, die sich mit der wohlwollenden Achtsamkeit beschäftigen, zeigen Möglichkeiten auf, sich dem Zustand der bedingungslosen Liebe anzunähern.

Das Glück der wohlwollenden Achtsamkeit

Willst du immer weiter schweifen?
Sieh, das Gute liegt so nah.
Lerne nur das Glück ergreifen,
Denn das Glück ist immer da.

Johann Wolfgang von Goethe[51]

Es gibt natürlich viele Formen der Freude und des Glücks. Glückvolle Erfahrungen können wir z. B. in einer intensiven Tätigkeit machen, der wir uns ganz hingeben und in der wir uns ganz vergessen, im Tanz, im Spiel, im Sport, in der Lust und Leidenschaft der erotischen Liebe, im schöpferischen Tun, in einem Erfolgserlebnis, auf das wir lange Zeit intensiv hingearbeitet haben und das sich nun erfüllt.

Dann gibt es die „ganz großen" Ekstasen, in die wir tief hineintauchen, die unser gewöhnliches Alltags-Bewusstsein rauschhaft überfluten, in denen wir unsere Grenzen und Begrenzungen auflösen und neue, tiefere und weitere Erlebensdimensionen erfahren. Oft müssen wir dabei bis an die Grenzen unserer Leistungsfähigkeit und unserer Angst und darüber hinaus gehen, bis sich das Glücksgefühl in „orgastischen" Eruptionen entlädt. Dann fühlen wir einen unbeschreiblichen Jubel in uns aufsteigen, ein überwältigendes Freiheitsgefühl, ein Gefühl von Selbstbewusstsein, Stärke und Großartigkeit. Wir könnten alle Menschen und die ganze Welt umarmen. Weil solche „ganz großen" Ekstasen oft mit Grenzüberschreitungen, Ausnahmesituationen und Höchstleistungen verbunden sind, könnte man sie auch als „heroische" Ekstasen (vgl. Heros-Prinzip) bezeichnen. Sie sind leider wegen des hohen Einsatzes, den sie fordern, in unserem normalen Alltagsleben relativ selten.

Neben diesen Formen gibt es aber auch noch eine ruhigere, innigere, stillere Form des Glücks, die weniger mit zu bewältigenden Herausforderungen, Aktivitäten und Handlungen, sondern mit Entspannung, mit Loslassen, mit liebevoller Beziehung und Hingabe, mit einem Sich-Öffnen an den Augenblick zu tun hat. Sie ist meditativ, beschaulich, introvertiert, still in dem Sinne, dass die eigenen Aktivitäten, das eigene Wollen und Tun zur Ruhe kommen und gerade das Fehlen von Anstrengung und Bemühung als Erlösung und Befreiung empfunden wird. Wir ruhen in uns selbst, fühlen uns eins mit uns und unserem Körper, fühlen keine ängstliche Spannung, keinen Konflikt, keine Verkrampfung und öffnen uns dem, was gerade ist.

Die Ausgangsbasis hierfür sind Achtsamkeit, Staunen und Dankbarkeit: Das liebevolle, achtsame Wahrnehmen dessen, was jetzt gerade ist, das freudige, neugierige, faszinierte Staunen über das Wunder unseres Daseins, dass wir überhaupt da sind, jenes Staunen, von dem antike Philosophen sagten, dass es am Anfang der Liebe zur Weisheit steht, und die Dankbarkeit, an diesem ganzen wundersamen Prozess des Lebens überhaupt teilnehmen zu dürfen.

Zunächst aber müssen wir versuchen, in uns den Wunsch zu erwecken und zu nähren, in unserem Leben jenen Glanz, jenen Zauber zu finden, der in ihm verborgen ist. Ohne einen solchen Wunsch wird es schwer sein, denn unser alltägliches Bewusstsein, das auf Absicherung und Selbstbehauptung, auf Kontrolle, Planung und Besitzenwollen, auf Recht und Unrecht, Gewinn und Verlust, auf dauernd wechselnde Reize eingestellt ist, macht uns angespannt und verschließt unseren Blick für das Wunderbare des Gegenwärtigen.

Um die Bereitschaft zum Erleben der stillen Ekstase zu entwickeln, müssen wir uns erlauben, den tiefen Wunsch nach Freude in uns zuzulassen, wir müssen hoffen und sehnen, wir müssen träumen und fantasieren, denn unser Selbst-Potenzial braucht unser Interesse, unsere engagierte Anteilnahme, um sich ausgestalten zu können. Unsere Wünsche, Hoffnungen, Sehnsüchte und Träume sind der Nährboden, das Wasser, die Luft und das Licht für den Baum des Lebens, der Lebendigkeit und der Freude. Wir müssen es unsere Vision werden lassen, uns von dieser Vision ergreifen lassen, wie alle die großen Menschen der Menschheit, die Forscher, Entdecker,

Kulturbringer, die ihrer Vision folgten. Unsere Vision ist die Entdeckung einer neuen und tieferen Dimension unseres alltäglichen Lebens. Die Langeweile unseres Lebens liegt oft nicht darin, dass wir schon längst alles kennen oder erfahren haben, sondern darin, dass wir nicht sensibel und offen sind für das, was bereits an Fülle da ist.

Die Basis dazu ist die wohlwollende Achtsamkeit. Diese lässt sich auf alle Situationen anwenden, die uns im Alltag begegnen: auf menschlichen Beziehungen, auf unsere beruflichen Tätigkeiten, auf Kindererziehung, auf die Hausarbeit, auf Essen und Trinken und natürlich auch auf die Sexualität. Wir können beim Erlernen der wohlwollenden Achtsamkeit ähnlich vorgehen, wie wenn wir irgendeine andere Sache lernen wollen, z. B. eine Fremdsprache oder ein Musikinstrument.

Am Anfang steht unser Wunsch, unser Leben zu erweitern und zu bereichern. Dann beginnen wir mit dem Lernen. Wir gehen in einen Unterricht, lesen Bücher, machen unsere Übungen, führen ein Heft, in dem wir das Gelernte niederschreiben, wir sprechen mit anderen Menschen darüber, um uns weiter zu motivieren.

Und, was meist den höchsten Lerneffekt hat: Wir wenden das Gelernte im alltäglichen Leben an und wiederholen es ständig. Durch die praktische Anwendung und beständige Wiederholung integrieren wir das Gelernte allmählich in unser Bewusstsein. Was am Anfang schwierig und unverständlich schien, fällt uns nach und nach leichter und wird uns selbstverständlich und vertraut.

Glückserfahrungen lassen sich aber nicht erzwingen. Sie sind, wie viele andere emotionale und schöpferische Zustände auch, dem bewussten Wollen nicht direkt zugänglich. Sie ereignen sich spontan nach den ihnen innewohnenden Gesetzmäßigkeiten und Abläufen. Glück, Liebe, Freude und Kreativität sind Kinder der Freiheit, wir müssen ihnen freien Raum lassen, sich so zu entfalten, wie es ihnen entspricht. Und oft gehen sie aus einer Phase des Leidens und der Niedergeschlagenheit hervor.

Was wir aber tun können, ist, uns für sie zu sensibilisieren, uns für sie empfänglich zu machen und damit die Wahrscheinlichkeit zu erhöhen, dass sie sich im stimmigen Moment in uns ereignen und dass wir sie dann überhaupt wahrnehmen.

In der Kunst der wohlwollenden Achtsamkeit können wir drei Aspekte unterscheiden:

- Loslassen: Innehalten, Entspannen und Zentrieren als Einstieg.
- Öffnen, Zulassen und Einlassen: Sich dem gegenwärtigen So-Sein einer Situation im Hier und Jetzt in wohlwollender Achtsamkeit öffnen.
- Antworten: Eine persönliche, lebendige, schöpferische Antwort auf die gegebene Situation versuchen.

Loslassen: Innehalten, Entspannen und Einstimmen

Wo wir auch gerade sind: Wir halten für einen Moment inne, strecken uns ein wenig, bewegen uns ein wenig. Wir entspannen und lockern das Gesicht, entspannen die Schultern, die Arme, öffnen die Hände, nehmen mit unseren Füßen einen intensiven, lebendigen, beweglichen Kontakt mit der Erde, dem Boden auf, indem die Knie leicht gebeugt werden und das Gewicht des Körpers auf den vorderen Teil des Fußes verlagert wird.

Dann atmen wir einige Male tiefer ein und aus, wobei wir uns mithilfe der unterstützenden Tiefenatmung immer mehr in unserem Bauch- und Beckenraum niederlassen. Dann atmen wir auch tiefer in den Brustraum hinein, lauschen kurz nach innen auf unseren Herzschlag, kommen in Berührung mit unserem Herzen und stellen uns vor, wie sich der Bereich um das Herz öffnet und weitet.

Die entspannende, loslassende Bewegung geht also von oben nach unten, und dann wieder von unten nach oben und endet mit einer Öffnung des Herzens. Begleiten können wir diese einstimmende Lockerung und Zentrierung mit einer uns geeignet erscheinendenden Hilfsvisualisation (z. B. durch den Körper strömende, kreisende Lichtenergie), eventuell, je nach religiösem Hintergrund, einem kurzen Gebet (dessen psychische Wirksamkeit man nicht unterschätzen darf) oder einer stimmig erscheinenden Formel, z. B. „Ich bin ganz einfach da!", „Ich bin jetzt hier!", oder „Ich bin ganz gelassen, ruhig und frei", „Ich gebe mich dem Sein hin", „Ich öffne mich ganz dem Augenblick". Hilfreich könnte auch eine Danksagung sein, wie überhaupt die Dankbarkeit ein ganz wesentlicher Schlüssel zur Lebensfreude ist.

Wundervolles Dasein!
Ich atme. Wie wundervoll ist es, zu atmen!
Ich pulsiere. Wie wundervoll ist es, lebendig zu sein!
Ich bewege mich. Wie wundervoll ist es, sich zu bewegen!
Ich fühle. Wie wundervoll ist es, zu fühlen!
Ich nehme wahr. Wie wundervoll ist es, wahrzunehmen!
Ich denke. Wie wundervoll ist es, zu denken!
Ich fantasiere. Wie wundervoll ist es, zu fantasieren!
Ich bin einfach da!
Wie wundervoll ist es, einfach nur da zu sein!
Wundervolles Dasein!
Danke, dass ich dies alles erleben darf!

Was wir mit dieser unscheinbaren, einleitenden Übung symbolisch alles andeuten und ausdrücken, ist so überaus tief gehend und vielschichtig, dass es sich hier nur sehr oberflächlich zusammenfassen lässt: Wir wechseln mit ihr vom Habens-Modus in den Seins-Modus (vgl. Erich Fromm[52]). Wir nehmen die uns gemäße Stellung zwischen Himmel und Erde ein.

Wenn wir das Gesicht entspannen, lockern wir unsere Stirnmuskulatur und damit auch unser angestrengtes, zielgerichtetes, planendes, grübelndes, sorgenvolles, oft ängstliches Denken, das unentwegt damit beschäftigt ist, die Dinge sicher und kontrollierbar zu halten. Wir entspannen die Augen und damit unsere festgefahrenen Einstellungen, Wahrnehmungen, Sichtweisen von uns, unseren Mitmenschen und der Welt. Unser Blick wird weicher, offener, empfänglicher für das, was gerade da ist. Wir entspannen die Kiefermuskulatur und damit unser verbissenes, angestrengtes Wollen, unser Rechthabenwollen, unser Durchsetzen- und Selbstbehaupten-Wollen. Indem wir also unseren Kopf entspannen, befreien wir unsere Wahrnehmung, unsere Sinne, unser Bewusstsein und lösen unseren Willenskrampf, der in den meisten Fällen Ausdruck von Unsicherheit und Angst ist.

Indem wir unsere Schultern und Arme lockern und entspannen, geben wir ein wenig von unserer Selbstschutz- und Abwehrhaltung auf, wir schütteln auch ein wenig die Lasten ab, die wir uns durch zu viele Verpflichtungen, durch Ehrgeiz und Leistungsanspruch aufgebürdet haben, wir machen unsere Hände frei und beweglich zum offenen Erkunden, Erfassen, Begreifen und Gestalten der Welt.

Wenn wir uns elastisch und mit intensivem Kontakt zum Boden hinstellen, symbolisiert das, dass wir uns „erden“, dass wir uns verbunden fühlen mit der Erde, die uns hervorgebracht hat, mit unseren vitalen Lebenskräften, mit unseren Lebenswurzeln, dass wir in Kontakt zur gegenwärtigen Realität sind, dass wir bereit sind, ganz zu uns und zu unserer Wirklichkeit zu stehen, dabei aber beweglich und flexibel bleiben.

Indem wir innehalten, auf die Bauchatmung umschalten und uns im Bauch- und Beckenraum niederlassen, zentrieren wir uns in unserer Erd-Mitte, im „Hara“.[53] Und indem wir uns auf den Fluss der Atmung einstellen, ehren wir das Leben und die Lebensenergie.

Ganz besonders hilfreich ist die entspannte Einstellung auf die Atmung. Im Ein und Aus der Atmung erleben wir unmittelbar den Wechsel der Polaritäten von Leben und Tod, Aktivität und Passivität, Spannung und Entspannung, Weite und Enge, Glück und Depression. Wir lernen unmittelbar, dass unser Leben auf Polaritäten aufbaut, dass wir das eine nicht ohne das andere haben können, dass es keine Freude ohne Leid gibt, kein Glück ohne Depression. Und wir können lernen, auf dieses Wechselspiel zu vertrauen, uns in das eine wie das andere hineinzubegeben und zu wissen, dass es sich wandeln wird und dass gerade in dieser Hingabe an die Wandlung das Glück unserer Lebendigkeit zu finden ist.

Mit dem Hineinatmen in den Brustraum öffnen und weiten wir auch unser Herz. Das Herz ist seit Urzeiten Symbol für das ganz Wesentliche, Wahrhaftige, Echte von uns. Es wurde als der Sitz der Seele angesehen. Wenn wir etwas von Herzen tun, dann tun wir es auch mit unserer ganzen Seele. Wenn wir uns etwas zu Herzen nehmen, dann nehmen wir es ganz ernst, lassen uns davon im Innersten berühren. Schließlich ist das Herz der Ort der Liebe. „Man sieht nur mit dem Herzen gut", denn das Wesentliche ist den Augen verborgen.[54]

So stellt uns die Übung darauf ein, auf die Welt mit offenem Herzen zuzugehen. Wir beruhigen, entspannen, zentrieren wir uns, wir schaffen für kurze Zeit einen „Temenos", einen „heiligen" (heilenden) Raum, in dem wir dem Wunder des Lebens eine Chance geben, sich im gegenwärtigen Augenblick zu offenbaren. Wir erinnern uns an unser wahres Mensch-Sein, an unsere wahre Bestimmung.

Wir können diese Öffnung des Herzens auch mit der Vorstellung verbinden, dass wir in Licht eingehüllt sind und von unserem Herzen ein leuchtendes Licht, ein warmer Glanz ausgeht, der sich ausdehnt und alles einhüllt, mit dem wir uns beschäftigen, das Schöne und das Problematische, das Helle und das Dunkle. Eine solche Visualisation des Lichtes vom Herzen erinnert uns daran, dass sich einfach alles, was uns begegnet, nach unserer bedingungslosen liebevollen Berührung und Anteilnahme sehnt.

Zulassen und einlassen: „Verweile doch, du bist so schön!"

Der amerikanische Religionsphilosoph Alan Watts fasst die mystische Erfahrung, die in manchen Kulturen als Erleuchtung, Satori oder auch kosmisches Bewusstsein bezeichnet wird, folgendermaßen zusammen:

> Dem so erleuchteten Individuum erscheint es als lebendige und überwältigende Gewissheit, dass das Universum, so wie es genau in diesem Moment als ein Ganzes und in all seinen Einzelheiten ist, völlig richtig ist und keiner Erklärung oder Rechtfertigung über das hinaus bedarf, was es ist.
> Die Existenz hört nicht nur auf ein Problem zu sein; der Verstand, der Geist ist über die selbstverständliche und selbstgenügsame Zweckmäßigkeit der Dinge, so wie sie sind, derart vor Staunen gepackt, dass sich kein Wort finden lässt, die Perfektion und die Wahrnehmung der Erfahrung auszudrücken.
> Die Klarheit der Erfahrung vermittelt die Wahrnehmung, dass die Welt transparent oder leuchtend geworden ist, und ihre Einfachheit die Wahrnehmung, dass sie von einer höheren Intelligenz durchdrungen und geordnet wird.[55]

> Der Kernpunkt der Erfahrung scheint die innere Gewissheit oder Einsicht zu sein, dass das unmittelbare Jetzt, wie immer es geartet sein mag, das Ziel und die Erfüllung alles Lebens ist. Um diese Einsicht herum, und aus ihr heraus, fließt eine emotionale Ekstase, das Gefühl einer ungeheuren Erleichterung, einer Freiheit und Leichtigkeit und oft einer fast unerträglichen Liebe für die Welt.[56]

Immer also geht es in den mystischen Erfahrungen darum, in einen intensiven, direkten, lebendigen Kontakt mit dem gegenwärtigen Leben zu kommen: mit unserer inneren seelischen Wirklichkeit wie mit der äußeren Wirklichkeit des Mitmenschen und der Umwelt. Immer geht es darum, erfahrbar zu machen, dass sich bereits jetzt und hier das Wunder des Lebens ereignet und wir daran Anteil haben und dass wir mit diesem schöpferischen Mysterium im Innersten verbunden sind. Und immer geht es darum, zu erkennen, dass dieses schöpferische Mysterium nicht etwas Fernes, von uns Getrenntes ist, sondern etwas Ur-Einfaches, etwas Unmittelbares, unsere eigentliche Lebensessenz, die in uns jetzt bereits wirksam ist und immer schon wirksam war.

Um sich für diese Erfahrung bereit zu machen, können wir lernen, uns einer jeweils gegebenen Situation mit allen unseren Sinnen für einen Moment wirklich zu öffnen. Das ist eigentlich etwas sehr Einfaches, denn man braucht gar nicht viel zu tun. Offen-Sein und Zulassen ist viel einfacher als Sich-Verschließen und Kontrollieren. Diese Einfachheit scheint einer der Gründe zu sein, weshalb Menschen, die eine tiefe Seins-Erfahrung machen, sich unendlich befreit fühlen und oft in großes Lachen ausbrechen. Die ganze verzweifelte Anstrengung, die man vorher unternommen hat, um zu dieser Erfahrung zu gelangen, erscheint nun im Rückblick geradezu als Verhinderung dieser Erfahrung oder zumindest als großer Umweg.

Aber für viele von uns ist einfache, wohlwollende Achtsamkeit etwas sehr Schwieriges, denn wir sind aus den verschiedensten Gründen immer auf der Flucht aus dem Gegenwärtigen. Wir laufen ständig durch die Welt und beurteilen: Das ist schlecht, das ist gut; das ist schön, das ist hässlich; das gehört sich, das gehört sich nicht; das passt mir, das passt mir nicht. Immer gehen wir irgendwie kritisch beurteilend mit dem uns Begegnenden um, immer soll es irgendwie anders sein, als es gerade ist, immer etwas besser, schöner, angenehmer, perfekter, ansprüchlicher. Auch wir selbst sollen immer irgendwie anders sein, als wir gerade sind.

Der indische Weise Jiddu Krishnamurti hat unermüdlich betont, dass der Mensch zu Einsicht, Freiheit und Selbstverwirklichung nur gelangen könne, wenn er sich von allen äußeren und inneren Autoritäten, Meinungen und Theorien freimache und dem Leben in einer offenen, achtsamen Haltung leidenschaftlich begegne.

> Um die Regung Ihres Geistes und Herzens,
> Ihres ganzen Seins aufmerksam zu beobachten, müssen Sie
> einen ungebundenen, einen freien Geist haben,
> keinen Geist, der zustimmt oder ablehnt, [...]
> sondern der sich beteiligt, um zu verstehen, [...]
> Wenn wir verurteilen oder rechtfertigen,
> können wir nicht klar sehen [...]
> Dann sehen wir nicht, was ist [...]
> Es gehört zu den schwierigsten Dingen in der Welt,
> auf irgendetwas einfach zu schauen.
> Weil unser Geist sehr kompliziert ist,
> haben wir die Fähigkeit verloren, einfach zu sein [...]
> Ich meine die Einfachheit, die uns unmittelbar und furchtlos
> auf die Dinge schauen lässt, die es uns möglich macht,
> uns zu sehen, wie wir tatsächlich sind.[57]

In der Tiefenpsychologie findet man eine ähnliche Einstellung als Grundmethode der freien Assoziation. Der Klient wird ermutigt, alles zu sagen, was ihm an Gedanken, Fantasien und Gefühlen in den Sinn kommt, auch wenn diese unlogisch, unzusammenhängend, peinlich oder banal erscheinen. Der Therapeut bemüht sich um eine „gleichfließende Aufmerksamkeit", in der er entspannt sowohl auf das lauscht, was der Klient ihm erzählt, ohne es gleich zu kategorisieren oder zu diagnostizieren, als auch auf seine eigenen Reaktionen und Fantasien achtet. Der britische Psychoanalytiker Wilfried Bion fasste diese Haltung in der Formel zusammen: „No memory, no desire, no understanding", insofern das Erinnern, der Versuch, die Situation zu kontrollieren und zu analysieren zu einer Abwehr der jeweils gegenwärtigen Erfahrung führen kann.

In dem Moment, wo sich unsere Abwehrstrukturen uns selbst gegenüber so gelockert haben, dass wir uns in unserer ganzen Wahrheit und Wirklichkeit „frei fließend" sehen und annehmen können, relativieren und verändern sich viele unserer Probleme aus sich heraus.

C. G. Jung schreibt in einem Kommentar zum chinesischen Weisheitsbuch „Das Geheimnis der goldenen Blüte“:

> Man muss psychisch geschehen lassen können. Das ist für uns eine wahre Kunst, von welcher unzählige Leute nichts verstehen, indem ihr Bewusstsein beständig helfend, korrigierend und verneinend dazwischenspringt und das einfache Werden des psychischen Prozesses nicht in Ruhe lassen kann. Die Aufgabe wäre ja einfach genug. Wenn nur nicht die Einfachheit das Allerschwierigste wäre!
>
> *C. G. Jung*[55]

Warum es uns so schwer fällt, das einfache Werden des gegenwärtig sich vollziehenden Lebens zuzulassen, werden wir später zu verstehen versuchen (siehe Mystos-Prinzip). Wir werden sehen, dass wir in gewisser Hinsicht fast die ganze Evolution, unser religiöses und kulturelles Erbe und die gesellschaftlichen Regeln und Vorschriften gegen uns haben. Der glückliche Augenblick, nach dem sich Faust sehnte, wird schwer gefunden, weil er untauglich macht für jene ehrgeiz- und leistungsmotivierten Kräfte, von denen unsere industrialisierte Gesellschaft in Bewegung gehalten wird.

Wenn wir also versuchen, uns dem unmittelbaren Sein, das gerade ist, zu öffnen, ist es deshalb notwendig, dass wir unseren widerständigen, ängstlich-abwehrenden, feindlichen und den unzufrieden-wegdrängenden Gedanken und Gefühlen Zeit und Raum lassen, bewusst zu werden. Anstatt uns aber von diesen aversiven Gefühlen bestimmen zu lassen, anstatt das Neue und Unbekannte spontan abzuwehren, zu ignorieren oder wegzulaufen, halten wir die leichte angstvolle Spannung aus, bleiben etwas länger als gewöhnlich in diesem Zustand.

Dieser Moment ist der entscheidende, kritische Punkt und vielleicht einer der wichtigsten Aspekte der wohlwollenden Achtsamkeit überhaupt. Nur ein klein wenig länger die angstvolle Spannung aushalten, und es ist ein großer Schritt im Hinblick auf eine Erweiterung und Vertiefung unseres Lebens getan. Hinter diesem Hineingehen in die angstvolle Spannung und ihrem Aushalten steckt das heroische Prinzip, das uns versichert, dass das angstvoll Gemiedene häufig genau das ist, was wir zu unserer Lebendigkeit brauchen. Denn wo die Angst sitzt, sitzt häufig auch unser ungelebtes Leben und eine verborgene Möglichkeit zur Freude.

Durch dieses Hineingehen in eine neue Erfahrung und das Aushalten von angstvoller, irritierender Spannung, wachsen unser Mut, unser Selbstbewusstsein, unser Vertrauen zu anderen Menschen und zum Leben. In der weitaus überwiegenden Zahl der Fälle werden wir nämlich erfahren, dass dieses verlängerte Aushalten und Drinbleiben in der Situation uns neue Horizonte des Erlebens und Verstehens zu erschließen vermag; unsere Konfliktfähigkeit, unsere Geduld, Toleranz und Lernfähigkeit werden wachsen.

Manche Menschen sagen, dass in unserer heutigen Zeit kein Raum für Abenteuer mehr sei. Aber fast jede Situation kann als Abenteuer aufgefasst werden, wenn wir uns nur in sie hineinwagen, die Angst aushalten und den „kleinen Tod" riskieren. Dieser Mut zum Hineingehen und Aushalten des angstvoll Gemiedenen ist das beste psychische Lebenselixier und das beste „Gehirn-Jogging".

Akzeptieren, was ist – für jetzt

Man nimmt „einfach", ohne Anstrengung wahr, was gerade ist. Man nimmt wahr, was man sieht, was man hört, was man tastet, riecht, schmeckt. Man nimmt seine Gefühle, seine Gedanken, seine Fantasien wahr, seine Bedürfnisse, Wünsche und Impulse, seine spontanen Körperreaktionen. Man versucht, die Situation nicht mit vergangenen Erfahrungen zu vergleichen, nicht abzuwerten, nicht zu beurteilen, nicht zu verurteilen. Man versucht, mit der puren „Istigkeit", der „Soheit" der Situation in Berührung zu kommen.

Das ist eigentlich schon alles. Man darf aus solch einer Übung nicht wieder einen neuen Ehrgeiz, einen neuen Leistungszwang, eine neue Perfektion machen. Je mehr wir uns dabei in irgendeiner Hinsicht anstrengen, desto eher gehen wir am Sinn der Übung vorbei. Wir brauchen uns überhaupt zu nichts zu zwingen. Auch unsere Abwehrreaktionen und Fluchttendenzen können wir wahrnehmen und ernst nehmen. Und überhaupt müssen wir bedenken, dass wir gar nicht immer achtsam sein können, denn unser Gehirn hat auch noch viele andere Dinge zu tun und Bewusstsein ist eine ziemliche Hoch- und Spitzenleistung des Gehirns. Es funktioniert oft besser, wenn es nicht so bewusst und achtsam ist.

Das Gehirn arbeitet in verschiedenen unbewussten oder halbbewussten Zuständen, die es selber reguliert: Schlafen, Träumen, Dösen, Driften, Assoziieren, Fantasieren, Fühlen, Intuieren, Kombinieren. Wir sollten in diese autonomen Abläufe nicht ohne gute Gründe eingreifen. Das Entscheidende liegt darin, dass wir, so oft und so gut es uns eben möglich ist, versuchen, dem gegenwärtigen Augenblick offen gegenüberzutreten, in die jeweilige Situation hineinzugehen, sie zu erfahren, durch sie hindurchzugehen, sie wieder zu verlassen und auf sie zu antworten.

Es ist ein Ja-Sagen, ein Akzeptieren der ganzen Situation, wie sie eben in diesem Augenblick gerade ist. Es ist eine Bereitschaft, zu lernen und seine bisherigen Erfahrungen und Auffassungen als relativ aufzufassen. Wir müssen das, was wir wahrnehmen, nicht unbedingt mögen. Aber wir können es für jetzt als so seiend akzeptieren. Häufig erfahren wir dann, wenn wir unseren anfänglichen Widerstand, unsere Trägheit und Angst ausgehalten haben, dass die Erfahrung viel positiver und anregender ist, als wir befürchteten.

> Anschaun, wenn es dir gelingt,
> Dass es erst ins Innre dringt,
> Dann nach außen wiederkehrt,
> Bist am herrlichsten belehrt.
>
> *Johann Wolfgang von Goethe*[59]

Akzeptieren, was ist - für jetzt heißt nun nicht, dass wir überhaupt nicht reagieren sollen. Es geht nur darum, sich erst einmal genügend Zeit und Raum für die Entfaltung des Gegenwärtigen zu lassen und von ihm zu lernen.

Antworten: Das Gute und Besondere sehen

Nachdem es uns gelungen ist, in eine Berührung mit dem Leben, wie es sich in einem bestimmten Augenblick gezeigt hat, zu kommen, können wir natürlich auch darauf reagieren. Für unsere Übung heißt das, dass wir nicht nur achtsam, beobachtend und passiv bleiben, sondern auf das Erlebte auch antworten, dass wir uns zu einem gewissen Teil auch mitverantwortlich fühlen, für das, was jetzt gerade ist. Wir lassen es nicht zu, uns als Opfer der schlechten Umstände zu definieren. Wir sagen uns: „Ich bin jetzt in dieser Situation, ich habe – irgendwie – mit dazu beigetragen, dass sie so ist, wie sie ist. Wie kann ich jetzt das Beste daraus machen?" Manche Dinge lassen sich nicht verändern, aber wir können unsere Haltung und Einstellung zu ihnen verändern, sie in anderem Licht sehen zu lernen, woraus wieder neue Handlungen entstehen.

Jetzt geht es also darum, sich für das Gute, das Besondere des Augenblicks zu entscheiden, ohne das wirklich Negative zu verdrängen. Es geht nicht darum, etwas, was wir als falsch oder schlecht empfinden, als etwas Gutes zu bemänteln oder sich nicht ihm entgegen zu stellen. Es geht darum, das viele Gute, das uns umgibt, auch zu sehen, zu bestätigen und zu gestalten. Es geht darum, dem Guten, das in dem von uns Abgewehrten und Abgelehnten möglicherweise verborgen ist, eine Chance zu geben, von uns entdeckt zu werden.

Dazu bedarf es allerdings der Geduld, Sensibilität und Offenheit, manchmal auch einer gewissen Portion Lockerheit und Humor, einer spielerischen, fantasievollen, kreativen Einstellung. Denn häufig sind wir ziemlich verbissen davon überzeugt, dass unsere bewertend, kritisch-negative Haltung die einzig wahre ist. Wir bestehen darauf, die Dornen zu sehen und übersehen die zarte Rose, die zwischen den Dornen in wundervoller Schönheit erblüht.

Wir können uns also fragen: „Was ist gut, schön, besonders, einmalig, eigenartig, merkwürdig, wundersam in dieser Situation?" oder „Was gefällt mir?" oder „Wie kann ich jetzt das Beste aus der Situation machen?" Wenn es uns schwer fällt, darauf eine Antwort zu finden, dann können wir uns fragen: „Was wäre, wenn das, was jetzt ist, nicht wäre?", „Was für einen verborgenen guten Sinn konnte das haben?" oder „Wie sieht die Sache aus, wenn ich sie im großen Zusammenhang meines Lebens sehe – welchen Sinn macht sie dann?"

Nehmen wir ein sehr alltägliches, ganz und gar unromantisches Beispiel: Wir sind, wie so oft, in Eile, wir stehen mit dem Auto vor einer Ampel, die auf Rot gewechselt hat. Wir ärgern uns. Wenn wir jetzt die Situation, in der wir uns befinden, neu definieren wollen, dann können wir so vorgehen: Wir machen uns klar, dass wir nicht zufällig in dieser Situation sind, sondern dass sie Ausdruck auch unseres Lebens ist. Wir übernehmen Verantwortung dafür, geben nicht der Stadt und den vielen anderen Autos die Schuld, wir entspannen uns, atmen einige Male bewusster ein und aus und fragen uns: „Was könnte gut und schön an dieser Situation sein?"

Wir lassen uns etwas Zeit, denn wir haben erst einmal den Widerstand unseres Ärgers und unseres gewöhnlichen Denkens zu überwinden. Und wenn uns nichts einfällt, können wir uns fragen: „Was wäre, wenn es diese Ampel nicht gebe?"

Nach und nach wird uns dann vielleicht deutlich, wie segensreich diese Ampel sein kann: Sie gibt Sicherheit, Klarheit und Ordnung, sie ist demokratisch, sie gibt jedem die gleiche Chance, die Straße zu benutzen, sie verhindert Staus, Verkehrschaos und Stress.

Wir können die Situation auch noch symbolischer deuten: Die Ampel kann uns daran erinnern, dass wir auch in unserem Leben, auf unserer Lebensfahrt immer wieder einmal Innehalten, eine Haltepause einlegen sollten, um uns zu fragen, warum wir so durch das Leben hetzen und was wir eigentlich wirklich wollen. Kann uns die Ampel nicht erinnern an die alte chinesische Lebensweisheit: „Wenn du es eilig hast, dann mache einen Umweg!"? Wir können uns auch an ihrem symbolträchtigen Farbenspiel erfreuen, die vorfreudige Erwartungsspannung genießen, bis die Ampel endlich auf Orange und dann auf Grün wechselt. Ist es nicht ein kleines ekstatisches Erlebnis, wenn die Spannung so allmählich ansteigt, sich dann endlich löst und wir uns wieder dem Fluss des Lebens anvertrauen können?

Die Möglichkeiten, etwas Gutes in einer Situation zu sehen, sind überaus vielfältig und werden nur von unserer Bereitschaft begrenzt, uns kreativ und wohlwollend auf sie einzulassen. Wir werden nicht mehr verstehen können, weshalb wir immer darauf bestanden haben, nur das Negative wahrzunehmen und hervorzuheben.

Um das Gute in einer Situation zu sehen und anders als üblicherweise darauf zu reagieren, können wir uns außerdem fragen:

- Wo zeigen sich hier Lebendigkeit, Natur und Natürlichkeit, Gesundheit, Sinnlichkeit, Wachstum? (Bios-Prinzip)
- Wo zeigen sich hier Schönheit, Liebe, Freundschaft, Harmonie, Glück, Humor, Freude, Ekstase? (Eros-Prinzip)
- Wo zeigen sich hier Selbstvertrauen, Energie, Mut, Entschlossenheit, Tatkraft, Verantwortung, Erfolg? (Heros-Prinzip)
- Wo zeigen sich hier Weisheit, Wissen, Einsicht, Erkenntnis, Klarheit, Weite, Freiheit, Toleranz, Gerechtigkeit? (Logos-Prinzip)
- Wo zeigen sich hier Ganzheitliches, Transpersonales, Schöpferisches, Grenzenüberschreitendes, Überraschendes, Sich-Wandelndes, Humorvolles, Spielerisches, Verrücktes, Befreiendes? (Mystos-Prinzip)
- Was offenbart sich mir, wenn ich die ganze Situation symbolisch verstehe?
- Was offenbart sich mir, wenn ich die ganze Situation als Ausdruck meiner inneren Situation sehe oder als Botschaft an mich verstehe, die mich etwas lehren will?

Und die Welt hebt an zu singen

Schläft ein Lied in allen Dingen,
Die da träumen fort und fort,
Und die Welt hebt an zu singen,
Triffst du nur das Zauberwort.

Joseph von Eichendorff[60]

Auch bei einer nur emotionalen, symbolischen oder intuitiven Schau des Guten und Besonderen brauchen wir es nicht zu belassen. Wir können unsere neue Sichtweise, unsere möglicherweise veränderte Einstellung auch zum Ausdruck bringen. Die Schöpfung, die Welt warten darauf, dass wir ihr Wunder und ihre Schönheit sehen und bekunden.

Das Zauberwort, durch das wir das Lied, das in allen Dingen schläft, zum Singen und Klingen bringen, steht in diesem Gedicht natürlich nicht nur für eine bestimmte Haltung, sondern symbolisiert die Summe verschiedener Einstellungen zum Leben, die mit Liebe und Einfühlung, Fantasie und Imagination, mit Symbolik und Kunst usw. zu tun haben. Ganz sicher gehören dazu aber auch unsere wohlwollende, achtsame Haltung, unser Lauschen mit dem Herzen, unsere Fähigkeit zur schöpferischen Antwort und unsere Worte, die wir verbindlich aussprechen.

Wir wissen, wie tief greifend einfache Worte für uns sein können, wie verletzend, demütigend, vernichtend, wie heilsam, aufbauend, ermutigend, begeisternd. Warum wollen wir diese Kraft nicht nutzen? Wir können sie dadurch nutzen, dass wir das Gute und Wesentliche, das wir wahrnehmen und fühlen, auch in direkten Worten offen und klar aussprechen.

Wir können uns fragen, wie kann ich jetzt etwas sagen und tun, das der Vertiefung, der Entfaltung, der Verbesserung der gegenwärtigen Situation dient?

Um das Besondere zu bestätigen und zu verstärken gibt es viele Möglichkeiten, z. B.:

- Bestätigen: „Ja"-Sagen, zustimmendes Nicken, Lächeln und andere Gesten wie z. B. eine freundliche Berührung am Arm, ein zärtliches Streicheln, eine Umarmung, ein Kuss. Das positive Erleben in entsprechenden Worten ausdrücken: „Es ist so schön, dass ...", „Ich freue mich so sehr ...", „Ich schätze es, dass ..."
- Bewundern: Ehrliche Komplimente machen.
- Danken: Sich aufrichtig bedanken für das, was man erhalten hat oder als schön empfunden hat.
- Wünschen: Dem anderen alles Gute wünschen. Ihm seinen „Segen" mitgeben.
- Hoffnung, Mut und Zuversicht ausdrücken: „Du wirst es gut machen!", „Es wird Dir sicher gelingen!"
- Insgesamt häufig positive, klare, kraftvolle Worte verwenden: keine Verneinungen, keine ironischen Anspielungen bezüglich der anderen Person. Überprüfen Sie mal die Wirkung solcher „Kraftworte" auf Sie, wenn diese auf Sie angewendet würden: „Ja!" „Stimmt!", „Richtig!", „Wunderschön!", „Wunderbar!", „Toll!", „Großartig!", „Bewundernswert!", „Hervorragend!", „Begeisternd!", „Exzellent!", „Genial!".
- Verzeihen: Immer wieder einmal nachspüren, ob wir den Groll und die Feindseligkeit, die wir hegen, noch aufrechterhalten wollen, oder ob wir sie loslassen können, indem wir dem anderen, dem Leben und uns verzeihen.

Eine weitere Hilfe für die Veränderung unseres Bewusstseins in dieser Hinsicht können die Rückerinnerungs-Übung und das Führen eines „Freuden- und Glücks-Tagebuchs" sein. Wir setzen uns einen Moment entspannt hin und lassen die vergangenen Stunden an uns vorüberziehen. Wir stellen uns beispielsweise folgende Fragen und beantworten sie:

- Was habe ich in den letzten Stunden erlebt? Habe ich Verantwortung dafür übernommen, dass ich in der Situation gewesen bin?

- Habe ich mich der Situation geöffnet oder habe ich mich ängstlich zurückgehalten?
- Was habe ich erlebt, was war gut und schön, habe ich mir Zeit gelassen, es zu genießen?
- Wie habe ich auf das Gute, das ich wahrgenommen habe, geantwortet? Habe ich es bestätigt? Wie hätte ich besser antworten können?

Wenn wir den Eindruck haben, dass es uns nicht gut gelungen ist, uns so zu verhalten, wie wir gerne möchten, dann können wir dies in der Fantasie nachholen.

Eine andere Möglichkeit zur Aktivierung eines freudvollen Bewusstseins ist, dass wir ganz bestimmte alltägliche Reize mit Entspannungs- und Achtsamkeitsreaktionen verbinden. Sehr gut geeignet sind z. B. Lichtreize und akustische Signale. In manchen religiösen Zeremonien sollen bestimmte Klänge daran erinnern, wieder in die Gegenwart zurückzukehren, um einen Kontakt mit dem Selbst aufzunehmen.

Wenn wir dies auf alltägliche Situationen übertragen, dann könnten wir uns also z. B. daran gewöhnen, immer dann, wenn wir einen Sonnenstrahl oder ein Kerzenlicht, eine Kirchenglocke, eine Türklingel, eine Telefonklingel hören, innezuhalten, zu entspannen, das Herz zu öffnen, es innerlich lächeln zu lassen und zu denken: „Oh, wie schön ist das, was ich gerade erfahre. Danke."

Das symbolische Leben

Für C. G. Jung war es ein wichtiges Ziel, zu einem „symbolischen Leben" zu finden. Durch ein symbolisches Verstehen unseres Erlebens und Verhaltens (Fantasien, Träume, Imaginationen, Körpersprache, kreative Gestaltungen usw.) können wir lernen, einen besseren Zugang zu unbewussten Vorgängen zu gewinnen, unser Bewusstsein zu differenzieren und für die Spiritualität, Vielgestaltigkeit und Vieldimensionalität der Welt offen zu werden.

Es geht hierbei gar nicht hauptsächlich darum, mithilfe eines besseren Verständnisses von Symbolen das Unbewusste zu deuten und in die Logik des rationalen Bewusstseins zu übertragen, sondern es geht fast mehr darum, mithilfe der symbolischen Einstellung die allzu starren Vorstellungen von sich selbst und der Welt aufzulockern, den Sinn für das Geheimnisvolle, Vielschichtige und Paradoxe hinter dem Konkreten und allzu Offensichtlichen zu wecken. Die symbolische Perspektive befreit uns aus der vermeintlichen Eindeutigkeit und Gewöhnlichkeit des Alltäglichen und Vordergründigen und lässt diese transparent werden für die erstaunliche, wundersame, unbegreifliche, schöpferische Komplexität des Lebens.

> […] wir haben alle das symbolische Leben dringend nötig. Nur das symbolische Leben kann den Bedürfnissen der Seele Ausdruck verleihen – den täglichen Bedürfnissen der Seele, wohlgemerkt! – Und da die Leute nichts dergleichen besitzen, können sie nie aus dieser Tretmühle herauskommen – aus diesem schrecklichen, zermürbenden, banalen Leben, wo sie „nichts als" sind.
> […] Sie haben das Ganze einfach satt, die Banalität dieses Lebens, und deshalb wollen sie Sensationen. Sie wollen sogar einen Krieg; sie wollen alle einen Krieg. Sie freuen sich alle, wenn es Krieg gibt: Sie sagen: „Gott sei Dank, endlich passiert etwas – etwas, das größer ist als wir!" Diese Dinge gehen sehr tief, und es ist kein Wunder, dass die Leute neurotisch werden. Das Leben ist zu rational, es gibt keine symbolische Existenz, in der ich etwas anderes bin, in der ich eine Rolle spiele, meine Rolle als einer der Schauspieler im göttlichen Drama des Lebens.
> […] Das gibt inneren Frieden, wenn Menschen das Gefühl haben, dass sie das symbolische Leben führen, dass sie Schauspieler im göttlichen Drama sind. Das ist das Einzige, was dem menschlichen Leben einen Sinn verleiht; alles andere ist banal, und man kann es beiseite lassen.[61]

Schauspieler und Akteure in einem göttlichen Drama zu sein, heißt zu erkennen, dass wir Teil eines unfassbaren schöpferischen evolutionären Prozesses sind und dass wir die einmalige Chance haben, durch unsere individuelle Persönlichkeit an diesem Werk verantwortlich teilzuhaben. Dazu müsste uns aber das ganz und gar Außerordentliche unserer Existenz bewusst werden, wir müssten zu einer wissenschaftlichen Religiosität finden, wie sie etwa Alfred Einstein zum Ausdruck bringt, wenn er schreibt:

> Das Schönste, was wir erleben können, ist das Geheimnisvolle. Es ist das Grundgefühl, das an der Wiege von wahrer Kunst und Wissenschaft steht. Wer es nicht kennt und sich nicht mehr wundern, nicht mehr staunen kann, der ist sozusagen tot und sein Auge erloschen. Das Erlebnis des Geheimnisvollen – wenn auch mit Furcht gemischt – hat auch die Religion gezeugt. Das Wissen um die Existenz des für uns Undurchdringlichen, der Manifestationen tiefster Vernunft und leuchtendster Schönheit, die unserer Vernunft nur in ihren primitivsten Formen zugänglich sind, dies Wissen und Fühlen macht wahre Religiosität aus; in diesem Sinn und nur in diesem gehöre ich zu den tief religiösen Menschen.[62]

Ganz ähnlich formuliert es C. G. Jung in seiner Autobiografie:

> Es ist wichtig, dass wir ein Geheimnis haben und die Ahnung von etwas nicht Wissbarem. Es erfüllt das Leben mit etwas Unpersönlichem, einem Numinosum. Wer das nie erfahren hat, hat Wichtiges verpasst. Der Mensch muss spüren, dass er in einer Welt lebt, die in einer gewissen Hinsicht geheimnisvoll ist, dass in ihr Dinge geschehen und erfahren werden können, die unerklärbar bleiben, und nicht nur solche, die sich innerhalb der Erwartung ereignen. Das Unerwartete und das Unerhörte gehören in diese Welt. Nur dann ist das Leben ganz.[63]

Dieses Gefühl für das Geheimnisvolle, dafür, dass unser Leben in all seinen materiellen, psychischen und kreativen Aspekten ein ganz und gar außerordentliches Ereignis ist, lässt sich nach Auffassung der Analytischen Psychologie insbesondere durch die symbolische Einstellung und die Erfahrung der unbewussten Wirkkräfte wecken und lebendig erhalten.[64]

Wenn wir auf diese Weise achtsamer, liebevoller und staunender auf das Leben zugehen, werden wir beobachten, dass das Leben allmählich wieder Farbe gewinnt, eigentümlich zu vibrieren anfängt. Wir entdecken, dass wir vieles nicht wahrgenommen, gefühlt und erlebt haben, weil wir uns selber in uns verschlossen hatten, weil wir nicht wagten, uns und unsere Erfahrungen infrage zu stellen. Das Leben wird faszinierender, abenteuerlicher. Wenn wir uns darin üben, neuen Situationen so gut wir es eben können, offen zu begegnen, auf ihren symbolischen Gehalt hin wirken lassen, dann werden wir nicht mehr wissen, was sich in den nächsten Minuten ereignen wird. Alltägliche, gewohnte Situationen werden zu Herausforderungen, alles beginnt eigentümlich zu fließen. Wir gehen zunehmend auf in diesem faszinierenden Abenteuer des Lebens.

> Wenn nicht mehr Zahlen und Figuren
> sind Schlüssel aller Kreaturen,
> wenn die, so singen oder küssen,
> mehr als die Tiefgelehrten wissen,
> wenn sich die Welt ins freie Leben
> und in die Welt wird zurückbegeben,
> wenn dann sich wieder Licht und Schatten
> zu echter Klarheit werden gatten
> und man in Märchen und Gedichten
> erkennt die wahren Weltgeschichten,
> dann fliegt von einem geheimen Wort
> das ganze verkehrte Wesen fort.

Novalis[65]

Suchst du das Höchste, das Größte?
Die Pflanze kann es dich lehren.
Was sie willenlos ist, sei du es wollend – das ists!

Friedrich Schiller[63]

Das Heros-Prinzip
Selbst-Verwirklichung und schöpferische Tat

Das Universum und Dein Selbst möchten sich in und durch Dich verwirklichen. Damit sich Deine besten Möglichkeiten entfalten können, braucht es Deine Bereitschaft, Dich mit Leidenschaft, Freude und Mut für dieses individuelle, einzigartige Wesen, das Du bist, einzusetzen. Ziel der Selbst-Verwirklichung ist zu lernen, Dir selbst treu zu sein, das zu tun und zu wagen, was Du im Innersten wirklich willst und mit Geduld, Beharrlichkeit und Integrität Dein Ziel zu verfolgen. Als einzige Einschränkung gilt hierbei, Dir selbst und anderen Lebewesen nicht zu schaden, die Freiheit und das Wohlergehen aller Beteiligten zu achten und wenn möglich zu fördern.

- Bist Du Dir bewusst, dass es nur einen Menschen auf dieser Erde gibt, der an diesem Ort und zu dieser Zeit das tun kann, was Du zu tun vermagst?
- Weißt Du, dass Deine Einmaligkeit und Besonderheit gerade das Wertvolle an Dir ist?
- Bist du Dir bewusst, dass es vor allem auf Dich ankommt, was aus Deinem Leben wird?
- Bist Du bereit, Verantwortung für Dich zu übernehmen, Deine Opferhaltung aufzugeben und das Beste aus Deinem Leben zu machen?
- Bist du bereit, Dich für Deine Wünsche und Sehnsüchte, für Deine Wahrheit und Wirklichkeit ganz und gar einzusetzen, so, als ginge es um Dein Leben?

Vom Adler, der sich für ein Huhn hielt

Ein Mann ging in einen Wald, um nach einem Vogel zu suchen, den er mit nach Hause nehmen konnte. Er fing einen jungen Adler, brachte ihn heim und steckte ihn in den Hühnerhof zu den Hennen, Enten und Truthühnern. Und er gab ihm Hühnerfutter zu fressen, obwohl er ein Adler war, der König der Lüfte.

Nach fünf Jahren erhielt der Mann den Besuch eines naturkundigen Mannes. Und als sie miteinander durch den Garten gingen, sagte der: „Dieser Vogel dort ist kein Huhn, er ist ein Adler." „Ja", sagte der Mann, „das stimmt. Aber ich habe ihn zu einem Huhn erzogen. Er ist jetzt kein Adler mehr, sondern ein Huhn, auch wenn seine Flügel drei Meter breit sind."

„Nein", sagte der andere. „Er ist noch immer ein Adler, denn er hat das Herz eines Adlers. Und das wird ihn hoch hinauffliegen lassen in die Lüfte."

„Nein, nein", sagte der Mann, „er ist jetzt ein richtiges Huhn und wird niemals fliegen."

Darauf beschlossen sie, eine Probe zu machen. Der naturkundige Mann nahm den Adler, hob ihn in die Höhe und sagte beschwörend: „Der du ein Adler bist, der du dem Himmel gehörst und nicht dieser Erde: Breite deine Schwingen aus und fliege!"

Der Adler saß auf der hochgereckten Faust und blickte um sich. Hinter sich sah er die Hühner nach ihren Körnern picken, und er sprang zu ihnen hinunter.

Der Mann sagte: „Ich habe Dir gesagt, es ist ein Huhn!"

„Nein", sagte der andere, „es ist ein Adler. Versuche es morgen noch einmal."

Am anderen Tag stieg er mit dem Adler auf das Dach des Hauses, hob ihn empor und sagte: „Adler, breite deine Schwingen aus und fliege!"

Aber als der Adler wieder die scharrenden Hühner im Hof erblickte, sprang er abermals zu ihnen hinunter und scharrte mit ihnen.
Da sagte der Mann wieder: „Ich habe Dir gesagt, es ist ein Huhn."
„Nein", sagte der andere, „er ist ein Adler und hat das Herz eines Adlers. Lass es uns noch ein einziges Mal versuchen."
Am nächsten Morgen erhob er sich früh, nahm den Adler und brachte ihn hinaus aus der Stadt, weit weg von den Häusern, an den Fuß eines hohen Berges. Die Sonne stieg gerade auf, sie vergoldete den Gipfel des Berges, jede Zinne erstrahlte in der Freude eines wundervollen Morgens.
Er hob den Adler hoch und sagte zu ihm: „Adler, du bist ein Adler. Breite deine Schwingen aus und fliege!" Der Adler blickte umher, zitterte, als erfülle ihn neues Leben – aber er flog nicht. Da ließ ihn der naturkundige Mann direkt in die Sonne schauen. Und plötzlich breitete er seine gewaltigen Flügel aus, erhob sich mit dem Schrei eines Adlers, flog höher und höher und kehrte nie wieder zurück.

Fabel aus Ghana[67]

Wir Menschen sind sehr, sehr merkwürdige Wesen. In uns ist die Weite des Himmels, das Licht der Sonne, die Fähigkeit zu überschäumender Freude, die Sehnsucht nach grenzenloser Freiheit und schöpferischer Tat.

Aber anstatt alles zu tun, um diese wundervollen Fähigkeiten und Begabungen zu entfalten und unsere wahre Natur und Bestimmung zur Offenbarung zu bringen, verstricken wir uns in Gewohnheiten, die im Vergleich zu dem, was wirklich zählt, nur wenig Bedeutung haben. Wie die Hühner scharren wir im Staub des Alltags, ängstlich bedacht, vor den anderen Menschen nicht schlecht dazustehen, unsere kleinen vermeintlichen Vorteile zu wahren und vergessen dabei, dass es auch noch eine ganz andere, weite und befreiende Perspektive gibt, auf unser Leben zu schauen.

Statt mutig darauf hinzuarbeiten, unseren Geist weit und frei werden zu lassen, unnötige Begrenzungen zu überschreiten, damit er immer mehr in die Lage versetzt wird, das Leben und seine Schönheit zu sehen, setzen wir unseren schöpferischen, unendlichen Geist überwiegend nur dafür ein, unsere kleine Welt abzusichern, nicht zu kurz zu kommen, recht zu haben, es besser zu wissen. Was für eine Vergeudung für ein solch unbeschreibliches Potenzial, für ein solch wundervolles Instrument!

Statt mit Lust und Freude unsere vielfältigen Begabungen und Fähigkeiten weiter zur Entfaltung zu bringen, halten wir uns ängstlich zurück, um mit den anderen Menschen nicht in Konflikt zu geraten. Wir fühlen uns dabei zwar elend, hoffnungslos und entfremdet, aber wir kommen auch nicht auf die Idee, dass es einen Ausweg aus diesem Gefängnis der falschen Vorstellungen von unserem Leben und uns selbst geben könnte.

Am Anfang unseres Lebens sind wir voller Kraft, voller Lebensfreude, voller Begeisterungsfähigkeit. In uns brennt das Lebensfeuer des Universums noch in hoher Intensität. Wir sind erfüllt von Lebenslust, Neugier und von unbändigem Drang zur Selbstverwirklichung. Nichts befriedigt uns mehr, als die Welt, unsere Mitmenschen und uns selbst zu erkunden und immer mehr zu lernen, unsere angeborenen Fähigkeiten anzuwenden.

Wir hatten keine Eltern, Großeltern, Erzieher und Lehrer, die uns halfen, das Staunen über das Mysterium des Lebens, das wir in uns tragen, zu vertiefen. Wir hatten keine Menschen, die uns die Schönheit, den Glanz, die Freude des Lebens zeigten, da wir überwiegend auf das Fehlerhafte aufmerksam gemacht wurden. Alles, was wir taten, wurde belastet von Schuld- und Schamgefühlen und immer wieder verglichen mit Fremd- und Ideal-Vorstellungen, die keiner erfüllen konnte. So verloren viele von uns ihr leises und heimliches Wissen von dem Wunderbaren und Beglückenden unserer Existenz auf dieser Erde und ihre ungehemmte Freude an ihrer schöpferischen Kraft.

Viele von uns hatten sich als Kind einmal vorgenommen, sich selbst treu zu bleiben, nicht so zu werden wie die Erwachsenen. Wir sahen deren allzu ernsten, unzufriedenen Gesichter, ihre leeren Augen, die keinen Funken der Lebensfreude mehr in sich zu tragen schienen, wir hörten ihre neidischen, lieblosen, unehrlichen Worte und dachten bei uns, dass wir es eines Tages besser machen würden. Wir wollten auf keinen Fall so werden wie diese Erwachsenen in ihrer grauen, verbitterten, langweiligen Welt.

Dann aber kam der „Ernst des Lebens" doch über uns. Aufgrund der vielen kränkenden, traumatischen Erfahrungen und erlittenen Demütigungen trauten wir uns aber immer weniger, unsere wahren Gefühle und Wünsche unmittelbar zum Ausdruck zu bringen. So wurden aus Adlern, die es lieben, im Glanz der Sonne in den weiten blauen Himmel hineinzufliegen, Hühner, die im Staub der Straße scharren.

Wenn wir aber Glück hatten, konnten wir in unseren heimlichen Fantasien die ewigen Urbilder des Helden und der Heldin bewahren. Und es sind diese archetypischen Bilder und Wünsche, die uns helfen können, unseren ureigensten Auftrag zu erfüllen. Wie der Adler nach heftigem Widerstand bereit ist, sich vom Glanz der Sonne berühren zu lassen und sich seiner himmelsgleichen Adler-Natur wieder zu erinnern, so müssen wir es uns gestatten, in den Größenfantasien und Sehnsüchten unserer Kindheit den Ruf unseres wahren inneren Selbst zu verspüren.

Jeder ist dazu geboren: Das Heroische in uns

Die Erfahrung der Ohnmacht und Demütigung, der Einsamkeit und des Unverstandenseins ist mit jeder menschlichen Existenz verbunden. Deshalb hat uns der Weg des heroischen Menschen, der, allen Widerständen und Ängsten zum Trotz, den Mut hat, sich selbst und seiner Vision zu folgen, in allen Kulturen und zu allen Zeiten fasziniert.

Ob in den alten Mythen, Sagen und Märchen, ob in der Literatur und den Filmen der Gegenwart, der Religion, der Kunst, der Geschichte, der Politik, der Wissenschaft: immer steht der Mensch, „der es wagt", im Mittelpunkt des Interesses. Immer wieder wollen wir in unzähligen Geschichten, Filmen und Biografien jenes klassische Schema vom heroischen Menschen nachvollziehen, der meist von einfacherer Herkunft ist, erst gedemütigt, verachtet, verkannt wird und der sich allen Hemmnissen zum Trotz zu einem „großen" Menschen entwickelt, seine Liebe, seinen Sinn und sein Glück findet.[68]

Solche Menschen faszinieren uns so sehr, weil sie unsere Wunsch- und Idealgestalt verkörpern. Sie verkörpern unsere eigene Erfahrung und unser eigenes Schicksal. In ihren Ängsten und Leiden, ihrem Suchen und Sehnen, in ihren Kämpfen, Siegen und Niederlagen finden wir uns wieder. Sie spiegeln das Erleben unserer existenziellen Endlichkeit und Ohnmacht und zugleich unseren immensen Drang, es dennoch und trotz allem zu schaffen.

Vor jedem steht ein Bild,
des, was er werden soll,
solang er das nicht ist,
ist nicht sein Friede voll.

Friedrich Rückert[69]

Wenn wir uns fragen, wie gedemütigte, verlassene und verletzte Kinder überhaupt überleben können, woher sie eigentlich die Kraft nehmen, durchzuhalten und darauf zu hoffen, dass es ihnen eines Tages besser gehen wird, stoßen wir auf das Urbild des Helden und der Heldin. Wenn unsere Kraft, leben und lieben zu wollen, wenn unsere schöpferische Fantasie nicht zerstört wurde, dann erinnert uns unser Selbst mithilfe der Heldenfantasie daran, dass wir eigentlich zu „Größerem" geboren wurden, dass wir nicht nur reale, vielleicht versagende Eltern haben, sondern auch göttliche Eltern, die unsere eigentlichen Eltern sind. Die Stärke unserer inneren Held-

Innen lässt uns unsere Ohnmacht vergessen und unsere Schmerzen tapfer ertragen, ihre überlegene Größe lässt uns unsere eigene wahre Würde und Größe nicht vergessen und ihr schließlicher Triumph lässt uns hoffen, dass wir eines Tages auch über unser Schicksal triumphieren und den Schatz unseres wahren Selbst finden werden.

Uns Menschen ist das Helden-Motiv deshalb so vertraut, weil es Ausdruck der in jedem von uns waltenden schöpferischen, vorwärts drängenden Lebensenergie ist, jener Energie der Selbsterhaltung, die uns zum Überlebenskampf befähigt und die in jeder Zelle unseres Organismus wirksam ist. Ohne die Heldenkraft in uns würden wir nicht existieren. Sie glühte im Kern des „Ur-Knalls", hat den evolutionären Prozess vorangetrieben, sie hat dazu geführt, dass das Leben seine Begrenzungen immer wieder gesprengt hat, sie hat unsere Ahnen veranlasst, weite Wege zu gehen, Grenzen zu überschreiten, neue Territorien zu erkunden, sie hat unsere Väter und Vorväter ermutigt, andere Rivalen auszustechen, damit sie sich mit unseren Müttern und Vormüttern vereinigen konnten. Sie hat die Samenzelle veranlasst, in hartem Wettkampf gegen Millionen anderer Spermien zum Ei zu gelangen, in es einzudringen und es zu befruchten. Sie hat die unendlichen Zellteilungen und Zelldifferenzierungen ermöglicht, sie hat die Geburt und damit die Ur-Trennung von der Mutter gesteuert, welche eine klassische heroische Stirb- und Werde-Situation darstellt.

Sobald wir geboren sind, den ersten Atemzug gemacht haben, müssen wir unzählige heroische Leistungen vollbringen, unzählige Drachenkämpfe durchkämpfen. Wir müssen uns bewegen, stehen lernen, laufen, trotzen, rivalisieren, kämpfen, aggressiv sein, erforschen, erobern, lernen, leisten, Schmerz aushalten, Prüfungen bestehen, erfolgreich sein und dabei haben wir immer Angst und Ungewissheit auszuhalten, immer Schmerz und unseren Tod vor Augen.

Wir sind immer einsam, unverstanden und uns letztlich unvertraut. Keine noch so gute Mutter und kein noch so einfühlsamer Partner wird sich in unsere einmalige Lebenssituation und unsere Einzigartigkeit wirklich einfühlen können, keine noch so intensive

Selbsterforschung wird uns uns selbst ganz verstehen lernen, kein Mensch wird uns in unseren schwierigen Situationen wirklich trösten können und keiner kann für uns jene Reifungsschritte tun, die auf unserem unbekannten Weg durch das Leben bis zum Tod notwendig sind. Überall müssen wir die Unsicherheit und das Risiko des Lebens alleine tragen und aushalten. Wie könnten wir das alles, wenn es nicht die Kraft des inneren Helden und der Heldin in uns gebe? „Und wenn sie nicht gestorben sind, dann leben sie noch heute."

Sei Dir selbst treu

In einer bekannten Weisheitsgeschichte der Chassidim sagt Rabbi Sussja vor seinem Ende:

> In der kommenden Welt wird man mich nicht fragen:
> „Warum bist du nicht Mose gewesen?"
> Man wird mich fragen:
> Warum bist du nicht Sussja gewesen?"
>
> *Martin Buber*[70]

Kürzer kann man es kaum sagen, worauf es eigentlich wirklich ankommt in unserem Leben: dass wir wirklich diejenigen sind, die wir sind und dass wir, so gut es uns möglich ist, das verwirklichen, was unserem Wesen entspricht. Wenn wir in unserem Leben nicht wir selbst gewesen sind, vertun wir die Hoffnung, die das Leben in uns setzte, als es uns als einzigartige Geschöpfe hervorbrachte.

Deshalb lauten die Hinweise der weisen Menschen an uns: „Sei Dir selbst treu und sei der, der Du wirklich bist. Sei Dein eigener Maßstab. Vertraue Deiner eigenen Erfahrung. Versuche nicht jemand anderes zu sein. Versuche nicht zu sein, wie „die Leute" meinen, dass „man sein sollte" oder wie „man sein müsste". Niemand kann Dir sagen, wie Du leben sollst. Niemand kann es besser wissen als Du selbst."

Unser Leben ist ganz allein unser Leben. Wenn wir uns nicht treu gewesen sind und nicht getan haben, was wir wirklich wollten, dann haben wir unser Leben versäumt. Niemand kann unser Leben für uns leben, niemand kann für uns das tun, was nur wir tun können.

Die „großen“ Menschen der Menschheit, die Pioniere, Forscher, Künstler und Kulturstifter zeichnen sich alle durch eben dies aus: Sie waren sie selbst, sie gingen ihren eigenen Weg, sie taten das, was ihnen und ihrem Wesen entsprach. Zwar lernten sie von anderen Menschen, soviel sie konnten, zwar hatten auch sie ihre Lehrmeister und Vorbilder, denen sie sich in Dankbarkeit verbunden fühlten, aber sie ahmten sie nicht nach, sie imitierten sie nicht. Sie übernahmen das von ihnen Gelernte auf ihre eigene Weise. Es wird überliefert, dass Gaudama Buddhas letzte Worte auf seinem Sterbebett waren: „Sei Dir selbst ein Licht!“

Auch in den folgenden Sätzen betonte er die Wichtigkeit der Treue zu sich selbst:

> Glaubt nicht an irgendwelche Überlieferungen, nur weil sie für lange Zeit in vielen Ländern Gültigkeit besessen haben.
> Glaubt nicht an etwas, nur weil es viele dauernd wiederholen.
> Akzeptiert nichts, nur weil ein anderer es gesagt hat, weil es auf der Autorität eines Weisen beruht oder weil es in einer heiligen Schrift geschrieben steht.
> Glaubt nichts, nur weil es wahrscheinlich ist.
> Glaubt nicht an Einbildungen und Visionen, die ihr für gottgegeben haltet.
> Glaubt nichts, nur weil die Autorität eines Lehrers oder Priesters dahinter steht.
> Glaubt an das, was ihr durch lange eigene Prüfung als richtig erkannt habt, was sich mit eurem Wohlergehen und dem anderer vereinbaren lässt.

Buddha[71]

Wenn wir die Unsicherheit, die Angst und die Einsamkeit aushalten können, die mit der Einsicht verbunden ist, dass niemand uns sagen kann, was das Beste für uns ist und dass wir alle wesentlichen Erfahrungen selbst machen müssen, dann beginnen wir nach und nach auch die Freiheit zu spüren, die in dieser Erkenntnis liegt. Und wir werden erleben, dass diese Freiheit ekstatisch ist.

Wir werden niemals mehr aus zweiter Hand leben wollen, uns niemals mehr von anderen sagen lassen wollen – von keinem anderen Menschen, von keinem religiösen, philosophischen oder psychologischen System –, was wir zu tun oder zu lassen haben, wir werden nur noch intensiv und staunend lernen wollen, was uns jeder Tag an neuen Erfahrungen bringt und wie die Weisheit unseres Selbst darauf reagieren wird. Das Leben selbst wird zu unserem wahren Lehrmeister.

Verantwortung für sich und sein Leben übernehmen

Des Weiteren raten uns lebenserfahrene, weise Menschen: „Übernimm Verantwortung für Dich und Dein Leben. Dein Leben ist ganz allein Dein Leben. Erwarte nicht, dass es irgendein anderer für Dich leben kann. Delegiere die Verantwortung dafür nicht an die Vergangenheit, Deine Kindheit, Deine Eltern, die Umstände, die Mitmenschen, irgendwelche äußeren oder inneren Autoritäten. Niemand anderer ist schuld daran, dass es Dir heute nicht so geht, wie Du es gerne möchtest. Übernimm auch Verantwortung für Deine Gefühle und Gedanken. Es sind immer Deine eigenen Gefühle und Gedanken, auch wenn sie aufgrund eines äußeren Einflusses hervorgerufen werden. Vermeide illusionäres Wunschdenken. Erwarte keine Wunder und erwarte nicht, dass Du es leichter haben wirst als andere Menschen, die erfolgreich in ihrer Selbst- und Lebensverwirklichung geworden sind."

Unser „Inneres Kind", mit dem wir uns später noch beschäftigen werden, das uns einerseits so viel Neugier und Experimentierfreude vermitteln kann, hat einige Schattenseiten, die es uns sehr schwer machen können, uns und unserer Vision treu zu sein: z. B. übermäßige Ängstlichkeit, Bequemlichkeit, Trägheit und passives Verharren in magischen Größenfantasien. Wenn es in seinen Bemühungen frustriert wird, zieht es sich manchmal enttäuscht zurück und will alle Schwierigkeiten des Lebens seinen Eltern überlassen. Es liebt seine Größenfantasien und Wunschträume, will aber nichts dafür tun, sondern hofft auf deren einfache, magische Erfüllung.

In vielen Büchern zur Lebenshilfe und zum positiven Denken wird diese infantile Erwartungshaltung genährt. Es wird der Eindruck erweckt, das Universum oder unser Unbewusstes mit „seiner grenzenlosen Power" warteten nur darauf, alle unsere kindischen Wünsche zu erfüllen. Man brauche sich das, was man wünscht, nur in seiner Fantasie intensiv auszugestalten, mit ein paar kräftigen, positiven Affirmationen zu unterstützen, dies alles ausreichend lang zu wiederholen und zu verankern, vertrauensvoll dem Universum zu überlassen und dann würde sich das Erwünschte wie von selbst ereignen. Ob das Universum wirklich ein Interesse daran hat, dass ausgerechnet wir einen freien Parkplatz finden oder dass ausgerechnet wir den großen Lotteriegewinn machen?

Die Biografien großer Menschen wie auch unsere sprichwörtlichen Lebensweisheiten sagen schon seit Urzeiten etwas ganz anderes: „Ohne Fleiß kein Preis"; „Früh übt sich, wer ein Meister werden will"; „Es ist noch kein Meister vom Himmel gefallen"; „Jeder ist seines Glückes Schmied"; „Hilf' Dir selbst, dann hilft Dir Gott". Wir hätten niemals Sprechen, Stehen, Laufen, Rechnen und Schreiben gelernt, wenn wir versucht hätten, es nur auf dem Wege der Visualisation und der Autosuggestion „mental" zu lernen. Ein mentales Training, das heute von vielen Spitzensportlern als wichtige Hilfe angesehen wird, reicht alleine niemals aus. Es gewinnt seine unterstützende Wirkung nur dadurch, dass der Sportler überwiegend und hauptsächlich ganz real an seinen Fähigkeiten arbeitet und trainiert.

So ist es in allen Bereichen des Lebens, auch in der Lebens- und der Liebeskunst. „Kunst kommt von Können" und Selbstverwirklichung hat etwas mit „wirken“ zu tun. Von Thomas Edison stammt der viel zitierte Satz: „Genie ist ein Prozent Inspiration und neunundneunzig Prozent Transpiration“

Auch Glücks-Erfahrungen lassen sich nicht allein durch unsere Imagination herbeizaubern, sie ereignen sich auch nicht hauptsächlich in der Fantasie, sondern in Situationen konkreter Herausforderung und Bewährung unserer psychischen und körperlichen Fähigkeiten. Und bevor wir uns an unseren Fähigkeiten ekstatisch „berauschen“ können, müssen wir viel üben, lernen, wiederholen, müssen Frustrationen aushalten, uns in Ausdauer und Geduld üben, beharrlich sein, bereit sein, durch Versuch und Irrtum zu lernen.

Es gibt noch viele weitere Möglichkeiten, der Verantwortung für uns und unser Leben auszuweichen. Beispielsweise können wir Dingen, die vorbei sind oder nicht zu ändern sind, die Schuld dafür geben, dass wir heute nicht anders können, nach den allseits beliebten Streitmustern: „Wenn das und das nicht gewesen wäre, dann ...“; „Wenn du nicht ... getan hättest!“ „Wenn ich damals das und das getan hätte“.

Als gute Ausreden bieten sich noch an: Unsere schwere Kindheit und sonstige schwierige Verhältnisse in unserer Vergangenheit, das Schicksal, schwierige astrologische Konstellationen, das Wetter, der Ablauf der Zeit, der sich sowieso nicht ändern lässt, die Steuern, das Haus, das abzubezahlen ist, die Kinder, die erst großgezogen werden müssen, das eigene Alter, die Meinungen und das Verhalten anderer Menschen, vergangene oder aktuelle kollektive Ereignisse, unsere mangelnde körperliche Erscheinung und Konstitution, das Aussehen von uns oder einzelnen Körperteilen, die Leiden und Krankheiten anderer, der Tod, der uns sowieso ereilt.

> An Rabbi Elimelechs Tisch vergaß einmal ein Diener, dem Rabbi Mendel, der zu Gast war, einen Löffel hinzulegen.
> Alle aßen, nur er nicht.
> Rabbi Elimelech bemerkte es und fragte:
> „Warum isst du nicht?“

„Ich habe keinen Löffel", sagte der.
„Sieh", sprach Rabbi Elimelech, „man muss auch einen Löffel verlangen, und gar erst eine Schüssel."
Rabbi Mendel nahm das Wort des Lehrers in sein Herz auf. Von diesem Tag an besserte sich sein Los.

Martin Buber[72]

So wird sich auch unser Los zum Besseren wenden, wenn wir das beherzigen, was wir eigentlich schon längst wissen und wofür es aller Erfahrung nach keine Alternative gibt, gleich wie viele Erfolgsgeschichten und Erfolgsgeheimnisse wir noch erfahren wollen: Wir sind für die Gestaltung unseres Lebens weitgehend selbst verantwortlich. Es gibt nur wenige Menschen, die durch ein glückliches Schicksal oder besondere Begabungen leicht zu einem erfüllten Leben gelangt sind. Wenn wir erfolgreich sein wollen, dann müssen wir alles nötige tun, um erfolgreich zu sein. Wenn wir geliebt werden wollen, dann müssen wir uns liebenswert verhalten.

Wenn wir also etwas erreichen wollen, dann müssen wir es auch wirklich wollen, uns darum wirklich mit ganzem Herzen bemühen und alle dazu erforderlichen, unvermeidlichen, anstrengenden Wege gehen. Und wir müssen unsere Sache richtig und so gut machen, wie es uns möglich ist. Oder mit den bereits zitierten Worten des Dichters: „Suchst du das Höchste, das Größte? Die Pflanze kann es dich lehren. Was sie willenlos ist, sei du es wollend – das ists!"[66]

Wenn wir uns so beharrlich, so zielstrebig, so leidenschaftlich, so kompromisslos für unsere Sache einsetzen, wie jede Pflanze es tut, die sich durch die Schwere und Dunkelheit der Erde dem Licht entgegenringt, dann haben wir eines der wichtigsten Erfolgsgeheimnisse des Lebens verstanden.

Gesunder Egoismus ist unverzichtbar

Ein häufiges Hindernis in der Fähigkeit, gesundes Selbstvertrauen und gesunde Selbstbehauptung aufzubauen und uns selbst schöpferisch zum Ausdruck zu bringen, besteht darin, dass wir dies als

„egoistisch“ oder „narzisstisch“ abwerten. Eine solche Ich-Feindlichkeit scheint sich auch durch viele religiöse und philosophische Strömungen hindurchzuziehen. Wird dort nicht immer gesagt, dass unser „Ego“, unser egoistisches Wollen und Streben das Hauptproblem und das Haupthindernis in der Erfahrung der göttlichen Wirklichkeit sei? Es wird behauptet, dieses „Ego“ müsse überwunden werden, ja, es müsse sterben, damit wir uns der transpersonalen Wirklichkeit bewusst würden.

Obwohl diese Aussagen in gewisser Hinsicht ihre Berechtigung haben, so sind sie für uns doch meist sehr missverständlich und können uns hoffnungslos in die Irre führen, viel Leid stiften und die gesuchte transpersonale Erfahrung geradezu verhindern. Die Entwicklung und Differenzierung eines gesunden und „starken“ Ich-Bewusstseins steht nicht im Gegensatz zur Erfahrung unserer transpersonalen Selbst-Natur, sondern ist ihr unmittelbarer Ausdruck.

Einer Bewusstwerdung des Selbst steht nicht ein gesundes „starkes“ Ich im Wege, sondern im Gegenteil ein „schwaches“ Ich, das einseitige, falsche Vorstellungen von sich und seiner Natur hat, ein Ich, das voller Selbstzweifel und Selbstabwertungen ist, das sich nicht treu ist, keinen Mut zum Selbstausdruck besitzt, sondern sich nur ängstlich gesellschaftlichen Vorstellungen anpasst, sich in unangemessene Größenvorstellungen oder regressive Haltungen eines paradiesischen Lebens in Unverantwortlichkeit zurückzieht.

Unser Ich-Erleben, das sich als das „Ich-Bin!“- Gefühl offenbart, ist, tiefer gesehen, die Selbstwahrnehmung des Selbst. Je gesünder und „stärker“ dieses Ich ist, desto besser kann es der Verwirklichung des transpersonalen Selbst dienen. Heute wissen wir, dass das Ich abzutöten – wenn dies überhaupt möglich wäre, ohne bewusstlos zu werden oder zu sterben – hieße, die Manifestationsmöglichkeiten des Selbst stark einzuschränken.

Der von uns immer so verteufelte Egoismus, diese Gier und Habsucht, diese Sinnlichkeit und Leidenschaft, dieser Hass und diese Rachsucht: Das sind kein bösartigen Taten unseres Ich, sondern verzweifelte Lebensäußerungen und Verwirklichungstendenzen unserer vitalsten Lebenskräfte, die noch keinen guten Ausdruck gefunden haben. Was wir negativ als „Egozentrismus", unser ewiges narzisstisches Kreisen um die eigene Besonderheit und Wichtigkeit erleben, ist oft genug der verzweifelte Ausdruck eines verunsicherten, verletzten Menschen, der bemüht ist, die Anerkennung und Bewunderung anderer Menschen zu finden. Es geht also nicht darum, unser „Ich" zu überwinden, sondern darum, diesen leidvollen, aus Unsicherheit und Angst geborenen „Egozentrismus" zu überwinden – und zwar durch Liebe zu uns selbst und unserem Inneren Kind.

> Sich selbst klein zu halten, dient nicht der Welt.
> Es liegt nichts Erleuchtendes darin, sich so klein zu machen, dass andere um dich herum sich nicht unsicher fühlen.
> Wir sind alle dazu bestimmt, zu leuchten wie es Kinder tun.
> Wir sind geboren worden, um den Glanz Gottes, der in uns ist, zu manifestieren.
> Er ist nicht nur in einigen von uns, er ist in jedem Einzelnen.
> Und wenn wir unser eigenes Licht scheinen lassen, geben wir unbewusst anderen Menschen die Erlaubnis, dasselbe zu tun.
> Wenn wir von unserer eigenen Angst befreit sind, befreit unsere Gegenwart automatisch andere.
>
> *Marianne Williamson*[73]

Zwischen Ich-Stärke, Selbst-Verwirklichung und Liebesfähigkeit besteht kein Widerspruch, sondern eine Wechselwirkung. Die Stärke des Ichs zeigt sich geradezu in seiner Fähigkeit zur Hingabe und zur Ich-Relativierung. Ich-Relativierung heißt hierbei aber nicht, seine eigenen Bedürfnisse hintenanzustellen oder Dinge tun zu müssen, die nichts mehr mit einem zu tun haben, gewissermaßen von außen aufdiktierte Verpflichtungen zu erfüllen. In dem Maße, in dem unser Ich gesünder, „kräftiger" ist, in dem Maße, in dem wir uns an uns selbst freuen können, stolz über uns und unsere Fähigkeiten sind, in dem Maße kann auch eine Ich-Relativierung stattfinden, die sich darin zeigt, dass wir immer mehr in der Lage sind, die Wirklichkeit unserer Existenz zu sehen und uns ihr hinzugeben. Durch das dadurch bedingte Zulassen des eigenen Selbst muss man immer mehr die Dinge tun, die einem wirklich entsprechen. Das Tun ist keine fremdbestimmte Pflicht, sondern ein innerer „Auftrag", ein Gar-nicht-anders-Können. Das Ich wird nicht zerstört oder unterdrückt, sondern es findet seine höchste Funktion und schöpferische Kraft, weil es seine unablösbare Verflechtung mit dem Selbst, seinem Körper, den Mitmenschen, der Umwelt und der Erde erfährt.

Wenn es uns gelingt, ganz einfach wir selbst zu sein und uns ganz hinter die Sache zu stellen, die uns am Herzen liegt, dann werden wir es – hinterher – an einer einfachen Sache merken: Wir haben nicht mehr an uns selbst gedacht. Wir sind so selbstverständlich wir selbst gewesen, dass wir uns selbst vergessen haben. Wir sind ganz in dem aufgegangen, was wir gerade getan oder erlebt haben. Wir sind eins mit uns und unserer Umwelt gewesen. Wir haben uns – unser Ich – nicht mehr als etwas erlebt, was uns im Wege steht, was wir absichern, verteidigen, rechtfertigen müssen. Die schöpferische Energie konnte jetzt ungehinderter dorthin fließen, wohin sie fließen wollte, da sie nicht mehr gebunden war durch unsere ängstlichen Vorstellungen von einem isolierten, getrennten Ich.

> Ich schritt auf Zehenspitzen,
> bedacht auf meine Person mit Wohlgerüchen und Putz –
> aber jetzt,
> da ein fröhlicher Wirbelwind mich überrannt in den Staub,
> lache ich und rolle am Boden zu deinen Füßen wie ein Kind.

Rabindranath Tagore[74]

Heroische Ekstase: Liebe, und tue, was du willst

Der Leitspruch von Augustinus: „Liebe, und tue, was du willst" ist natürlich so gemeint, dass man sich bei all seinem Tun von der Liebe leiten lassen soll. Er lässt sich zudem auch so verstehen, dass wir bei unseren Handlungen nicht nur das Wohl anderer Menschen immer mit berücksichtigen, sondern auch, dass wir mit einer liebevollen, lustvollen Haltung an unser Werk gehen. Das, was wir tun, sollten wir als unser eigenes Anliegen empfinden, als positive Herausforderung, als Möglichkeit des Übens und Lernens, als Ausdruck purer Freude an der Entwicklung unserer Fähigkeiten. Nur dann werden wir die Freude, die in unserem Handeln liegt, erfahren und genießen können.

Die heroische Ekstase gründet sich darauf, dass wir lernen, mit Leidenschaft und Beharrlichkeit das zu tun, was uns wichtig ist. Sie gründet sich darauf, dass wir es wagen, mit offenen Augen und Ohren, mit all unseren Sinnen und mit unserem ganzen Herzen an neue Situationen heranzugehen und uns immer wieder zu fragen: „Was ist denn das?“, „Wie kann ich das verstehen?“, „Wie fühlt sich das an?“, „Was kann ich Neues lernen und erfahren?“

Und sie gründet sich darauf, dass wir den Mut haben, Sicherheiten aufzugeben, die Angst, die mit jedem Neuanfang, mit jedem Überschreiten einer Grenze verbunden ist, auszuhalten und das Risiko des Scheiterns einzugehen.

Seien wir uns immer bewusst: Das Leben, die Natur und alles Lebendige in ihr sind ein einziges großes Wunder und Mysterium. Niemand ist in der Lage, ganz sicher zu wissen, was in einem bestimmten Augenblick das Richtige und das Beste ist. Das Leben und die Seele sind zu vielschichtig, als dass wir in irgendetwas sicher sein könnten. Sicherheit existiert nirgends. Alles ist ein ständiger Prozess der Entwicklung und des Wandels. Was heute gültig ist, ist morgen überholt. Mit diesem Faktor Ungewissheit müssen wir leben. Er macht das Dasein zu jenem spannenden Abenteuer, das wir vielleicht suchen. Nur weil es diese Ungewissheit gibt, kann es auch Entwicklung, Freiheit, Bewusstsein und Kreativität geben. Lassen wir uns deshalb nicht mehr verunsichern von Menschen, die uns sicher erscheinen. Diese Sicherheit ist nur vordergründig und meist sehr teuer erkauft. Ein Mensch, der nicht wagt, unsicher zu sein, zu fragen, auszuprobieren und Fehler zu machen, kann nicht lebendig und schöpferisch sein. Ein sicherer Mensch ist ein toter Mensch.

Wir lernen nur durch Versuch und Irrtum

> Die Großen gehen zum Ziel auf graden Gleisen,
> die Größten kommen ihm durch Irrtum nah;
> Die wollen ganz verkehrt nach Indien reisen
> und finden unterwegs Amerika.
>
> *Ludwig Fulda*[75]

Wenn wir uns in neue, unbekannte Situationen hineinwagen, kann es natürlich nicht ausbleiben, dass wir Fehler machen und in Konflikte und Auseinandersetzungen hineingeraten. In einem solch überaus komplexen Prozess wie dem Leben, in dem nichts starr ist, ist Fehlermachen nicht nur unvermeidlich, sondern sogar notwendig. Versuch und Irrtum sind naturgemäßer Grundbestandteil eines offenen, freien Lebens. Von den positiven Helden und Heldinnen können wir lernen, mit konfliktreichen Situationen umzugehen und selbst in ihnen noch eine Herausforderung zur Entwicklung und Entfaltung zu sehen. Das zentrale Motiv der Heldenreise ist nämlich der Helden- beziehungsweise der Drachenkampf.

Der Helden- oder Drachenkampf ist ein Bild für die äußeren Lebenskämpfe wie auch für die Auseinandersetzung mit seelischen Kräften, mit unseren Schattenseiten, archaischen Komplexen und Affekten, durch die in einem schöpferischen Prozess ein erweitertes Bewusstsein und neue Lebensenergien gewonnen werden können. Nach dem gelungenen Heldenkampf gewinnen Held oder Heldin einen Schatz (Gold, Königreich, Erkenntnis, Berühmtheit) und einen Partner, mit dem sie sich in Liebe verbinden und ein Kind zeugen. Psychologisch gedeutet bedeutet dieser Schatz die Entwicklung und Erweiterung unserer Persönlichkeit, die Entwicklung von mehr Selbst-Vertrauen und Identität, die Integration gegengeschlechtlicher Anteile in uns oder die allmählich Bewusstwerdung des inneren Selbst als unsere wahre Mitte.

So ist es auch mit den Konflikten und Auseinandersetzungen in unserem alltäglichen Leben: Wenn wir es wagen, in einem positiven

Sinne „konfliktfreudiger" zu werden, uns mutig in neue, noch unvertraute Situationen hineinzubegeben und immer wieder einen „Heldenkampf" zu führen, dann werden wir auch immer wieder einen „Schatz" finden: eine neue Erfahrung und Einsicht, ein Gefühl von wachsendem Selbstvertrauen und sicherer Identität, mehr Beziehungs- und Liebesfähigkeit. Streiten trennt nicht nur, sondern kann auch verbinden!

> Ja! diesem Sinne bin ich ganz ergeben,
> das ist der Weisheit letzter Schluss:
> Nur der verdient sich Freiheit wie das Leben,
> der täglich sie erobern muss.
>
> *Johann Wolfgang von Goethe*[76]

Flow – Glückselig im Handeln aufgehen

Das Heroische in uns ist nicht nur zur Bewältigung des alltäglichen Existenzkampfes notwendig, sondern strebt noch ein höheres Ziel an. Es strebt zur Selbst-Verwirklichung und zum ekstatischen Leben. So überrascht es eigentlich nicht, wenn sich viele wesentliche Aspekte des Heros-Prinzips in jenen charakteristischen Aspekten wieder finden, die der amerikanische Psychologe Mihaly Csikszentmihalyi in seiner Erforschung des Flow-Phänomens gefunden hat. Der von ihm geprägte Begriff „Flow" (engl. Fließen) ist eine Bezeichnung für das Gefühl scheinbar mühelos fließender Bewegung, das man haben kann, wenn man ganz in einer schöpferischen Handlung aufgeht.

Unter bestimmten günstigen Bedingungen werden Handeln und Bewusstsein eins. Das eigene Ichbewusstsein verschwindet, man ist nur noch mit allen Sinnen und allen Gedanken auf die Handlung und das Ziel ausgerichtet. Man ist so in die Tätigkeit vertieft, dass sie spontan und fast wie von selbst verläuft. Es ist eine glückselige Versunkenheit in das eigene Tun, obwohl es mit hohem Energieeinsatz und hoher Leistung verbunden sein kann.

Man hat eine veränderte Zeitwahrnehmung: ein Gefühl von Zeitlosigkeit, Ewigkeit, Gegenwärtigkeit oder auch ein Gefühl des sehr schnellen Verstreichens der Zeit mit dem Bedauern hinterher, dass es schon wieder vorbei ist. Die üblichen Grenzen des Selbsterlebens können dabei erweitert und ausgedehnt sein bis zu einem Erleben von Einheit und Verschmelzung mit der Situation, der Umwelt, den Mitmenschen zu einem großen, gemeinsamen Organismus. Ein Bergsteiger berichtet:

> Kein Ort, welcher in höherem Maße das Beste aus dem Menschen herausholt [...] als eine Klettersituation. Niemand hetzt dich, unter größten geistigen und körperlichen Anstrengungen den Gipfel zu erreichen [...]
> Deine Kameraden sind da, aber ihr fühlt ja alle dasselbe, ihr seid alle drin. [...] Ein solches Band zu anderen Menschen ist allein schon eine Ekstase.
>
> *Mihaly Csikszentmihalyi*[77]

Solche Aktivitäten, die Csikszentmihalyi „autotelisch“ nennt – das meint eine sich selbst genügende Aktivität, die ihr eigenes Ziel ist, die in sich selbst befriedigend, lohnend, motivierend ist – hat er besonders bei Künstlern, Sportlern (z. B. Bergsteigern, Tänzern, Schachspielern), Wissenschaftlern und Chirurgen untersucht. Sie treten aber auch bei ganz alltäglichen Handlungen auf (z. B. beim Lesen, beim Kochen, beim geselligen Zusammensein mit Freunden, bei Hobbys etc.), wenn bestimmte Bedingungen erfüllt sind.

Damit eine Handlung lustvoll wird und in einen Flowzustand übergehen kann, sollte sie eine gewisse Herausforderung an uns stellen, sie sollte ein Ziel haben und in gewissem Rahmen überschaubar und geordnet sein. Die Tiefe der konzentrierten Erfahrung hängt mit der Klarheit der Ziele und der unmittelbaren Rückmeldung zusammen, ob das Ziel erreicht werden kann. Wenn die Aufgabe zu leicht ist, dann langweilen wir uns, wenn sie zu schwer ist, blockiert uns die Versagensangst. Sie sollte von uns bestimmte Fähigkeiten fordern, über die wir verfügen und die wir im Laufe der Erfahrung weiterentwickeln. Die Tätigkeit sollte es uns ermöglichen, zu lernen und zu wachsen, fähiger und geschickter werden zu können.

Wenn sich diese Aspekte miteinander verbinden, dann können wir die schönsten Augenblicke unseres Lebens erleben. Wir erleben die tiefe Befriedigung, schöpferisch, wirksam und fähig zu sein. Hohe Konzentration, Sammlung und Selbstversunkenheit verbinden sich mit Engagement, Freude und beglückendem Erfolgserleben. In diesen Erfahrungen spüren wir, dass das Leben und unser Selbst, wenn sie sich frei zu entfalten vermögen, im Innersten Freude und Ekstase sind.

Momente des Glücks

Halten Sie bitte für einen kleinen Moment inne, entspannen Sie sich kurz, schließen Sie die Augen und versuchen Sie sich an Situationen in Ihrer Kindheit zu erinnern, in denen Sie besonders glücklich waren. Fühlen Sie jetzt bitte einen Moment nach ...

Sie werden wahrscheinlich entdecken, dass Sie sich an Situationen erinnert haben, in denen Sie in irgendeiner Weise sehr lebendig waren und Ihnen eine besondere Leistung gelungen ist. Es gibt wenig in unserer Kindheit, was uns so sehr beglückt, wie eine Aktivität oder Handlung, die uns gut gelungen ist und auf die wir stolz sind. Denken Sie beispielsweise an das ekstatische Gefühl, das Kinder haben können, wenn sie sich aufrichten und laufen lernen und die Welt erkunden können. Denken Sie daran, mit welcher ungeduldigen Begeisterung Kinder danach verlangen, etwas nachzuahmen und etwas selbst zu können, wie sehr sie im Spielen aufgehen können.

In solchen Situationen erleben wir die unbändige Freude am schöpferischen Tätigsein. Diese Freude verlieren wir leider im Verlauf unseres Lebens in dem Maße, in dem unsere Leistungen als richtig und falsch beurteilt werden, in dem Fehlermachen als schlecht und dumm angesehen und unser Selbstwertgefühl allein von der Erfüllung einer vorgeschriebenen Leistungsnorm abhängig gemacht wird. Nach einem vieljährigen Anti-Freude- und Anti-Kreativitäts-Training in den Schulen erleben wir unsere schöpferische Energie meist nur noch in Verbindung mit Scham, Minderwertigkeitsgefühlen und Versagensangst. Um sie zu befreien, können wir uns den Weg des Helden und der Heldin als Orientierung nehmen.

Die Helden und die Heldinnen repräsentieren nämlich, wie wir gesehen haben, die schöpferisch-ekstatischen Menschen, die wir gerne sein möchten. Sie leben unsere heimlichen Sehnsüchte und Träume. Sie tun das, was wir selten wagen. Sie haben den Mut, sich selbst, ihren Wünschen, Fantasien und eigenen Wertvorstellungen treu zu sein. Sie leben das Leben, anstatt vor ihm zu fliehen. Sie überwinden die tief sitzende Angst vor dem Unbekannten, Fremden und Neuen. Sie schlagen Wege ein, die wir fürchten, aber auch faszinierend finden: Wege in verborgene, tabuisierte, schwer zugängliche Seinsbereiche, handele es sich um ferne unbekannte Gegenden oder Galaxien, um unbekannte Wissensgebiete oder um die Unbewusstheit und Tiefe der eigenen Seele. Indem sie sich dabei weder von den furchtsamen Warnungen der anderen Menschen, noch von ihren eigenen Ängsten und Schuldgefühlen abhalten lassen, offen und lernbereit sind, Konflikte, Auseinandersetzungen, Frustrationen, Ablehnungen, Trennung und Einsamkeit auszuhalten vermögen, gewinnen sie neue Einsichten, erweitern ihr Bewusstsein und finden schöpferische Lösungen, die nicht nur für sie selbst, sondern auch für die Gesellschaft von verändernder Kraft sind. Ihr Weg ist der Weg der Kreativität, der schöpferischen Selbst-Verwirklichung.

Wenn Sie im Alltag ein wenig Ihre Lust am Heroischen testen wollen, können Sie ein wenig mit den folgenden Vorschlägen experimentieren. Aber bitte denken Sie daran: Machen Sie die Übungen nicht aus Leistungsdruck oder irgendeinem anderen stressigen Druck heraus, sondern aus purer Freude an der Entwicklung Ihrer heroischen Fähigkeiten und dem mutigen Offenwerden für neue Erfahrungen.

Anleitung zur heroischen Freude

- Eine Minute wohlwollende Achtsamkeit: Halten wir während des Tages immer wieder einmal kurz inne und versuchen wir dann, die darauf folgende Handlung für eine Minute lang ganz bewusst, mit ganzer Hingabe und so gut wie möglich durchzuführen. Lassen wir die Handlung zu unserer „Meisterleistung“ werden, so als wäre es die wichtigste Handlung, die wir gerade tun müssten. Versuchen wir dabei, die Freude zu genießen, die mit dieser bewussten Erfahrung verbunden ist.
- Eine Minute Zeit für den „Wahren Willen“: Machen wir während des Tages immer wieder einmal eine kurze Pause von zwei Minuten und fragen wir uns, was wir jetzt wirklich wollen und ob das, was wir jetzt tun, für uns „stimmt“. Wir brauchen uns für unsere Entscheidungen nicht zu rechtfertigen. Es reicht aus, dass wir es so wollen, wenn wir anderen damit nicht schaden (vgl. dazu auch die Übung S. 146).
- Eine Minute zur Stärkung der Willenskraft: Machen wir einmal oder mehrere Male am Tag für eine Minute lang Dinge, die wir am liebsten aufschieben würden oder zu denen wir gerade keine Lust haben. Verbinden wir das mit der wohlwollenden Achtsamkeit. Diskutieren wir nicht lange innerlich mit uns, sondern tun wir es einfach. Freuen wir uns darüber, einen kleinen Sieg über unseren inneren „Schweinehund“ und den Drachen unserer Trägheit gewonnen zu haben.
- Eine Minute Mut: Probieren wir einmal am Tag etwas Neues aus, was wir bisher noch nicht getan, gegessen, getrunken, gehört oder gesehen haben.
- Eine Minute Schattenarbeit: Wagen wir es einmal am Tag über unsere Fehler und Schwächen, über unsere Irrungen und Wirrungen zu sprechen, ohne dabei einem Anderen die Schuld zu geben oder sonst eine verschönernde Ausrede zu benutzen.
- Eine Minute Humor, mehrmals am Tag.

Heroische Meisterleistungen

In Situationen, in denen wir uns angegriffen fühlen (von äußeren oder auch von inneren „Gegnern") oder meinen, recht haben zu müssen, können wir folgende Strategien anwenden:

- Angst aushalten und entspannen: Lernen wir, konflikthafte Situationen etwas länger ruhig auszuhalten, als wir es gewöhnlich tun. Reagieren wir nicht gleich aufgebracht und verärgert, sondern entspannen, zentrieren wir uns, atmen wir tief ein und aus. Versuchen wir, unsere Angst und Aggression in Interesse umzuwandeln. Machen wir uns bewusst, dass wir jetzt eine gute Chance haben, unsere „heroischen" Fähigkeiten, Selbstsicherheit und Gelassenheit zu üben und dass wir hinterher stolz sein werden, wenn wir sie gemeistert haben.
- Übernehmen wir die Verantwortung für den Verlauf der Situation. Lassen wir uns weder von anderen Menschen noch von unseren eigenen Affekten aufzwingen, wie wir uns jetzt verhalten. Identifizieren wir uns deshalb nicht zu stark mit unseren Affekten, Ansichten und Überzeugungen. Gehen wir davon aus, dass wir in Streitfällen mindestens zu 50% der Fälle unrecht haben. Sollten die aufsteigenden Affekte und negativen Gedanken stark werden, können wir ihnen (leise oder laut) ein entschiedenes „Stop!" entgegensetzen.
- Setzen wir beim Anderen voraus, dass er wahrscheinlich einen berechtigten Grund für seine Position hat. Gehen wir von einer anständigen Gesinnung aus. Hinter vielen Vorwürfen, Anklagen und Streitereien ist die meist unbewusste Sehnsucht verborgen, anerkannt und geliebt zu werden. Machen wir uns klar, dass vieles, worüber wir uns ärgern, es eigentlich nicht wirklich wert ist, auf Missverständnissen oder auf der Projektion unserer eigenen Schattenseiten beruht.
- Signalisieren wir unsere Bereitschaft, den anderen Menschen und die aktuelle Situation besser verstehen zu wollen. Hören wir gut zu.

- Stellen wir Orientierungs- Verständnis- oder Vertiefungsfragen, z. B. „Ich glaube, ich verstehe noch nicht ganz richtig. Können Sie mir bitte noch einmal erklären, wie Sie das meinen?“ Wiederholen wir eventuell die „gegnerische“ Argumentation und überprüfen wir, ob wir sie richtig verstanden haben. In sehr vielen Fällen kommt es bereits hier zu einer Konfliktentschärfung.
- „Wie genau meinen Sie das?“, „Wer, was, wie, wo, wann und warum?“, „Woher wissen Sie das?“ und „Können Sie das beweisen?“ sind kriminalistische Grundfragen, mit denen wir falschen Behauptungen mutig entgegentreten können.
- Vertreten wir unsere Position ruhig und klar. Lernen wir, bei aller immer auch notwendigen Diplomatie, deutlich „Ja“ oder „Nein“ zu sagen. Teilen wir, wenn es angemessen ist, auch unsere Gefühle und Bedürfnisse mit. Was fühlen wir in dieser Situation und was hätten wir gerne?
- Vermeiden wir Verallgemeinerungen („Immer, dauernd, ständig, ewig, nie ...“), Rundumschläge, Schwarz-Weiß-Malerei. Sagen wir: „Ja, und ...“ statt „Ja, aber ...“.
- Zeigen wir unsere Bereitschaft, gemeinsam eine gute Lösung für den Konflikt zu finden.
- Wenn ein Fehler von unserer Seite vorliegt, stehen wir dazu, ohne irgendwelche Ausreden zu verwenden und tun wir die nötigen Schritte, um mögliche Schäden wieder gutzumachen.
- Lassen wir uns aber in unsicheren, affektiv hoch aufgeladenen Situationen niemals zu endgültigen Entscheidungen verleiten.
- Bleiben die Konflikte und Affekte unvermindert stark, gehen wir erst einmal auf Abstand. Bitten wir um eine „Kampfpause“. Gehen wir eine Stunde spazieren. Besprechen wir die Situation mit einem anderen unbeteiligten Menschen. Überschlafen wir die Sache oder warten wir drei Tage, drei Wochen oder drei Monate ab (Dreier-Regel).

Übung: Den „Wahren Willen" finden

Eine sehr direkte Methode, mit seinem „wahren Willen" in Berührung zu kommen, hat der Amerikaner E. T. Gendlin entwickelt und Focusing genannt.[78] Bei etwas Übung kann man sich, auch ohne eine entspannende Vorbereitung zu treffen, in jeder Situation auf eine Fragestellung oder ein Problem focussierend einstellen und eine rasche emotionale Reaktion aus dem Körper bzw. aus dem Selbst erhalten. Solange man mit dem Vorgehen noch nicht vertraut ist, ist es aber hilfreich, sich ausreichend Zeit zu lassen (ca. 20 Minuten).

Grundsätzlich kann man alles in den Fokus seiner Aufmerksamkeit stellen, was einem gerade wichtig ist: ein seelisches oder körperliches Symptom, ein belastendes unerklärliches Gefühl, eine künstlerische oder wissenschaftliche Frage, ein Traumsymbol, ein Alltags- oder Beziehungsproblem. Am Anfang ist es leichter, wenn man keine zu komplizierten oder zu unbewussten Probleme nimmt, sondern einfache Entscheidungsfragen stellt, z. B.: „Was will ich heute anziehen?" oder „Was will ich jetzt am liebsten essen?"

Wenn Sie bereits ein Entspannungsverfahren kennen oder eine Meditationshaltung gewöhnt sind, dann verwenden Sie ruhig diese als Einleitung. Wenn nicht, lesen Sie bitte zuerst die folgenden Schritte und üben Sie dann.

Suchen Sie sich einen Ort, an dem Sie ausreichend Ruhe haben und für etwa 20 Minuten ungestört sein können. Der Ort sollte für Sie angenehm sein, und Sie sollten sich wohlfühlen.

Setzen Sie sich oder legen Sie sich so, dass Sie sich ganz entspannt fühlen können. Es ist nicht wichtig, dass Sie eine besondere Körperhaltung einnehmen. Ihr wahres Selbst ist ohnehin ständig in Ihnen wirksam, ob Sie sitzen, gehen, liegen, schlafen oder wachen. Viel wichtiger ist, dass Sie sich so entspannen können, dass Sie mit Ihrem Herzen in Kontakt kommen und Sie sich seinen leisen Impulsen öffnen können.

Wenn Sie Ihre Ausgangshaltung eingenommen haben, überprüfen Sie noch einmal kurz, ob es auch wirklich bequem ist. Überprüfen Sie Ihr Gesicht, lockern Sie die Stirn, die Augenpartie, die

Kiefermuskulatur, lockern Sie die Schultern und atmen Sie einige Male etwas tiefer in den Bauch. Stellen Sie sich vor, dass beim Ausatmen eine Welle der Wärme und Entspannung erst durch Ihre Arme, dann durch Ihre Beine fließt. Mit jedem Ausatmen wird die Entspannung tiefer und tiefer. Sie lassen sich ganz los.

Wenn Sie den Eindruck haben, dass Sie zur Ruhe gekommen, Arme, Beine und der Körper entspannt sind und Sie sich wohlfühlen, dann lassen Sie sich von der Frage: „Was will ich eigentlich wirklich wirklich?" anmuten (die Verdoppelung des „wirklich" ist beabsichtigt, weil sie uns erinnern soll, nicht an der Oberfläche unserer Wünsche stehen zu bleiben).

1. Sich anmuten lassen

Lassen Sie diese Frage erst einmal in wohlwollender Achtsamkeit auf sich wirken, ohne ihr vorschnell eine bestimmte Richtung oder eine bestimmte Antwort zu geben. Dieses Offenbleiben ist anfangs etwas schwierig, weil wir dazu neigen, die Spannung, die sich aus der Ungelöstheit einer Frage ergibt, schnell überwinden zu wollen. Es ist aber ein wesentliches Merkmal des schöpferischen Prozesses, dass die frustrierende Unbestimmtheit, Widersprüchlichkeit und Unklarheit lange genug ausgehalten werden können.

Das gilt auch für das Focusing. Man lässt die Frage oder das Problem und ihr Umfeld, in dem sie stehen, einfach einige Zeit als Ganzes auf sich wirken, ohne gleich zergliedernd und analysierend in sie einzudringen. Das ist etwa so, als versuche man, die „Aura" eines Problems zu erfassen. Wenn wir uns auf diese Weise offen auf die Frage: „Was will ich eigentlich wirklich wirklich?" einstellen, stellt sich spontan oder auch erst nach einer Weile eine unbestimmte körperliche Empfindung, eine Art Spannung ein, die ein Ausdruck aller an dieser Frage beteiligten Stimmungen, Empfindungen, Gefühle und Intuitionen ist. Weil sie noch so vage und undeutlich ist, ist sie uns wahrscheinlich eher unangenehm. Gendlin nennt diesen Moment „felt sense", was so viel wie eine nur erst körperlich empfundene Bedeutung (besonders im Bereich des Bauch- und Brustraums) des Problems und der Antwort darauf meint.

2. Einfälle aufsteigen lassen

Erst wenn sich dieser „felt sense“ deutlich eingestellt hat, kann man zum nächsten Schritt übergehen, der eine Art freie, umkreisende Assoziation ist. Welche Gedanken, Gefühle und Bilder entsprechen diesem „felt sense“? Welche Begriffe, Eigenschaften, Symbole, Reaktionen (z. B. auch innere Stimmen) tauchen auf? Hier setzt also eine Art inneres Suchen nach dem treffenden Ausdruck ein, das wir alle kennen, wenn wir uns an irgendetwas erinnern wollen, oder etwas auszudrücken versuchen, das uns gewissermaßen auf der Zunge liegt. Wir probieren dann vielleicht verschiedene Worte oder Metaphern („das ist so ähnlich wie ...“) aus, bis wir irgendwann das Gefühl haben: „Ja, jetzt stimmt es, das ist es, was ich sagen wollte.“ Dieses Suchen nach dem passenden, ganzheitlichen Ausdruck nennt Gendlin „einen Griff finden“ (an dem sich das Problem handhaben, d. h. bewusst machen lässt).

3. Einsicht gewinnen

Wenn man durch ein ständiges inneres Hin- und Hergehen und Vergleichen zwischen dem körperlichen Grundgefühl, das sich auf die Frage „Was will ich eigentlich wirklich wirklich?“ eingestellt hat und den gefundenen Begriffen, Bildern und Einfällen eine Übereinstimmung erreicht hat, tritt spontan ein Gefühl der Erleichterung ein. Man atmet innerlich und äußerlich auf und freut sich, dass man „es“ gefunden hat; es ist ein „Aha!“-Erlebnis. Gendlin nennt es „shift“, was eine Art innere, körperseelische Bewegung meint, eine erleichternde Aufwärtsbewegung eines unbewussten Inhalts in die Bewusstwerdung hinein. Daraus entstehen Lust und Befriedigung, wie sie mit jeder schöpferischen Leistung im Kleinen wie im Großen verbunden ist. Jede neue Auseinandersetzung mit einer unklaren Situation, jede neue Beantwortung einer ungelösten Frage, jede Selbsterkenntnis und jede Bewusstmachung, und sei sie noch so klein, ist ein schöpferischer Akt.

4. Vertiefendes Focusieren

In vielen Fällen lohnt es sich sehr, das Focusieren weiter zu vertiefen, denn die erste Antwort, die wir erhalten haben, mag zwar in gewisser Hinsicht richtig und stimmig sein, aber bringt noch nicht wirklich unsere innersten Bedürfnisse zum Ausdruck. Wenn wir z. B. fragen: „Was will ich jetzt eigentlich wirklich wirklich?", während wir uns gerade in einer gereizten, aggressiven Stimmung befinden, könnte die spontane Antwort unseres Selbst sein: „Am liebsten würde ich jetzt alles kurz und klein schlagen."

Dann ist es zunächst wichtig, diese Antwort ernst zu nehmen, ihr eine Weile unsere Aufmerksamkeit zu schenken, sie vielleicht in der Fantasie voll auszuleben, bis wir sie ganz gespürt haben. Danken Sie ihrem Selbst, dass es ihnen auf diese Weise die Wahrheit über ihre momentane Befindlichkeit gezeigt hat. Gehen Sie davon aus, dass auch in solchen, manchmal negativ erscheinenden Reaktionen etwas für Sie sehr Hilfreiches und Positives enthalten ist.

Fragen Sie jetzt aber weiter und tiefer: „Was will ich eigentlich wirklich wirklich?", „Was will ich eigentlich wirklich damit erreichen, wenn ich jetzt alles kurz und klein schlage?" Wenden Sie auf diese Fragen wieder die oben genannten drei Schritte an. Es kann sein, dass jetzt noch eine weitere „negative" Antwort kommt. In der Regel aber werden Sie entdecken, dass jetzt eine „positive" Absicht, ein konstruktiver Wunsch zum Ausdruck kommt. Danken Sie wieder Ihrem Selbst, dass es Ihnen geholfen hat, Ihrem wahren Wollen näher zu kommen.[79]

5. Liebe und tue, was du willst

Fragen Sie sich nun, wie sich die von ihnen gefundene Antwort – Ihr „Wahrer Wille" – zu Ihrem Wohl verwirklichen lässt, ohne einem anderen Menschen zu schaden. Sie können sich die Verwirklichung erst einmal lebhaft in der Fantasie ausmalen, wobei Sie besonders einerseits auf ihre Gefühle der Lust und Freude achten, die Sie dabei empfinden und andererseits auf die voraussichtlichen Auswirkungen, die Ihr Verhalten auf Ihre Umwelt hat. Dann setzen Sie ihre Fantasie engagiert in die Realität um.

Die Gedanken sind frei!

Ich denke, was ich will
und was mich beglücket,
doch alles in der Still',
und wie es sich schicket.
Mein Wunsch und Begehren
kann niemand verwehren,
es bleibet dabei:
Die Gedanken sind frei!

Und sperrt man mich ein
im finsteren Kerker,
ich spotte der Pein
und menschlicher Werke;
denn meine Gedanken
zerreissen die Schranken
und Mauern entzwei:
Die Gedanken sind frei!

Drum will ich auf immer
den Sorgen entsagen,
und will mich auch nimmer
mit Grillen mehr plagen.
Man kann ja im Herzen
stets lachen und scherzen
und denken dabei:
Die Gedanken sind frei!

Hoffmann von Fallersleben[80]

Das Logos-Prinzip
Das Wunder des Bewusstseins

Ein klares, freies Bewusstsein zu haben, bewusst wahrnehmen, fühlen, fantasieren, denken und wollen zu können, ist die höchste und differenzierteste Fähigkeit, die das uns bisher bekannte Universum hervorgebracht hat.

Durch unser Bewusstsein wird sich die schöpferische Intelligenz des Lebens ihrer selbst bewusst. Das Leben kann sich mithilfe unseres Bewusstseins in seiner ganzen Größe und unbeschreiblichen Schönheit selbst erkennen und verwirklichen. Es ist das Ziel der Selbst-Verwirklichung und Lebenskunst, diesen Prozess der bewussten Erkenntnis zu fördern, indem wir offen, achtsam und lernbereit sind und uns um Verständnis, Erkenntnis und Weisheit bemühen.

- Bist Du Dir bewusst, dass Dein alltägliches Bewusstsein eines der größten Wunder der Evolution ist und dass sich das Universum durch Dich selbst zu erkennen vermag?
- Kannst du Dir erlauben, ganz frei zu denken, zu fühlen und zu fantasieren?
- Bist Du bereit, Deine Vorstellungen und Werte immer wieder neu zu überprüfen und nach dem zu leben, was Dich wirklich überzeugt?
- Kannst du es genießen, Dein Leben lang neugierig zu sein und zu lernen?
- Kannst Du Deiner Intuition, Deiner tiefsten Sehnsucht, Deiner inneren Stimme vertrauen?
- Bist Du bereit, Dich in Deiner Ganzheit zu erfahren, in den höchsten Bereichen des Lichtes und den tiefsten Bereichen des Schattens und zu entdecken, dass das ganze Universum sich in Dir abbildet?

Erkenne Dein wahres Selbst

In seinem berühmten Höhlengleichnis führt uns Platon eine Szenerie vor Augen, die uns modernen Menschen sehr vertraut ist durch unsere Erfahrungen mit Kino und Fernsehen. Gefangene sitzen in einer Höhle. Sie sitzen seit ihrer Jugend unbeweglich festgeschmiedet auf Bänken und können nur geradeaus auf eine Wand schauen. Hinter ihnen befindet sich eine Lichtquelle, ein Feuer. Vor dem Feuer laufen Personen vorbei und werden Gegenstände vorbeigetragen, deren Schatten wie im Kino nach vorne auf die Wand geworfen werden. Die Menschen in der Höhle glauben, die Schatten an der Wand seien die Wirklichkeit. Plato beschreibt dann, wie es einem Menschen erginge, der sich aus seinen Fesseln befreien und die Höhle verlassen könnte. Das Licht würde ihn blenden, und er müsste sich lange Zeit daran gewöhnen, die Dinge der wirklichen Welt wahrzunehmen. Schließlich könnte er aber dann die Sonne „selbst in ihrer Reinheit und in ihrer eigenen Region anblicken sowie ihr eigentliches Wesen“ erkennen.

Und Platon fragt: Wenn der Mensch, der sich aus der Höhle befreit und das wirkliche Leben im Licht der Sonne erfahren hat, nun an seinen Höhlenaufenthalt zurückdenkt und an seine Mitgefangenen, würde er sich nicht wegen seiner Veränderung glücklich preisen und jene bedauern? Würde er nicht „viel lieber als Tagelöhner bei einem anderen dürftigen Manne das Feld bestellen und eher alles in der Welt über sich ergehen lassen“, als wieder das Leben in der Höhle zu führen?[81]

Unser alltägliches Leben und unser alltägliches Bewusstsein gleichen in vielerlei Hinsicht der Situation der Menschen in Platons Höhlengleichnis: Wir leben in einem Zustand des Gefangenseins von unseren eigenen Glaubensvorstellungen, Meinungen und Überzeugungen. Wir leben in einer Welt niemals wirklich geklärter Projektionen, wir leben wie in einem Traum unsere Pflichten und alltäglichen Gewohnheiten und sind fest überzeugt, dass dies das eigentliche und wahre Leben sei.

Wir fragen selten danach, wer wir eigentlich wirklich sind, was das Leben in uns ist, was dieses „Es“ eigentlich ist, das diese ganze wundervolle Welt hervorbringt. Meist geht es uns mit unserem Bewusstsein ähnlich wie mit unserem Selbst und dem Wunder des Lebens: Wir wissen eigentlich nicht wirklich, dass wir es haben. Wir sind uns zwar unserer Wünsche, Bedürfnisse, Gedanken und Gefühle möglicherweise recht bewusst, aber wir spüren nicht, dass dies alles von Bewusstheit getragen ist. Bewusstheit erscheint uns wie selbstverständlich, sodass wir sie meist übersehen und auch gar nicht besonders schätzen.

> Die Tiere alle schuf der Gott zuerst, heißt es,
> und verliehen wurde dem einen Stärke,
> dem andern Schnelligkeit, wieder einem andern Flügel.
> Der Mensch aber stand nackt und bloß und sprach:
> „Mich allein hat er unbeschenkt gelassen!“
> Da sagte Zeus: „Du hast nur kein Empfinden für das,
> was dir verliehen ist, und hast dabei das Größte bekommen:
> dein Geschenk ist die Vernunft,
> die in der Menschen und der Götter Reich Kraft hat,
> stärker als das Starke und schneller als das Schnellste.“
> Da erkannte der Mensch, was ihm verliehen war,
> und betete an und dankte, bevor er sich entfernte.
>
> *Babrios*[82]

Wir sind uns paradoxerweise unserer Bewusstheit und unserer damit verbundenen Fähigkeit, Einsicht und Erkenntnis über uns selbst und die Dinge der Welt zu gewinnen, unbewusst. Wir interessieren uns für alle möglichen Inhalte, die in uns auftauchen, aber nicht für jene wundersame Fähigkeit, die alle Inhalte sonnengleich mit dem Licht des Bewusstseins erleuchtet.

Aber: Was wir als normales, waches, klares Bewusstsein erleben, ist eine mit nichts sonst auf der Welt vergleichbare Höchstleistung unseres Nervensystems. Wenn schon alles, was die Evolution hervorgebracht hat, erstaunlich genug ist, so ist doch diese Fähigkeit des

Organismus, sich seiner selbst bewusst zu werden, das größte Wunder überhaupt. Man muss sich nur vorstellen, dass jahrmillionenlang alles Leben und alle Entwicklung in einem unbewussten, vielleicht schlafähnlichen, vielleicht traumhaften, instinktiv gesteuerten Zustand ablief, dass die ganze Vielfalt und Schönheit des Lebens vorhanden war, ohne dass es jemand wirklich wach und bewusst erkannte.

Und dann kam irgendwann dieser ungeheure Entwicklungssprung, dass sich die Atome und Moleküle unseres Organismus so anordneten, dass Sprache, Denken und Selbst-Bewusstsein entstehen konnten! Bis heute wissen wir nicht, was Bewusstsein eigentlich ist und wie es zustande kommt, aber die Wissenschaft beginnt zu erkennen, dass das sich selbst bewusst werdende Ich den differenziertesten Aspekt der bisherigen evolutionären Entwicklung darstellt.

Moderne Neurophysiologen sind der Auffassung, dass das Gehirn das komplexeste und wundersamste Stück Materie im ganzen uns bisher bekannten Universum ist. Es lässt sich rechnerisch leicht zeigen, dass die mögliche Zahl der theoretischen Verbindungen, die von den vielleicht 100 Milliarden Nervenzellen geknüpft werden könnten, unendlich größer ist als die Zahl der Atome im ganzen Universum. Damit deutet sich auf der biologischen Ebene an, was die Mystiker schon immer ahnungsvoll sagten: Der Körper und der menschliche Geist ist ein Mikro-Kosmos im Makro-Kosmos, ein Abbild des Universums.

Unser Selbstbewusstsein – können wir hier überhaupt von „unser" sprechen? – ist jener Teil der Schöpfung, in dem das Universum zur Erfahrung seiner eigenen Natur kommt: „Ich bin, der Ich bin." Einem altem Weisheitsspruch entsprechend ließe sich formulieren: Die evolutionäre Energie des Universums existiert in der Materie, in den Pflanzen schläft sie, in den Tieren träumt sie, und im Menschen erwacht sie zu sich selbst. Damit kommen dem Bewusstsein des Menschen kosmos- und welt-schöpferische Funktion zu. Ohne ein Ich-Bewusstsein, das die Welt spiegelt und erlebt, existiert die Welt in gewissem Sinne überhaupt nicht. C. G. Jung beschreibt in seiner Autobiografie eine für ihn wegweisende Erfahrung, die er 1925 in Afrika machte.

> Auf einem niedrigen Hügel in dieser weiten Savanne erwartete uns eine Aussicht sondergleichen. Bis an den fernsten Horizont sahen wir riesige Tierherden [...]
> Langsam strömend, grasend, die Köpfe nickend, bewegten sich die Herden – kaum dass man den melancholischen Laut eines Raubvogels vernahm. Es war die Stille des ewigen Anfangs, die Welt, wie sie schon immer gewesen, im Zustand des Nicht-Seins; denn bis vor Kurzem war niemand vorhanden, der wusste, dass es „diese Welt" war. Ich entfernte mich von meinen Begleitern, bis ich sie nicht mehr sah und das Gefühl hatte, allein zu sein.
> Da war ich nun der erste Mensch, der erkannte, dass dies die Welt war und sie durch sein Wissen in diesem Augenblick erst wirklich erschaffen hatte.
> Hier wurde mir die kosmische Bedeutung des Bewusstseins überwältigend klar. [...]
> Der Mensch ist unerlässlich zur Vollendung der Schöpfung, ja er ist der zweite Weltschöpfer selber, welcher der Welt erst das objektive Sein gibt, ohne das sie ungehört, ungesehen, lautlos fressend, gebärend, sterbend, köpfenickend durch hunderte von Jahrmillionen in der tiefsten Nacht des Nicht-Seins hin ablaufen würde. Menschliches Bewusstsein erst hat objektives Sein und den Sinn geschaffen, und dadurch hat der Mensch seine im großen Seinsprozess unerlässliche Stellung gefunden.[83]

Ähnliches hatte auch schon der Theologe Pierre Teilhard de Chardin[84] formuliert. Er versuchte, den christlichen Glauben mit der Evolution zu verbinden. Der Motor der Evolution war für ihn die Liebe. Diese Liebe, die das letzte Ziel, die organische Einheit alles

Seienden, bereits handelnd und leidend vorwegnimmt, war für ihn in Jesus Christus verwirklicht und das Ziel der Evolution sah er im Erreichen des Punktes Omega, dem „kosmischen Christus". Er erkannte auch, dass die Evolution sich in sich selbst reflektiert, sich über sich selbst bewusst wird und gelangte schließlich zu dem ganz modernen Standpunkt, dass der Mensch aktiv in die Evolution eintreten könne, um sie zu beschleunigen.

Auch moderne Wissenschaftler greifen diese Erkenntnis inzwischen auf. Der amerikanische Astrophysiker Swimme beispielsweise schreibt:

> Das Universum ist ununterbrochen dabei, sich zu entfalten, und fährt stetig fort, sich durch das menschliche Bewusstsein seiner selbst offenbar zu werden [...]
> Der Mensch bietet den Raum, in dem das Universum seine überwältigende Schönheit empfinden kann.
> Denk dir das folgendermaßen: Vor der Ankunft des Menschen waren die Erde und das Universum schon grandiose Wirklichkeit. Es gab jedoch noch nichts, was diese Herrlichkeit in all ihrer Tiefe empfinden und würdigen konnte. Durch uns ist einiges im Universum imstande, sich erleben zu lassen [...]
> Im Innersten des Menschen erbebt das Universum vor Staunen über all diese Wunder [...][85]

Uns ist die große Aufgabe, in die uns der evolutionäre Prozess hineingestellt hat, noch längst nicht wirklich bewusst. Würde sie uns bewusst, könnte ein neues wahres „goldenes Zeitalter", ein wahres lebens- und menschenwürdiges Zeitalter beginnen, denn dann würden wir endlich damit anfangen, Verantwortung und Liebe für unser gemeinsames Leben auf unserer Erde zu entwickeln und unsere ganze schöpferische Energie der Förderung des evolutionären Prozesses zu widmen.

Stufen des Bewusstseins

Verschiedene Forscher – z. B. Jean Gebser[86], Erich Neumann[87], Willy Obrist[88] und Ken Wilber[89] – haben versucht, unter Berücksichtigung der Erkenntnisse der Ethnologie, der vergleichenden Religionswissenschaft, der Entwicklungspsychologie und der Tiefenpsychologie, bestimmte Aspekte des menschlichen Bewusstseins und die Stadien seiner Entwicklung zu beschreiben. Im Wesentlichen werden dabei vier Stadien unterschieden:

- die Ebene eines archaischen Welt- und Selbsterlebens
- die Ebene eines magisch-mythischen Welt- und Selbsterlebens
- die Ebene eines mental-rationalen Welt- und Selbsterlebens
- die Ebene eines transpersonal-integralen Welt- und Selbsterlebens

Das archaische Bewusstsein

Auf der Ebene eines archaisch-unbewussten Welt- und Selbsterlebens gibt es noch keine deutliche Unterscheidung zwischen Ich und Welt, Ich und Du, Innen und Außen. Dementsprechend gibt es auch kein abgegrenztes Ich, das sich einem anderen Objekt gegenüber als „Ich" empfinden könnte, vielmehr besteht eine Art Einheits- und Verschmelzungszustand, der in der psychologischen Literatur als Symbiose oder Dualunion beschrieben wird. Wir können über solche Zustände nur relativ wenig aussagen, weil sie „präverbal" sind und sich einer sprachlichen Formulierung, die immer auf unterscheidbaren Polaritäten beruht, entziehen.

Das magisch-mythische Bewusstsein

Auf der nächsten Ebene der Bewusstseinsentwicklung, dem magisch-mythischen Bewusstsein, beginnen die ersten polarisierenden Unterscheidungen, z. B. zwischen Subjekt und Objekt, zwischen Ich und Welt. Allerdings wird diese Unterscheidung durch zahlreiche Projektionen, Ängste, Fantasien, Wünsche, Idealismen, Sehnsüchte erschwert, durch die das Erleben der Innen- und Außenwelt immer wieder miteinander verschmelzen.

Zum einen gelingt es dem magisch erlebenden Menschen nicht, bestimmte Seiten seines Wesens als zu sich gehörig zu erkennen. Dabei kann es sich um tabuisierte, angstbesetzte Eigenschaften von ihm handeln oder auch um starke Affekte und Triebe, die so autonom sind, dass er sie nicht genügend kontrollieren kann. Diese (noch) nicht integrierten oder abgespaltenen Seiten erscheinen ihm als Wesenheiten, Dämonen, Gottheiten, die sich seiner bemächtigen.

Zum anderen aber erlebt er bestimmte Vorgänge seiner Umwelt nicht als von ihm unabhängig und autonom, sondern als auf ihn bezogen. Er verfällt immer wieder in einen „egozentrischen" Standpunkt. Er erklärt sich den Ursprung der Dinge nach menschlichem Maßstab, so wie er selbst die Dinge macht. Er stattet die Gegenstände seiner Umwelt mit menschlichen Eigenschaften wie Trieben, Gefühlen und Willenshandlungen aus und glaubt, diese auch auf magische Weise z. B. mit Wünschen, Gebeten und Zauberformeln beeinflussen zu können.

Es ist vermutlich ein Irrtum, anzunehmen, dass sich der magische Mensch geborgener und sicherer als der moderne Mensch gefühlt habe. Das Gegenteil ist wahrscheinlich der Fall. Der magische Mensch war nicht nur einer Vielzahl äußerer Gefährdungen wesentlich mehr ausgesetzt, sondern fühlte sich auch aufgrund zahlreicher unbewusster seelischer Mächte, denen er in der Projektion nach außen begegnete, verfolgt und bedroht. Die Vielzahl der angsterfüllten magischen Beschwichtigungs- und Abwehrrituale, die er den Gottheiten und Dämonen gegenüber zu vollziehen hatte, spricht dafür. Wie schwierig und mühsam es ist, die magisch-mythische Bewusstseinsebene zu verlassen, erfährt jeder, der versucht, seine eigenen religiösen Glaubensüberzeugungen zu hinterfragen – die in der Regel einem magisch-mythischen Vorstellungssystem entstammen – oder der versucht, sich selbst und seine eigenen Projektionen bewusst wahrzunehmen.

Bei Streitereien und Auseinandersetzungen beispielsweise haben wir doch ganz zwingend den Eindruck, dass es im Grunde am anderen läge, dass der andere Mensch „schuld“ an der Sache ist. Die unbewusste Überzeugung „Wenn alle Menschen so wären wie ich, dann wäre die Welt in Ordnung“ bleibt bei den meisten Menschen ihr Leben lang hartnäckig bestehen. Der eigene Standpunkt wird in der Regel als der richtige und gute und der fremde als der falsche und schlechte angesehen. Wir können kaum erkennen, wir relativ unsere eigene Meinung ist. Viele Kriege werden auch heute noch geführt, weil wir unser eigenes Böses im anderen Menschen vermuten, der anderes Aussehen, eine andere Kultur, eine andere Sprache und einen anderen Glauben hat und schon allein von daher bedrohlich, feindlich oder „schlecht“ sein muss.

Das mental-rationale-Bewusstsein

Historisch und entwicklungsmäßig gesehen war es deshalb ein immenser Fortschritt für die Menschheit, sich allmählich aus dem magischen Denken mit all seinen Vorurteilen, dem Aberglauben, der Machtausübung und Gewalttätigkeit, der Angst und dem Zwang befreien zu können und sich an den Prinzipien der Vernunft, Logik und der objektiven Überprüfbarkeit zu orientieren. Erst die Fähigkeit, einen distanzierten Standpunkt einnehmen zu können, ermöglichte die Konstituierung der Menschenrechte, dem höchsten verbindlichen moralischen Wertesystem, über das wir heute verfügen. Sie ermöglichte die Entwicklung der Wissenschaften, die in gewisser Hinsicht eine ideale Institution sein könnten, weil sie international und überkonfessionell angelegt ist und sich der Freiheit und Objektivität des Denkens und dem Wohl der Menschheit verpflichtet fühlt.

Die Entwicklung des rationalen, abstrakten und damit von emotionalen, allzu subjektiven Einflüssen relativ unabhängigen Denkens ist eine ungeheure evolutionäre Errungenschaft, die den Menschen erst wirklich zum Menschen macht. Die Fähigkeit des objektiven Denkens ist die Grundlage von Weisheit, Gerechtigkeit und Toleranz. Überall dort, wo sie nicht vorhanden ist, herrschen Angst, Zwang, Gewalt. Ein menschliches Verhalten, das überwiegend auf Gefühlen oder Intuitionen aufbaut, kann leicht zu einer chaotischen, ungerechten und unmenschlichen Welt führen. Nach subjektiven Gefühlen zu leben bedeutet keineswegs automatisch Humanität, Friedfertigkeit, Freiheit, Gleichheit, Gerechtigkeit und Toleranz.

Wenn vielerorts die wissenschaftliche Aufklärung kritisiert wird, wird vergessen, aus welchen tiefen menschlichen und sozialen Notzuständen das Bedürfnis nach Objektivität heraus entstanden ist. Auch trägt nicht das wissenschaftliche Denken Schuld an den Missständen unserer Zeit. Es sind die Menschen, die noch nicht zu wirklich wissenschaftlichem Denken erwachsen sind, sondern unter dem Deckmantel wissenschaftlichen Denkens ihren unbewussten Machtbedürfnissen und ihren subjektiven Ideologien folgen. Und es sind die Menschen, die noch nicht zu einem transpersonal-integrativen Bewusstsein fähig sind. Ein solches Bewusstsein vermag das wissenschaftliche Denken und das Logos-Prinzip mit den anderen Prinzipien, insbesondere denen des Eros und des Bios zu verbinden.

Ein wirklich objektives Denken wäre gekennzeichnet durch das ständige unablässige Bemühen, das eigene Wesen und die Welt, so wie sie wirklich sind, besser zu verstehen. Dazu gehört die dauernde Bereitschaft, eigene Einstellungen und Vorstellungen infrage zu stellen, sie mit den Erfahrungen anderer Menschen zu vergleichen, zu überprüfen, sie zu modifizieren und zu erweitern.

Das transpersonal-integrale Bewusstsein

Die ersten beiden Ebenen der Bewusstseinsentwicklung sind in etwa der Ausgangssituation in Platons Höhlengleichnis vergleichbar: Wir sind gefesselt von den Bildern und Projektionen auf der Leinwand des Lebens und sind uns keiner anderen Lebensform bewusst (archaisches Bewusstsein). Dann beginnen wir, die einzelnen Schattengestalten an der Wand zu unterscheiden, geben ihnen Namen und machen uns Gedanken über ihr woher und wohin. Aber wir erkennen kaum ihre psychische Natur. Wir wissen noch nichts davon, dass die Schatten an der Wand zum Teil die Abbilder unserer eigenen Persönlichkeitsanteile sind (magisch-mythisches Bewusstsein).

Wenn wir uns von den Fesseln befreien und nach hinten schauen, beginnen wir, die Lichtquelle (die Energie unserer Seele) hinter uns als die eigentliche Ursache der Schatten an der Wand zu verstehen. Wir gewinnen allmählich einen objektiveren Eindruck von der Wirklichkeit der Seele und der Welt (rational-mentales Bewusstsein). Wir beginnen auch zu erahnen, dass diese Lichtquelle etwas mit uns zu tun hat. Wir entdecken, dass unsere Welt- und Selbstwahrnehmung mit unserem eigenen Bewusstsein, mit unseren eigenen Einstellungen, Werten und Überzeugungen zu tun hat.

Wenn wir diesen Prozess der Selbsterkenntnis und Bewusstseinserweiterung weiter fortsetzen, treten wir allmählich auch aus der Höhle heraus und erkennen zuerst nur dunkel, dann aber immer klarer, die Sonne als die wirkliche Quelle alles Bewusstseins und Lebens. Wir erahnen unsere wirkliche, wenn auch weitgehend unbekannt bleibende Natur, die hinter allem wirkt (vgl. Mystos-Prinzip). Wir erkennen das Wunder unseres Daseins, des Lebens, der Liebe, der schöpferischen Potenz, das Wunder unseres Bewusstseins und unseres inneren Selbst, das uns alle diese unglaublichen Erfahrungsdimensionen ermöglicht.

Selbsterkenntnis – die Erkenntnis des Selbst

Auf dem Weg zur bewussten Erfahrung der Ganzheit unseres Selbst helfen die zwei uns bereits bekannten Fragen: „Was will ich wirklich wirklich?“ und „Wer bin ich wirklich wirklich?“ Die Verdoppelung des „wirklich“ ist, wie bereits gesagt, beabsichtigt, weil sie uns erinnern soll, nicht an der Oberfläche stehen zu bleiben, sondern bis zum Kern hin zu fragen.

Diese beiden einfach und naiv klingenden Fragen können uns tatsächlich unmittelbar und direkt ins Zentrum des eigenen Wesens führen. Allerdings haben die beiden Fragen, obwohl sie letzten Endes in die gleiche Erfahrung des Selbst münden, zunächst eine etwas andere Zielrichtung. Die erste Frage entspricht mehr dem westlichen Weg der Selbsterfahrung, es ist mehr das Handeln und die Zukunft angesprochen. Sie ist aktiv und richtet sich an das schöpferische Potenzial des Selbst in uns und wie wir es verwirklichen können. Wir haben diese Frage in der letzten Übung „Liebe und tue, was du wirklich willst" näher beschrieben.

Die zweite Frage „Wer bin ich wirklich wirklich?" ist introspektiver Natur, sie fragt nach dem wirklichen Wesen und Sein, sie entspricht mehr dem östlichen Weg der Selbst-Erfahrung. Beide Fragen ergänzen sich, sie spiegeln die zwei Seiten unseres Selbst: die Wandlungs-Qualität und die Seins-Qualität. Wenn wir die Wandlungs-Qualität überbetonen, dann glauben wir vielleicht, mir müssten uns ständig auf einen irgendwie idealen, ganzheitlichen, in ferner Zukunft liegenden Reifezustand hinbewegen. Wir übersehen dann vielleicht, dass schon hier und jetzt das Wunder des Lebens und der Ganzheit erblüht und von uns in seiner ganzen Schönheit gesehen werden will.

Wenn wir die reine Seins-Qualität des Selbst überbetonen, dann kann uns das leicht zu einer welt- und entwicklungsfeindlichen Haltung verführen: Wir „ruhen" dann im Sein des gegenwärtigen Augenblicks, aber wir bewegen und leben nicht mehr richtig, wir bleiben in einer neutralen Distanz.

Persona und Schatten-Integration

Der Weg der Befreiung und der Selbst-Findung beginnt beim westlichen Menschen meist damit, dass er durch eine Krise, eine Trennung oder ein längeres Leiden dazu gebracht wird, sich über sich selbst und sein Leben Gedanken zu machen. Wenn wir uns dann einem Prozess der Selbsterkenntnis unterziehen und uns beständig fragen: „Warum tue ich das eigentlich wirklich?" und „Was will ich eigentlich wirklich wirklich?" dann werden wir in der Regel als Erstes mit dem Problem unserer Selbstentfremdung, unserer Fassadenhaftigkeit und Unechtheit konfrontiert, mit all dem, was wir bemüht sind, nach außen darzustellen, aber nicht wirklich sind.

Wir spüren den Druck der sozialen und kulturellen Anpassung, der fremden Normen und der erziehungsbedingten Zwänge, die wir in uns tragen und wir wagen kaum, unsere dahinterstehende Person zu spüren oder auszufantasieren.

Fragen wir weiter und tiefer, dann kommen wir als Nächstes in Berührung mit unserem „persönlichen" Unbewussten, insbesondere auch mit unseren Schattenaspekten. Wir begegnen hier unseren Scham-, Schuld- und Minderwertigkeitskomplexen, und oft auch sehr eigenartigen, peinlichen, uns fremd und vielleicht sogar abartig erscheinenden Fantasien, Bedürfnissen und Gefühlen, die uns Angst machen. Wir dürfen uns nicht von ihnen abschrecken lassen, sondern sollten versuchen zu verstehen, dass sich auch in diesen merkwürdigen, bizarren und „verrückten" Bildern unser ungelebtes Leben offenbart, auch wenn wir sie oft nicht verstehen können.

Unsere Schattenaspekte projizieren wir sehr oft auf andere Menschen. Als Faustregel kann gelten: Was uns informiert, haben wir integriert, was uns affiziert (beeindruckt, reizt, erregt, aufregt, ärgert), ist ein Schattenthema von uns. Mit anderen Worten: Vieles, was mich am anderen Menschen stört, was ich an ihm kritisiere, was mir an ihm nicht gefällt, hat in irgendeiner Weise mit mir, meinen eigenen Anteilen, meinen eigenen Ängsten, Bedürfnissen, Wünschen und Konflikten zu tun. Auch positive Seiten kann ich auf andere Menschen projizieren und lieben. Hier handelt es sich oft um Seiten, die ich auch in mir trage und die mich mit dem anderen Menschen verbinden.

Diese Faust-Regel ist für alltägliche Standardsituationen gedacht. Natürlich gibt es auch Ärgernisse, Boshaftigkeiten, Gemeinheiten, Gewalttätigkeit und Grausamkeit, die von außen kommen, die uns berechtigterweise aufregen und die nicht unbedingt etwas mit unserem eigenen Schatten zu tun haben. Aber selbst in solchen Situationen lässt sich manchmal entdecken, dass wir dennoch irgendwie Anteil daran hatten, indem wir die Situation zugelassen oder heimlich sogar mitprovoziert haben und eine gewisse Schadenfreude und Genugtuung daran verspüren. Davon leben unsere schlechten

Nachrichten, die wir in den Medien nicht ungern verfolgen. Neben unserem persönlichen Schatten haben wir auch so etwas wie den kollektiven Schatten in uns, der alles enthält, was es an Bösem in der Welt gibt. Die Begegnung mit diesem Schatten in der eigenen Tiefe ist allerdings nur etwas für ganz mutige und unerschrockene Menschen.

Die Rücknahme der Schattenprojektionen fasst Ken Wilber in einem 3-2-1-Prozess[87] zusammen (der natürlich die schwierige Arbeit der Projektionsrücknahme sehr verkürzt darstellt).

3: Man konfrontiert sich mit dem Schattenaspekt, der einem zunächst Außen, beim anderen Menschen, auffällt oder der einem z. B. im Traum begegnet. Man macht sich bewusst, was einen stört oder ärgert.

2: Man tritt in einen Dialog mit ihm ein und versucht alles über ihn und seine Werte und Einstellungen zu erfahren; man spricht mit ihm und sagt ihm, was man über ihn denkt und hört auch auf dessen Argumente und Emotionen.

1: Man eignet sich diese Anteile an, man macht sich bewusst, dass es sich um eigene Seiten, Wünsche und Affekte handelt und steht zu ihnen.

Wenn wir mutig und ehrlich alles wahrnehmen, wovor wir bisher Angst hatten, wie unsere Durchschnittlichkeit und Unterdurchschnittlichkeit, unsere Triebe und Begehrlichkeiten, unsere Illusionen, unsere Fehler und Mängel, unseren Egoismus, unseren Neid, unsere Missgunst, unsere Gier, unsere Feinseligkeit, Boshaftigkeit und Hässlichkeit, unsere Gewalt, unseren Schmerz und unser Leid, unsere Gebrechlichkeit und Sterblichkeit und die damit verbundene starke Verunsicherung aushalten, dann können wir allmählich Frieden mit uns selbst schließen.

Ein Großteil unserer jahrzehntelangen inneren Konflikte und unserer aussichtslosen Kämpfe, die wir gegen uns selbst führen, kann dann endlich aufhören. Damit können sich aber auch viele Ängste und Verkrampfungen lösen. Indem wir nicht mehr gegen uns selbst kämpfen, brauchen wir auch nicht mehr so viel gegen andere Menschen zu kämpfen. Wir müssen uns nicht mehr so viel verteidigen und rechtfertigen. Wir können unser Ich vergessen und uns auf das Leben selbst konzentrieren. Die seelische Energie, die wir in die Abwehr des Schattens und der zwanghaften Aufrechterhaltung unserer Maskeraden investiert hatten, wird frei und kann nun unserer Lebensfreude und Kreativität zufließen.

> Wenn man sich jemanden vorstellt, der tapfer genug ist, diese Projektionen allesamt zurückzuziehen, dann ergibt sich ein Individuum, das sich eines beträchtlichen Schattens bewusst ist. Ein solcher Mensch hat sich neue Probleme und Konflikte aufgeladen. Er ist sich selbst eine ernste Aufgabe geworden, da er jetzt nicht mehr sagen kann, dass die Anderen dies oder jenes tun, dass sie im Fehler sind, und dass man gegen sie kämpfen muss. Er lebt in dem „Hause der Selbstbesinnung", der inneren Sammlung. Solch ein Mensch weiß, dass, was immer in der Welt verkehrt ist, auch in ihm selber ist, und wenn er nur lernt, mit seinem eigenen Schatten fertig zu werden, dann hat er etwas Wirkliches für die Welt getan. Es ist ihm dann gelungen, wenigstens einen allerkleinsten Teil der ungelösten riesenhaften Fragen unserer Tage zu beantworten.
>
> *C. G. Jung*[91]

Auch unser „Inneres Kind", das hinter so viel anstrengendem Erwachsen- und Vernünftig-Sein-Müssen, so viel Ernsthaftigkeit und Beherrschung ganz in Vergessenheit geraten war, kann wieder lebendig werden. Ebenso können wir nun Seiten in uns zulassen, die nicht den herrschenden Rollenerwartungen, wie wir als Mann oder Frau zu sein haben, entsprechen. Wir lernen, „männliche" und „weibliche" Seiten in dem uns entsprechenden Maße zuzulassen und zu entwickeln.

In diesem Bewusstwerden und Verwirklichen unserer unbewussten Seiten und wirklichen Wünsche können wir uns von dem früheren Druck gesellschaftlicher Erwartungen und den Meinungen anderer Menschen allmählich lösen und wagen es immer mehr, uns selbst zu bestimmen. Wenn wir unsere Einsichten dann auch wirklich ins Leben umsetzen, gewinnen wir mehr Freiheit, mehr Lebendigkeit, Kreativität, Selbstvertrauen und Beziehungsfähigkeit.

Aber die tiefere, kosmische Dimension unserer menschlichen Existenz haben wir damit vielleicht noch nicht wirklich erfahren. Wir sind reifer und erwachsener geworden, aber wissen vielleicht noch nichts von unserer transpersonalen Natur. Denn wenn die Fragen „Wer bin ich wirklich wirklich?" und „Was will ich wirklich wirklich?" konsequent weitergefragt und weitergefühlt werden, dann zeigt sich unweigerlich, dass unser „persönliches" Ich nur ein kleiner Teil unserer Seele ist.

Das kosmische Wunder des „Ich-bin-der-ich-bin"

Gewohnheitsmäßig bilden wir uns ein, wir wüssten, wer wir sind. Wir haben den Eindruck, wir – der Teil von uns, den wir mit „Ich" bezeichnen – seien es, der denken, fühlen und wollen würde. Das kommt uns so selbstverständlich und vertraut vor, dass wir jemanden, der etwas anderes behauptet, für verrückt halten würden. Wie die Gefangenen in der Höhle Platons identifizieren wir uns mit den auf der Projektionsfläche unseres Bewusstseins ablaufenden Gedanken, Gefühlen, Empfindungen und Fantasien und denken, das sei alles, was wir sind.

Wenn wir aber aufmerksam auf unsere inneren Vorgänge achten, können wir bemerken, dass unsere Stimmungen und Gefühle, Gedanken und Einfälle, Träume, Wünsche und Bedürfnisse in der Regel nur wenig unserem bewussten Wollen unterstehen. Sie werden nur in ganz seltenen Fällen, wenn überhaupt jemals, von unserem Ich-Bewusstsein aktiv hervorgerufen. Sie kommen und gehen auf ihre eigene Weise, sie tauchen auf und verschwinden, und wir wissen eigentlich nicht, woher und wohin. Niemand von uns weiß, was er eigentlich macht, wenn er fühlt, nachdenkt, fantasiert oder irgendetwas will, und niemand von uns kann sicher wissen, was er in den nächsten Minuten fühlen, denken, fantasieren oder wollen wird. Wie können wir also nur glauben, wir wüssten, wer wir sind, und wir hätten uns „voll im Griff?"

So unannehmbar es uns auch zunächst erscheint: Der überwiegende Teil unseres persönlichen Daseins und Erlebens wird organisiert und gesteuert von den sehr weisen und intelligenten Vorgängen des inneren Selbst, die uns weitgehend unbekannt sind. Wir sind nicht die, die wir bei oberflächlichem Hinsehen zu sein scheinen.

> Das Individuum ist eine Öffnung, durch die die ganze Energie des Universums sich ihrer selbst bewusst wird – ein Wirbel von Schwingungen, durch den sie sich selbst verwirklicht als Mensch, Tier, Blume oder Stern [...]
>
> *Alan Watts*[92]

Da uns das transpersonale Selbst ja aus den beschriebenen Gründen weitgehend verborgen ist, fällt es uns schwer, seine Existenz anzuerkennen. Folgende Überlegungen können uns dabei etwas helfen, wenn wir uns intensiv auf sie einlassen.

Wer war das und wer ist das?

Jahrmilliarden hat das Universum gebraucht, um die Erde hervorzubringen. ***Waren wir mit unserem bewussten Ich dabei, und haben wir das alles bewusst gemacht?***

Nein!

Jahrmilliarden von Versuchen und Irrtümern hat das Universum gebraucht, die Lebewesen hervorzubringen. ***Waren wir mit unserem bewussten Ich dabei, und haben wir das alles bewusst gemacht?***

Nein!

Jahrmillionen hat das Leben gebraucht, um aus den Einzellern die unvorstellbare Vielfalt an Lebensarten hervorzubringen.

Waren wir mit unserem bewussten Ich dabei, und haben wir das alles bewusst gemacht?

Nein!

Jahrmillionen an Freuden und Leiden, an Hoffnung und Verzweiflung, an Lust und Angst, an Geborenwerden und Sterbenmüssen, an Fressen und Gefressenwerden hat es bedurft, bis ein menschlicher Organismus gebildet war. ***Waren wir mit unserem bewussten Ich dabei, und haben wir das alles bewusst gemacht?***

Nein!

An jeder Stelle der Entwicklung des Universums hätte die in ihm waltende schöpferische Energie haltmachen können, sie hätte auf der Ebene der Atome und Moleküle stehen bleiben können oder auf der Ebene der verdichteten Materie, auf der Ebene der Elemente Feuer, Wasser, Luft und Erde, auf der Ebene der Einzeller, auf der Ebene der Pflanzen.

Aber sie hat nicht haltgemacht. Etwas in diesem Prozess schien sich nicht aufhalten lassen zu wollen, etwas scheint sich mit unendlicher Beharrlichkeit durch alle diese Ebenen durchgerungen zu haben, bis es sich im menschlichen Organismus fand, wo es weiter nach Ausgestaltung drängt und vermutlich noch kein Ende gefunden hat. ***War dieses Etwas unser bewusstes Ich?***

Nein!

Dieses Etwas, dieses „Es" – nennen wir es Energie, Leben, Geist, Intelligenz oder Gott – ist etwas Größeres, Älteres, Unpersönlicheres als unser bewusstes Ich. Dieses „Es" ist dem Ich vorangegangen in einem unfassbaren jahrmilliardenlang währenden Prozess der Menschheitsentwicklung, und es geht ihm voraus in jeder neuen Menschwerdung.

Es war in uns wirksam, als mit unserer Befruchtung die Zellen begannen, sich nach uraltem Muster millionenfach zu teilen und immer spezialisiertere Aufgaben zu übernehmen, bis sich aus ihnen unsere körperliche Gestalt formte.

Dieses „Es" steuerte den Aufbau unserer Gehirnstruktur, legte in uns die Bereitschaft, später ein lernfähiger bewusster Mensch zu werden. ***Bei alldem waren wir nicht mit unserem bewussten Ich dabei, und wir haben das alles auch nicht bewusst gemacht!***

Nachdem wir geboren waren, begannen wir Bedürfnisse und Gefühle in uns wahrzunehmen, die nicht aus unserem bewussten Ich kamen und die wir nicht gemacht hatten. Auf das, was wir in den ersten Lebensmonaten und Lebensjahren erlebten, reagierten wir in einer Weise, die der in uns wirksamen unbewussten Intelligenz, unserer angeborenen Struktur und unseren Erfahrungen entsprach: **Nirgends war da ein bewusstes Ich mit absichtlichem Wollen!**

Später entwickelte unser Organismus in Wechselwirkung mit seinen Beziehungspersonen und seiner Umwelt allmählich ein Selbst-Bewusstsein, ein Bewusstsein über seine eigene Existenz und Eigenart. Er begann, von sich selbst als „Ich" zu sprechen. Aber dieses Ich, das wir zu erleben begannen, kam nicht aus unserem Ich, und wir hatten es auch nicht erzeugt. Es ist so unpersönlich aus einem geheimnisvollen Hintergrund und einer vielschichtigen Beziehungsdynamik heraus entstanden, wie alles andere auch.

> Das Ich, als das angeblich und fiktiv Allerbekannteste, ist in Wirklichkeit ein höchst komplexer Tatbestand, der unergründliche Dunkelheiten in sich schließt. Ja man könnte es sogar als eine relativ konstante Personifikation des Unbewussten selber definieren oder als jenen Schopenhauerschen Spiegel, in welchem das Unbewusste des eigenen Gesichtes gewahr wird.

C. G. Jung[93]

Und an all dem hat sich bis heute nichts geändert. Unsere Vorstellungen von uns selbst, die uns als das Allerpersönlichste und Allervertrauteste vorkommen, sind dies nur an der Oberfläche und bei unscharfem Hinsehen. Sie wurzeln in einem unbewussten, unpersönlichen oder auch überpersönlichen Vorgang. Und dieser untergründige Prozess, diese verborgene Intelligenz, dieses geheimnisvolle Leben in uns, steuert jetzt, in diesem Augenblick, unsere Empfindungen, Gefühle, Gedanken, unsere Wünsche und Hoffnungen, unser Wollen und Handeln auf verborgene Weise so, wie es dies schon immer, seit Urzeiten, getan hat.

In jeder Sekunde unseres Lebens laufen gleichzeitig und fein aufeinander abgestimmt unzählige physikalische, elektrische, chemische, hormonelle, physiologische, kommunikative und psychische Vorgänge in uns ab, von deren Wirken wir zwar meist nichts bemerken, die aber alle nötig sind, damit unser Leben so selbstverständlich und ungestört geschehen kann, wie wir es gerade erleben. Alles, was wir zu jedem Augenblick unseres Lebens sind, beruht auf einem überaus geordneten Zusammenspiel der tausendfältigen unbewussten Funktionen unseres Körpers, der Psyche und der Umwelt.

Wenn wir also tiefer in die eigene Seele blicken, wenn wir versuchen, herauszufinden, wer wir eigentlich wirklich sind und woraus wir wirklich leben, dann müssen wir entdecken, dass wir gar nicht die sind, die wir vordergründig zu sein glaubten. Wir entdecken, dass es einen sehr fließenden Übergang zwischen dem Persönlichen und Unpersönlichen in uns gibt und dass wir uns in der Tiefe unserer Seele eigentümlich unbekannt und fremd sind, obwohl wir es doch auch sind.

Was wir ent-decken, kann auf uns wie ein gewaltiger Schock wirken. Dieser Schock kann für einige von uns so groß sein, dass sie diese Tatsache als absurd, verrückt oder gotteslästerlich oder vom Teufel eingeflößt abtun und sich weigern werden, sie zur Kenntnis zu nehmen. Diese Ent-Deckung lautet:

Wir sind gar nicht nur unser Ich-Bewusstsein!
Wir sind vor allem das Leben!
Wir sind vor allem die Evolution!
Wir sind ein Teil der Schöpfung!
Wir sind ein direkter Ausdruck des Göttlichen!
(Oder welchen Namen wir dem Absoluten geben)

Obwohl diese Erkenntnis keineswegs neu ist, sondern sich auch in vielen Religionen findet, kommt sie uns modernen Menschen doch immer noch äußerst ketzerisch und anmaßend vor. Aber ohne die Erkenntnis darüber, dass unser Wesen überpersönlicher, unpersönlicher oder transpersonaler Natur ist, können wir kein rechtes Verhältnis zu uns und unserem Leben gewinnen. Wenn die Fragen: „Wer bin ich eigentlich wirklich wirklich?“ und „Was will ich eigentlich wirklich wirklich?“ konsequent weitergefragt und weitergefühlt werden, dann zeigt sich unweigerlich, dass unser persönliches Ich-Erleben nur ein kleiner Teil unserer Seele ist.

Die östlichen Religionen und die Mystiker des Abendlandes haben schon immer von der geheimen Identität von Schöpfung und Mensch gewusst. „Tat tvam asi“: „Das bist du“ ist der Grundgedanke der indischen Philosophie. Der Zen erinnert uns immer wieder daran, dass die Buddha-Natur nicht gesucht und nicht gefunden werden kann, weil wir schon immer eins mit ihr sind.

> Alle Wesen sind Buddhas von Anbeginn.
> Es ist wie Wasser und Eis:
> Getrennt vom Wasser kann es Eis nicht geben.
> Wenn nicht in fühlenden Wesen,
> wo wäre der Buddha zu finden?
> Nicht wissend, wie nah ihm die Wahrheit sei,
> Sucht sie das Volk in weiter Ferne [...]
> Dem Mann gleich, der mitten im Wasser
> Verdurstend nach einem Trunke schreit.

Hakuin[94]

Nach vielleicht jahrelanger Bemühung, ein deutliches Gefühl der eigenen Identität mit einer eigenen persönlichen Geschichte zu entwickeln, muss man nun allmählich entdecken, dass man gar nicht der ist, der man zu sein glaubte. Man entdeckt, dass es auch eine unpersönliche Seite in der eigenen Seele gibt. Man entdeckt, dass das, was man für das Ganze seiner Existenz hielt, das persönliche Ich und die persönliche Welt – vergleichbar etwa einem Tropfen Wasser im Ozean – getragen und umfangen wird von einem Unter- oder Hintergrund oder einer größeren, umfassenderen seelischen Wirklichkeit. Man entdeckt, dass hinter dem persönlichen Ich-Willen, dem Ich-Bewusstsein, hinter dem Inneren Kind, hinter der tiefsten Sehnsucht noch etwas anderes wirksam ist, ein kosmischer Wille, ein Göttliches Kind, ein Gott oder ein Dämon oder ein Engel, eine kosmische Sehnsucht, die ins Leben, ins Bewusstsein und in die Gestaltung hineindrängen. Man entdeckt, dass das Ich und das Selbst, Ich und Gott verschiedene Manifestationen des Einen sind.

Auch das christliche Evangelium könnte, unter einem solchen Aspekt gesehen, für uns zu einer neuen, befreienden frohen Botschaft werden, die von brennender Aktualität ist. Der ganze Lebens- und Leidensweg Jesu spiegelt so gesehen das Drama der Mensch- und Bewusstwerdung Gottes, das sich nicht nur in einem vergangenen historischen Geschehen ereignet hat, sondern das sich immer wieder neu mit jeder Geburt und mit jedem Lebensprozess in jedem Menschenwesen vollzieht.

Wir alle – oder die Schöpfung in uns – gehen immer wieder von neuem einen schmerzvollen Kreuzigungsweg, bis wir nach vielen Irrtümern, Verblendungen und Täuschungen entdecken, was unser wahres Wesen ist, bis wir nach dem Tod unserer falschen, einengenden und gefangensetzenden Vorstellungen über uns selbst in einem neuen Bewusstsein über unsere kosmische Natur wieder auferstehen. Wenn wir das erkennen, dann können wir unmittelbar verstehen, was die Geburt des Christuskindes, die wir alljährlich zu Weihnachten[95] feiern, wirklich ist – nämlich die Erfahrung der transpersonalen Lebendigkeit und Kreativität in uns. Wir können unmittelbar spüren, dass wir Wesen der Liebe und der Freude sind und dass, wie Jesus gesagt hat, das Himmelreich tatsächlich nah ist.

Angelus Silesius fasst in seinem „Cherubinischen Wandersmann" in immer wieder neuen Variationen und Versen die wechselseitige Beziehung und Abhängigkeit zwischen den transpersonalen und und personalen Anteilen unserer Persönlichkeit:

> Christ, so du kannst ein Kind von ganzem Herzen werden,
> So ist das Himmelreich schon deine hier auf Erden.
>
> Ich weiß, dass ohne mich Gott nicht ein Nu kann leben;
> Werd' ich zunicht', er muss von Not den Geist aufgeben.
>
> Gott ist in mir das Feu'r und ich in ihm der Schein;
> Sind sie einander nicht ganz inniglich gemein?[96]

Die Erkenntnis, dass unser persönliches Suchen, Sehnen und Wollen zugleich das Suchen, die Sehnsucht und die Selbst-Verwirklichung des Universums, des Lebens oder des Göttlichen sind, die Entdeckung, dass jener Teil in uns, der empfindet und fühlt: „Ich bin ich!" zugleich jener Teil ist, in dem sich das Universum seiner selbst bewusst wird, lässt uns unser Leben in neuem Licht und neuem Glanz erscheinen.

Die Schöpfung und das Leben feiern in uns ständig in stiller Ekstase das Mysterium des Daseins. Sie feiern in uns ihre eigene Offenbarung. Wenn wir das wirklich begreifen, was gibt es dann noch Wichtigeres zu tun, als voller Dankbarkeit und tiefer Freude mitzufeiern? Dann wird uns auch unsere Lebensbestimmung deutlich, nämlich, mit dazu beizutragen, dass die Schöpfung in und durch uns das verwirklichen kann, was ihre innerste Sehnsucht ist: Die Fülle des Lebens in Freiheit auszudrücken, zu einem klaren Bewusstsein der Wahrheit und Wirklichkeit zu gelangen, sich in Liebe mit allem, was existiert, verbunden zu fühlen und die grenzenlose Freude über dieses Wunder der Existenz mit allen zu teilen.

Und das geht nur, wenn wir uns selbst liebevoll annehmen, uns von allem Ballast befreien, der uns innerlich eng und unfrei macht, von Glaubensdogmen, Vollkommenheitsidealen, starren Regeln und Vorschriften lösen und uns erlauben, die zu sein, die wir von unserem wahren Wesen her sind. In der Liebe zu uns selbst lieben wir das Göttliche Kind in uns, lieben wir die Schöpfung, die sich durch uns verwirklichen möchte und fühlen uns mit allem verbunden, was ist. Es geht uns so, wie dem christlichen Mystiker Ramon Llull, der seiner Freude über die einfache Erkenntnis, dass wir existieren oder, wie er es nannte, „im Sein sind" mit folgenden Worten Ausdruck verlieh:

> Mein Herr und Gott! Sei gelobt und gepriesen, denn große Freude wird dem Menschen, weil er sich im Sein erkennt und nicht des Seins beraubt! Ja, wir dürfen uns freuen, denn unsere fünf Sinne versichern uns, dass wir im Sein sind. Wir haben Augen, die sehen, Ohren, die hören, eine Nase, die Gerüche wahrnimmt, einen Mund, der sich des Geschmackes freut und eine Haut, die fühlt.
> Wenn die Menschen mit Freude und Gefallen die belaubten Bäume voller Blüten und Früchte betrachten, wenn ihr Blick über Ufer und Wiesen schweift: wie viel größer muss dann erst die Freude sein, wenn sie erkennen, dass sie im Sein sind. Denn wie sehr muss, wen schon äußere Schönheit erfreut, die Schönheit im Innern beglücken.
> Ach du mein Gott der Herrlichkeit und Wunder! Wenn jemand träumte, er sei tot, und erwacht und findet sich am Leben – wie groß ist seine Freude! So geht es uns, Herr, die wir glücklich sind, weil wir uns seiend sehen.
> Darum, so wie ein Trunkener kaum noch bei Sinnen ist, wenn ihn die Kraft des Weins ergreift, bin ich ganz außer mir, kaum noch bei Sinnen im Überschwang des Seins![97]

Das Glück des reinen Bewusstseins

Die einfachste und direkteste Methode für die Entfaltung eines reinen, freien Bewusstseinszustandes ist die wohlwollende Achtsamkeit, die wir bereits ausführlich kennen gelernt haben. Wo wir auch sind: Wir entspannen uns und öffnen uns der gegenwärtigen Situation. Wir nehmen einfach ohne Anstrengung wahr, was ist. Wir nehmen wahr, was wir sehen, was wir hören, was wir tasten, riechen, schmecken. Wir nehmen wahr, was wir fühlen, denken, fantasieren, welche Köperreaktionen, welche Bedürfnisse, Wünsche und Impulse wir haben. Wir versuchen, unsere bisherigen Einstellungen und Werte zurückzustellen, die aktuelle Situation nicht mit vergangenen Erfahrungen zu vergleichen, nicht abzuwerten, nicht zu beurteilen, nicht zu verurteilen. Wir versuchen, mit der puren „Istigkeit", der „Soheit" der Situation in Berührung zu kommen.

Wir entwickeln damit eine unserer besten menschlichen Fähigkeiten, die Fähigkeit, Interesse zu zeigen, Neues zu lernen, Zusammenhänge tiefer zu verstehen und unser Bewusstsein zu erweitern. Gehen wir mit offenen Augen und Ohren, mit all unseren Sinnen und mit unserem ganzen Herzen an neue Situationen heran und fragen uns immer wieder: „Was ist denn das?", „Wie kann ich das verstehen?", „Wie fühlt sich das an?", „Wie sind die wirklichen Zusammenhänge?"

Viele von uns schämen sich, sich so offen und neugierig zu zeigen. Wir fürchten, die anderen könnten uns für naiv, dumm und unwissend halten. Deshalb ist es wichtig, sich klarzumachen, dass das Leben sehr kurz ist und wir niemals wissen, ob wir noch einmal in unserem Leben die Chance haben werden, das zu erfahren, was wir jetzt erfahren können. Auch wenn wir nicht morgen sterben: Morgen kann alles anders sein, und es kann zu spät sein, die Dinge zu tun, die wir eigentlich erleben, sagen und tun wollten.

Als erwachsene Menschen haben wir ein Recht darauf, alles zu wissen und zu kennen, was es auf der Welt gibt. Uneingeschränkt. Unsere Ideologien, Glaubensüberzeugungen und Vorstellungen, etwas Besonderes sein zu müssen, lassen es häufig nicht zu, dass wir selbst an ganz einfachen Dingen Anteil nehmen und unsere Freude haben: Manche Menschen erlauben es sich nicht, ins Kino zu gehen oder fernzusehen. Manche erlauben es sich nicht, zu spielen, zu tanzen, zu singen. Manche erlauben es sich nicht, sexuelle Fantasien zu haben, und führen einen lebenslangen, aussichtslosen Kampf mit diesen Seiten ihres Wesens. Manche erlauben es sich nicht, sich gut um ihren Körper und ihre äußere Erscheinung zu kümmern, weil sie nicht als eitel gelten wollen. Manche erlauben es sich nicht, sich zu entspannen und das Nichtstun zu genießen.

Wenn wir aber wirklich frei sein wollen, müssen wir diesen ganzen Ballast von einengenden Regeln und Vorschriften abwerfen. Wir brauchen niemanden mehr, der uns vorschreibt, was wir zu denken, zu fühlen oder zu tun haben. Wir wollen uns unsere eigene Meinung bilden, unsere eigenen Erfahrungen machen, unserer eigenen Intelligenz, Erfahrung und Weisheit vertrauen, selber herausfinden, wie wir am besten mit dem Leben umgehen können.

Ich weiß, dass ich nichts weiß

Gleichzeitig müssen wir endlich Ernst machen mit der einfachen Tatsache, dass wir alle nur sehr, sehr wenig wissen. Keiner von uns kann auch nur auf einem Gebiet auf dem neuesten Stand des Wissens sein. Weder im Bereich der Religion noch der Kunst und Kultur, der Politik oder Wissenschaft, der Philosophie oder der Psychologie. Das Wissen der Menschheit verdoppelt sich heute schätzungsweise alle vier bis fünf Jahre. Was kennen wir davon wirklich? Über die meisten Dinge des Lebens haben wir alle nur oberflächlichste Vorurteile, Meinungen, die wir für die Wahrheit halten. Der Ausspruch des Sokrates: „Ich weiß, dass ich nichts weiß" ist heute keine besondere Weisheit mehr, sondern eine schlichte, einfache Tatsache, die auf jeden von uns zutrifft, auch wenn wir immer meinen, so tun zu müssen, als wüssten wir etwas. Daraus sollte aber keine Resignation entstehen, sondern eine zunehmende Freiheit und Freude am neugierigen Fragen und Lernen.

Wir wissen nichts – das ist das Erste.
Deshalb sollen wir sehr bescheiden sein – das ist das Zweite.
Dass wir nicht behaupten zu wissen, wenn wir nicht wissen,
das ist das Dritte.

Karl Popper[98]

Seien wir uns immer bewusst: Das Leben, die Natur und alles Lebendige in ihr sind ein einziges großes Wunder und Mysterium. Niemand ist in der Lage, ganz sicher zu wissen, was in einem bestimmten Augenblick das Richtige und das Beste ist. Das Leben und die Seele sind zu vielschichtig, als dass wir in irgendetwas sicher sein könnten. Sicherheit existiert nirgends. Alles ist ein ständiger Prozess der Entwicklung und des Wandels. Was heute gültig ist, ist morgen überholt. Mit diesem Faktor Ungewissheit müssen wir leben. Er macht das Dasein zu jenem spannenden Abenteuer, das wir eigentlich suchen.

Achtsamkeit und Gelassenheit

Die wohlwollende Achtsamkeit, die wir bereits in verschiedenen Variationen kennengelernt haben, ist eine klassische Meditationsübung. Sie hat zum Ziel, unsere übermäßige Identifizierung mit unseren Meinungen, Vorstellungen und Gefühlen zu verringern und unsere Aufmerksamkeit auf unser Selbst und das reine Bewusstsein zu lenken. Indem wir das Kommen und Gehen unserer seelischen Prozesse, unserer Gedanken, Gefühle, Empfindungen und Fantasien offen und bewertungsfrei beobachten, können wir immer deutlicher spüren, dass es in uns etwas gibt, das von allen diesen Vorgängen in eigentümlicher Weise unberührt bleibt und das als einziger fester Bezugspunkt fast immer in gleicher, unveränderter Weise vorhanden ist. Dies ist unser freies, reines Selbst-Bewusstsein.

Statt uns mit den immer wechselnden Gefühlen und Gedanken, wie wir es üblicherweise tun, zu identifizieren, identifizieren wir uns jetzt mit dem Beobachter, dem „transpersonalen Zeugen“ in uns. Während wir sonst auf das Wechselspiel der Wolken geschaut haben, schauen wir jetzt auf den blauen Himmel darüber. Wir erfahren das hintergründige Sein und wir erfahren den vordergründig ablaufenden Wandlungsprozess als die zwei Aspekte des einen Selbst.

Es ist aber nicht das Ziel der wohlwollenden Achtsamkeit, dem Leben und dem eigenen Wesen gegenüber in einer asketischen, distanzierten Zuschauerhaltung zu verbleiben. Vielmehr gibt sie uns die Freiheit, viel variabler, schöpferischer und ekstatischer mit unseren Möglichkeiten umzugehen. Durch die Erfahrung eines stillen Bewusstseins in uns, das durch die „Wolken" der Gedanken, Gefühle und Fantasien nicht getrübt wird, gewinnen wir eine gelassenere, umfassendere Sicht auf die vielen Facetten unserer Persönlichkeit. Wir werden freier, uns zu entscheiden, mit welcher Facette wir uns jetzt vorübergehend identifizieren wollen, um am Spiel und Tanz des Lebens teilzunehmen.

Solange wir nicht anders können, als nur mit unseren jeweiligen Gedanken, Gefühlen, Empfindungen identifiziert zu sein, solange sind wir ihr Spielball und können sie wegen unserer Unfreiheit nicht richtig genießen. Pythagoras hat diese Haltung der Gelassenheit mit der Situation verschiedener Menschen auf einem Jahrmarkt verglichen: Den einen geht es ums Geschäft, den andern um den Wettkampf oder das Vergnügen, wieder andere wollen sich darstellen oder andere Menschen kennen lernen. Aber einige kommen nur, um zuzuschauen. Sie haben keine vorher geplanten Absichten, sie müssen kein Ziel erreichen oder jemandem etwas beweisen. Sie sind einfach da und nehmen spontan teil an dem göttlichen Spiel und Tanz des Lebens.

> Das Bewusstsein Gottes ist das Selbstbewusstsein des Menschen, die Erkenntnis Gottes die Selbsterkenntnis des Menschen. Gott ist das offenbare Innere, das ausgesprochene Selbst des Menschen; die Religion die feierliche Enthüllung der verborgenen Schätze des Menschen, das Eingeständnis seiner innersten Gedanken, das öffentliche Bekenntnis seiner Liebesgeheimnisse.
>
> *Ludwig Feuerbach*[99]

Übung: Wer bin ich eigentlich wirklich wirklich?

Die folgende Übung gibt es in verschiedenen Versionen. Sie gründet auf der Frage „Wer bin ich?" Diese Frage legte der indische Weise Ramana Maharshi seinen Schülern unermüdlich ans Herz, um ihnen eine Ahnung und Erfahrung ihres inneren Selbst zu ermöglichen.[100]

Setzen Sie sich entspannt hin. Sie können die einzelnen Aspekte der Übung einfach nur achtsam nachvollziehen oder sich aber auch die einzelnen Sätze langsam und ruhig vorsprechen. Versuchen Sie, so lebhaft wie möglich die Richtigkeit jeder Aussage wahrzunehmen.

Ich habe einen Körper, aber ich bin nicht nur mein Körper.
Ich kann meinen Körper wahrnehmen und spüren. Körperliche Empfindungen kommen und gehen, aber mein wahrnehmendes Bewusstsein ist von diesen Empfindungen unabhängig. Ich habe einen Körper, aber ich bin nicht nur mein Körper.

Ich habe Bedürfnisse, aber ich bin nicht nur meine Bedürfnisse.
Ich kann meine Bedürfnisse wahrnehmen und spüren. Bedürfnisse kommen und gehen, aber mein wahrnehmendes Bewusstsein ist von meinen Bedürfnissen unabhängig. Ich habe Bedürfnisse, aber ich bin nicht nur meine Bedürfnisse.

Ich habe Gefühle, aber ich bin nicht nur meine Gefühle.
Ich kann meine Gefühle wahrnehmen und erkennen. Gefühle kommen und gehen, aber mein wahrnehmendes Bewusstsein ist von meinen Gefühlen unabhängig. Ich habe Gefühle, aber ich bin nicht nur meine Gefühle.

Ich habe Gedanken, aber ich bin nicht nur meine Gedanken.
Ich kann meine Gedanken wahrnehmen und erkennen. Gedanken kommen und gehen, aber mein wahrnehmendes Bewusstsein ist von meinen Gedanken unabhängig. Ich habe Gedanken, aber ich bin nicht nur meine Gedanken.

Ich habe Fantasien, aber ich bin nicht nur meine Fantasien.
Ich kann meine Fantasien wahrnehmen und erkennen. Fantasien kommen und gehen, aber mein beobachtendes Bewusstsein ist davon unabhängig. Ich habe Fantasien, aber ich bin nicht nur meine Fantasien.

Ich bin auch reines Bewusstsein!
Diese Sätze und Gedanken können Sie mehrmals wiederholen, bis sich ein zunehmendes Erleben dieses beobachtenden Bewusstseins, dieses inneren Zeugen einstellt. Und wenn Sie in diesem Zustand eine Weile verweilen, können Sie erahnen, dass dies ein Aufleuchten des „Sat-Chit-Ananda" ist, wie die eigentlich eigenschaftslose Qualität des Brahman in der indischen Philosophie beschrieben wird, es ist „Sein-Bewusstsein-Seligkeit."

> Als unerkennbares, unbehindertes, unbedingtes Bewusstsein leuchtet es in seiner Vollendung von Augenblick zu Augenblick, wie eine unendliche Folge immer wieder neuer Zustände der Vollendung, die sich in ihrem Spiel ohne Unterlass verwandeln, ewig in ihrer Fülle. Dies scheint der Endpunkt der Evolution zu sein, doch tatsächlich ist es die uranfängliche Realität jeder evolutionären Stufe, von der ersten bis zur letzten, ohne Ende. Und genau deshalb ist sie stets und völlig unerreichbar, einfach weil sie stets schon erreicht ist, zeitlos und ewig. Es ist ganz einfach so, dass alle Versuche sie zu erreichen schließlich ad absurdum geführt werden; man erkennt, dass sie von Anfang an völlig gegenwärtig war, nie verloren und nie wiedergewonnen wurde, niemals vergessen und nie erinnert, sondern stets vor all dem schon existierte […]
>
> *Ken Wilber*[101]

Das Mystos-Prinzip
Das offenbare Geheimnis

Müsset im Naturbetrachten
Immer eins wie alles achten;
Nichts ist drinnen, nichts ist draußen:
Denn was innen, das ist außen.
So ergreifet ohne Säumnis
Heilig öffentlich Geheimnis.
Freuet euch des wahren Scheins,
Euch des ernsten Spieles!
Kein Lebend'ges ist ein Eins,
Immer ist's ein Vieles.

Johann Wolfgang von Goethe[102]

Das schöpferische Mysterium des Lebens verwirklicht sich in jedem Augenblick in Dir, in allen anderen Wesen und in allem Existierenden und wandelt sich fortwährend. Ziel der Individuation ist, sich dieses Mysteriums, das Du bist, das Dich trägt und steuert, als die Mitte und das Ziel deiner Existenz zu erkennen und es ganzheitlich-schöpferisch zum Ausdruck zu bringen.

- Bist Du Dir bewusst, dass Du selbst das Mysterium bist, das Du Dein Leben lang suchst?
- Weißt Du, dass das Universum und Deine Seele von solch unendlicher Tiefe sind, dass es Dir niemals gelingen wird, sie vollständig zu erfassen und zu verstehen?
- Bist Du bereit, Dich für die mystische, geheimnisvolle, verborgene und paradoxe Seite des Lebens zu öffnen?
- Bist Du bereit, Deinem inneren Selbst, das Dir verborgen ist, weil Du es schon immer bist und Dich schon immer getragen und geführt hat, wirklich zu vertrauen?

Der verborgene Schatz im eigenen Haus

Obwohl wir alle Anteil haben an einem der fantastischsten und unglaublichsten Abenteuer, das man sich vorstellen kann – nämlich ein bewusster Mensch auf dieser Erde zu sein, der die Summe des schöpferischen Potenzials des Universums in sich trägt –, scheinen wir nichts davon zu bemerken. Kaum jemals sprechen wir miteinander über dieses unfassbare Ereignis. Und obwohl jeder von uns nur sehr beschränkte Erfahrungen mit dem hat, was es alles auf dieser Welt und in uns gibt, verhalten wir uns erstaunlicherweise meist so, als sei uns alles bereits restlos bekannt. Wir tun so, als sei unser Leben nichts Besonderes, vielmehr etwas ganz Alltägliches, ja sogar Langweiliges.

> Ein Mann lebte auf einer Insel, die von vielen Menschen als eine der schönsten dieser Erde angesehen wurde. Dort gab es ein mildes, sonniges Klima, weite, weiße Strände, grüne Wälder, fruchtbare Täler, Menschen mit einem fröhlichen Naturell.
>
> Der Mann hatte viel gearbeitet, war reich geworden. Als er alt und krank wurde, musste er sich in einem Altenheim pflegen lassen.
>
> Auf seinem Sterbebett wurde er gefragt: „Sag' mal, ist es nicht herrlich für dich gewesen, so viele Jahre auf einer Insel zu leben, die zu den großen Wundern dieser Welt gezählt wird? Hast du dich nicht wie im Paradies gefühlt?“
>
> Darauf antwortete der alte Mann nach einigem Nachsinnen mit leiser, trauriger Stimme: „Weißt du, wenn ich gewusst hätte, dass sie so wundervoll ist, wie du sagst, dann hätte ich mir die Zeit genommen, sie mir näher anzuschauen.“[103]

Es ist sogar möglich, dass wir zeitlebens niemals auf den Gedanken kommen, dass es eigentlich sehr sonderbar ist, dass wir überhaupt leben. Es ist, als liege ein dunkler Schleier über unserer Seele und unserem Bewusstsein, der unsere Welt und unser Leben grau in grau, gleichförmig und langweilig erscheinen lässt. Wir können uns nicht wundern, wir können uns nicht freuen, wir können nicht staunen, wir sind nicht fasziniert, wir sind nicht lebendig, nicht neugierig.

Wie beglückend könnte es sein, einfach nur da zu sein, wie beglückend, sich hier auf dieser Erde, unter diesem Himmel, zu bewegen, die Gemeinschaft der vielen anderen Lebewesen und Mitmenschen zu genießen, zu sehen und zu hören, zu sprechen und zu singen, zu fühlen und zu denken, zu fantasieren und zu handeln, zu lachen, zu spielen und zu lieben! Wer sonst noch in unserem weiten Sonnensystem ist dazu in der Lage? Wie wunderbar sind schon alle diese Fähigkeiten, die uns von Anfang an und ohne unser eigenes Zutun mitgegeben werden!

Aber wir belasten unser Alltagsleben mit so vielen ablenkenden und leidvollen Ereignissen, dass wir das Wunderbare dieser Fähigkeiten vergessen und unsere tiefe Sehnsucht nach Lebendigkeit, Freude, Liebe und Freiheit nicht mehr unmittelbar empfinden. Kaum jemand scheint überhaupt noch zu wissen oder wissen zu wollen, dass das Leben über die „Nur-Alltäglichkeit" hinaus noch eine viel großartigere, erhabenere Bedeutung haben könnte, dass es auch einen „All-Tag" geben könnte, in dem wir uns unseres kosmischen Ursprungs und unserer evolutionären Aufgabe bewusst sind.

Stattdessen haben wir die fast unüberwindliche Neigung, das Glück und den Sinn unseres Lebens dort zu suchen, wo sie eigentlich nicht gefunden werden können und übersehen, dass sie unmittelbar vor uns liegen. Und weil wir so eigentümlich blind sind, müssen wir häufig merkwürdige Umwege gehen, bis wir entdecken, was wir immer schon besaßen.

Dass wir nicht wissen, was wir eigentlich an Wertvollem haben, ist ein sehr altes Thema. Die großen Weisheitslehrer der Menschheit, die Religionsstifter, die Dichter und die Mystiker, die Philosophen und Psychologen der Menschheit haben es immer wieder zum Ausdruck gebracht. In der bekannten chassidischen Geschichte von Rabbi Isaak wird es humorvoll folgendermaßen dargestellt:

> Eines Nachts wurde dem Rabbi Isaak im Traum gesagt, er solle in das weit entfernte Prag reisen und dort unter der Brücke, die zum Königspalast führt, nach einem verborgenen Schatz graben. Nach einigen Widerständen, den Traum erst zu nehmen, machte er sich auf die Reise. Als er zu der Brücke kam, fragte ihn ein Soldat, der die Brücke bewachte, was er da suche. Er erzählte ihm seinen Traum. Der Wachtmann wunderte sich darüber, dass der Rabbi seinen Traum so ernst nahm und sagte ihm, wenn er an Träume glauben würde, dann würde er jetzt in Krakau herumwandern. Er habe einen ähnlichen Traum gehabt, in dem ihm eine Stimme sagte, er solle in der Küche eines gewissen Isaak nach einem verborgenen Schatz suchen. Der Rabbi dankte dem Hauptmann für seinen Rat, die Suche abzubrechen, eilte nach Hause, grub ein Loch in seiner Küche und fand dort einen großen Schatz.[104]

Was ist das für ein geheimnisvoller Schatz in unserem eigenen Haus, der uns so unglaublich nah, andererseits doch auch so eigentümlich verborgen ist?

Darauf ließe sich einfach antworten: Es ist die Erkenntnis des Wunders unseres Daseins, unserer innersten Natur, dessen, was uns eigentlich trägt. Unser Selbst, unsere Lebendigkeit, unser Bewusstsein, unsere Liebesfähigkeit und die schöpferische Kraft, die wir besitzen, sind das eigentlich Wertvolle, sind unser ganzer wirklicher Reichtum. Die Schönheit unseres Selbst ist unsere wahre Schönheit, ist unser wahrer Glanz. Martin Buber schreibt:

> Es gibt etwas, was man an einem einzigen Ort in der Welt finden kann. Es ist ein großer Schatz, man kann ihn die Erfüllung des Daseins nennen. Und der Ort, an dem dieser Schatz zu finden ist, ist der Ort, wo man steht [...].
> Denn hier, wo wir stehen, gilt es das verborgene göttliche Leben aufleuchten zu lassen.[105]

Die Leistung unseres Selbst, die es in jedem Augenblick in seiner Selbstverborgenheit vollbringt, ist größer als jedes Kunstwerk, das Menschen jemals hervorgebracht haben, ist Ehrfurcht gebietender als der Himalaja, gewaltiger als die Niagara-Wasserfälle, grandioser als der Grand Canyon. Kein Superlativ ist ausreichend, um die Leistung des Selbst gebührend zu würdigen. Und die größte Freude und das größte Glück liegen darin, dass uns dieses Wunder unseres inneren Selbst allmählich bewusst wird und wir aus dem Bewusstsein dieses Wunders heraus und im Einklang mit ihm leben können.

Warum wir das Wunder nicht erkennen können

Es gibt sehr viele Gründe, warum uns das ganz und gar Außerordentliche unserer Existenz so unbewusst ist. Einige seien hier erst einmal zusammengefasst:

- Wir sind einfach noch nicht so weit: Der evolutionäre Prozess scheint insgesamt noch nicht so weit gediehen, als dass er es uns leicht ermöglichen würde, das Besondere und Einzigartige unserer Existenz zu erfassen und zu würdigen. Es ist ja noch nicht allzu lange her, dass sich menschliches Selbst-Bewusstsein überhaupt entwickelt hat und dieses Bewusstsein diente zunächst einmal hauptsächlich zu einer besseren Anpassung und zu einem besseren Überleben. Dass sich daraus mal so etwas wie „höhere" Einsicht, Weisheit und Erkenntnis entwickeln könnte, war möglicherweise nicht unbedingt „vorgesehen".
- Wahrscheinlich befinden wir uns noch im Halbschlaf und in einem dämmerhaften Aufwachen. Der viele Millionen Jahre währende harte Kampf ums Überleben mit all den damit verbundenen Selbsterhaltungsbedürfnissen, Trieben, Ängsten und Zwängen steckt uns noch so sehr in den Genen, dass es uns kaum gelingen will, den Blick zu heben, um das ganze erstaunliche Geschehen auf diesem Planeten in Ruhe und mit Distanz betrachten zu können und unser Bewusstsein auch noch für andere Zwecke zu nutzen.

- Die psychische Evolution beginnt mit jedem Menschen fast wieder von vorne, jeder muss die wichtigsten Dinge für sich selber aufs Neue mühevoll und meist leidvoll lernen. Die wesentlichen Schritte in der Bewusstseinentwicklung und Erkenntnisse lassen sich nur zum kleinen Teil rational erwerben, sondern sie müssen emotional im gelebten Leben erfahren werden. Das kostet viel Zeit. Viele Menschen haben aufgrund der Kürze und der Schwere des Lebens fast keine Chance, sich und die Welt aus einer anderen Perspektive zu sehen als aus der des nackten und weitgehend unbewussten Überlebenskampfes.
- Unser Organismus und unser Bewusstsein sind für Ängste, Schmerzen, Bedrohungen, Gefahren, Katastrophen und Tragödien mehr sensibilisiert als für positive Erfahrungen, denn ihre wichtigste Aufgabe ist es, das Leben zu sichern und Gefahren rechtzeitig zu erkennen. Das Bewusstsein ist nicht primär dafür gemacht, Wunder und Erstaunliches zu sehen, sondern die für das Überleben erforderlichen Grundbedürfnisse zu organisieren.
- Die Evolution scheint darüber hinaus auch dauerhafte Gefühle der Ekstase, der Freude, der Begeisterung, des Staunens und des Glücks nicht als besonders überlebensförderlich zu empfinden. Offenbar sind wir in solchen gehobenen Zuständen besonders gefährdet, riskieren zu viel, schätzen uns und die Realität falsch ein. Ein im Überschwang des Seins ekstatisch tanzendes Wesen wird leicht Beute eines hungrigen Raubtiers.

  Unser Organismus setzt von daher solche intensiven positiven Gefühle offenbar nicht hauptsächlich als Zustände ein, die wir häufig und dauerhaft erleben sollen, sondern als Motivatoren in Form von Erwartungen, Interessen, Sehnsüchten, Hoffnungen und Wünschen. Damit sollen wir dorthin gebracht werden, wo wir der Evolution am hilfreichsten sind: zur Lebenserhaltung und zur Fortpflanzung. Von daher erleben die meisten Menschen länger anhaltende freudvolle oder ekstatische Gefühle eher selten und sind meist wohl eher neutral gestimmt (wenn sie Glück haben).

- Offenbar auch aus evolutionären Gründen heraus befinden wir uns in einer permanenten Such-Spannung, die uns den gegenwärtigen Augenblick oft nicht recht genießen lässt, sondern das Gefühl erzeugt: „Was soll ich jetzt tun?“, „Welche Aufgabe steht jetzt an?” „Irgendetwas will ich noch ...“ oder: „Hoffentlich versäume ich nichts ...“ Eine solche Spannung ist es, die auch Tiere veranlasst, wenn sie satt und ausgeruht sind, sich in der Gegend herumzubewegen und sie suchend-neugierig zu erkunden. Diese Spannung steht hinter vielen unserer Aktivitäten und hinter vielen schöpferischen Entwicklungen, aber auch hinter viel sinnloser Energievergeudung. Wir können diese latente Such-Spannung vermutlich nicht wirklich loswerden, sie ist Teil unseres evolutionären Entwicklungsprogramms, sie ist Ausdruck der schöpferischen Lebenskraft, die uns vorwärtsdrängt, dem faustschen Drang nach Erkenntnis.
- Außerdem sind wir „Gewohnheitstiere“. Der Organismus scheint Dinge, die wir kennen, die uns vertraut sind und damit zur durchschnittlichen Alltagserfahrung werden, in gewisser Hinsicht als bedeutungslos aus dem bewussten Erleben auszublenden. Im Sinne einer ökonomischen Energienutzung werden nur solche Reize und Erfahrungen emotional ins Bewusstsein gehoben, die neu und wichtig sind. Was uns als Kind noch aufs Höchste faszinieren konnte – z. B. ein Käfer, eine Pfütze, der Regen und der Schnee, ein Misthaufen, ein Speicher mit verstaubten Sachen, Seifenblasen, Glasmurmeln, das merkwürdige Aussehen eines Menschen, Gerüche, Geräusche, die wir von uns geben konnten, unsere erstaunlichen körperlichen Vorgänge – darauf reagieren wir später oft nur noch mit Langeweile und Ungeduld.
- Deswegen sind wir an Skandalen, Krisen, Katastrophen und Verbrechen meist viel mehr interessiert als an gut und positiv verlaufenden Ereignissen (außer an den eigenen), die uns oft langweilen, weil wir sie schon kennen. Wir können das leicht selbst überprüfen, indem wir uns fragen: Freuen wir uns wirklich darüber, wenn uns ein Freund erzählt, dass es ihm gerade

wunderbar gehe, dass er eine glückliche Partnerschaft und kluge und gesunde Kinder habe, beruflich gerade sehr erfolgreich sei, sich ein schönes neues Haus und ein größeres Auto gekauft habe? In der Regel löst das bei uns keine Freude aus, sondern Neid und Missgunst. Interessanter und sympathischer ist uns ein Mitmensch, wenn er von irgendwelchen Fehlern, Misserfolgen und Niederlagen berichtet.

- Unser Organismus setzt, wenn er einigermaßen gut funktioniert und das Leben in geordneten Bahnen verläuft, allem Neuen und Anderen meist erst einmal einen Widerstand entgegen, denn er möchte sein gewohntes Funktionieren nicht ohne Grund infrage stellen: „Never change a running system!“
- Dass sich im Laufe unseres Lebens unsere Handlungen automatisieren, unsere Emotionen neutralisieren und wir neue Erfahrungen, die unser bisheriges Lebenskonzept stören, vermeiden wollen, ist aus der Perspektive des Überlebens eine gute Strategie, denn alles Neue, Fremde und Andere ist immer auch ein Risiko. Jede tiefer greifende Veränderung unserer Einstellungen und Verhaltensweise ist aus Sicht des Organismus mit Energie, Gefahr und Anstrengung verbunden. So hat Dostojewki wohl recht, wenn er schreibt, dass die zweite Hälfte des menschlichen Lebens sich gewöhnlich nur aus Gewohnheiten zusammensetzt, die man in der ersten Hälfte erworben hat.[106] Für unsere Lebensfreude im späteren Alter ist das leider aber nicht sehr förderlich, ja oftmals geradezu tragisch. In einer Zeit, zu der wir am besten in der Lage wären, das Wunder unserer Existenz zu würdigen, weil die wesentlichen Überlebensaufgaben erledigt und abgesichert sind, wir genügend eigene Erfahrung gesammelt haben und wir den nötigen philosophischen Abstand hätten, sind wir dazu emotional kaum mehr in der Lage, weil uns die Faszination und die Begeisterung fehlen.

Was uns aber helfen könnte, wäre vielleicht, wenn wir uns gegenseitig dauernd an diese Außerordentlichkeit unserer Existenz erinnern würden. Aber es gibt kaum Vorbilder, kaum Großeltern, Eltern, Lehrer, kaum Erzieher, kaum religiöse und gesellschaftliche Strukturen, die uns helfen, das Staunen über das Mysterium des Lebens zu wecken und zu vertiefen. Es gibt kaum Menschen, die uns die unglaubliche Schönheit, den zauberhaften Glanz, die überwältigende Ekstase des Lebens zeigen.

Stellen wir uns vor, die Religionen und Regierungen der Welt würden sich zusammentun und würden das Feiern unserer Existenz auf diesem Planeten und die Förderung der weiteren Bewusstseinsentwicklung und der Evolution zu ihrem Hauptziel machen. Nicht auszudenken, was das für eine Revolution wäre!

Statt dessen produzieren wir unentwegt Feindbilder, machen wir uns gegenseitig vor allem auf das Fehlerhafte, Kritische, Minderwertige und Ungenügende aufmerksam.

Selbst die Religionen, in denen die Größe, Schönheit und Herrlichkeit der Schöpfung ja gelegentlich gepriesen und besungen wird, vermitteln uns keine wirkliche Begeisterung für das ganze Leben: Das Leben sei ein Jammertal, alles Leben sei leidvoll. Mit einem unabsehbaren Regelwerk von Geboten, Vorschriften und Übungen, die uns vermitteln, wie wir nicht sein sollen und wie wir statt dessen sein sollten, wird unsere menschliche Existenz mit Angst, Scham und Schuld überschattet.

Statt uns den Umgang mit den ohnehin kaum zu bewältigenden Konflikten des Daseins zu erleichtern, verschärfen sie diese oft noch und stellen uns Menschen vor Aufgaben des Verzichts, der Askese, der Bedürfnis-Unterdrückung, der Welt- und Daseinsverneinung, an denen wir immer wieder scheitern müssen. Obwohl von den ursprünglichen Religionsstiftern möglicherweise ganz anders gemeint und gewollt, haben die nachfolgenden Generationen von Menschen mit den Religionen oft ein gigantisches Abwehr-System aufgebaut, das uns einen direkten Blick auf das Wunder des Lebens verbaut. Dieses einzigartige Leben wird so zu einem Schlachtfeld des

Dauernd-anders-und-bessersein-Müssens, des Nicht-in-Ordnung-Seins, des Schuld- und Schamerlebens, des Erfolgs- und Veränderungsdruckes, der Leistung, Pflicht und Anstrengung, der Effizienz.

Das wahre Leben beginnt erst irgendwann in der Zukunft, im Jenseits oder nach der „Erleuchtung", die wiederum auch nur nach langen Mühen und nur bei einigen wenigen auserwählten Menschen realisierbar erscheint. Diese ganzen Glaubens-Systeme loszulassen, unseren Widerstand gegen die Ganzheit des Lebens aufzugeben und das Wunder des Gegenwärtigen zu sehen, ist für viele von uns daher eine fast unüberwindbare Aufgabe geworden.

> ... diese Welt, das Größte und Schönste, das die Natur hervorgebracht hat, und der Geist, der diese Welt betrachtet und bewundert, das Herrlichste, was in ihr ist, das gehört uns selbst und bleibt uns, solange wir selber leben.
>
> *Seneca*[107]

Man stelle sich diese Absurdität vor: Da geschieht eines der grandiosesten und unwahrscheinlichsten Ereignisse des Universums unmittelbar in uns, durch uns selbst, jetzt und zu jedem anderen Zeitpunkt, und wir merken nichts davon.

Oder noch schlimmer: Es wird uns verboten, es zu bemerken, indem diese Existenz als schlecht und nur leidvoll beschrieben wird! Was für ein Irrsinn, was für eine Tragik!

Aber auch wenn die bisher beschriebenen Gründe, weshalb wir dem Wunder des Lebens gegenüber so unbewusst sind, uns bereits kaum überwindlich scheinen, müssen wir noch drei andere Gründe betrachten, die vielleicht sogar noch viel wesentlicher sind: Der erste hängt mit der grundsätzlichen Verborgenheit unseres Selbst zusammen, der zweite mit unserer Angst vor dem „Stirb und werde" und unserer Abschiedlichkeit und Endlichkeit und der dritte schließlich mit unserer immensen Scham, unser innerstes Wesen, das in vielerlei Hinsicht wie ein ganz kleines Kind ist, zu spüren und anderen zu zeigen.

Das unerkennbare Selbst, das wir wirklich sind

Der erste Grund lässt sich ganz einfach und kurz zusammenfassen:

> ***Wir können das Wunder unseres Seins nicht erkennen, weil wir dieses Wunder bereits sind und von ihm jeden Augenblick gesteuert und gestaltet werden!***

Damit werden wir in Bezug auf uns selbst mit einem überraschenden Paradoxon konfrontiert, dessen ganzes Ausmaß wir noch gar nicht erfasst haben, weil es uns erst heute allmählich bewusst wird. Dieses Paradoxon lässt sich so formulieren:

> ***Das, was wir wirklich sind,***
> ***können wir nicht erkennen***
> ***und das, was wir von uns erkennen können,***
> ***sind wir nicht wirklich.***

Ken Wilber formuliert es vielleicht noch paradoxer: „Letzten Endes haben wir dann alle unweigerlich das Gefühl, wir könnten Es einfach nicht sehen, wie sehr wir uns auch bemühen. Aber die Tatsache, dass wir Es immer nicht sehen können, ist der vollendete Beweis, dass wir Es immer schon kennen.“[108]

Obwohl unser Selbst das Einzige ist, was wir wirklich sind, ist es uns in seinen wichtigsten und eigentlichen Aspekten verborgen. Denn wenn wir versuchen, nach innen zu schauen, um unsere „wahre“ Natur „jenseits“ oder „hinter“ unseren bewussten Gedanken, Gefühlen, Empfindungen und Fantasien zu finden, können wir nichts entdecken. Vielmehr tritt uns eine eigentümliche Stille und Leere entgegen, die viele Menschen schon entmutigt hat, den Weg der Selbstfindung zu gehen, weil sie glaubten, da sei einfach nichts in ihnen.

Aber das ist ein tragischer Irrtum, wahrscheinlich der tragischste überhaupt. Weil wir das Wunder, das wir eigentlich sind, gerade deswegen so schwer entdecken können, weil wir es bereits sind, suchen wir die Erfüllung unserer innersten Sehnsucht verzweifelt außerhalb von uns, dort, wo sie nicht wirklich gefunden werden kann.

Die System-Theorie erklärt uns, warum das so ist: Kein System kann auf sich selbst jene Funktion anwenden, die es selbst erzeugt. Das Messer, dessen Funktion es ist, zu schneiden, kann sich selbst nicht schneiden. Das Auge, dessen Funktion es ist, zu sehen, kann sich selbst nicht unmittelbar sehen. Das Ohr kann sich selbst nicht hören. Das Denken und das Bewusstsein können sich selbst nicht verstehen, das Gehirn, dessen Funktion es u. a. ist, unser Welterleben und unser Bewusstsein zu ermöglichen, kann sich selbst nicht spüren, empfindet selber keinen Reiz und keinen Schmerz

Vielleicht ist es uns auch schon aufgefallen: An der Stelle, wo unser Gehirn im Kopf sitzt, nehmen wir nichts wahr, das ist eine Stelle, wo einfach nichts zu sein scheint. Am ehesten erscheint uns diese Stelle als dunkel oder schwarz, weil die Farbe Schwarz unserer Erfahrung nach von allen Farben am meisten damit verbunden ist, nichts wahrzunehmen. Aber eigentlich ist da keine Farbe, einfach eben nichts. Auch unsere Wahrnehmungen, unsere Fantasien, unsere Erinnerungen und Gedanken – wenn sie nicht mit Gefühlen verbunden erlebt werden – haben einen eigentümlich empfindungslosen Charakter. Das ist sicher einer der Gründe, weshalb die Menschen seit Urzeiten den Eindruck hatten, die Seele sei von ungreifbarer, luftiger, geistiger Natur.

So kann sich unser Selbst in seiner wirklichen und letzten Natur also gar nicht erkennen. Wir wissen nur etwas von uns, insofern etwas von uns durch unsere körperlichen Empfindungen, durch unsere Umwelt und unsere Mitmenschen gespiegelt wurde und wir uns ein Erfahrungsbild davon machen konnten. Aber dieses gespiegelte Wissen von uns selbst – unser Selbst-Bild oder psychologisch: unsere Selbst-Repräsentanz – ist nur der allerkleinste und meist ein ziemlich verzerrter Teil von dem, was wir wirklich sind.

Unser Selbst, das das Größte ist, was das Universum unserer bisherigen Kenntnis nach bisher hervorgebracht hat, macht sich tragischerweise von sich selbst oft nur eine sehr kleine, minderwertige

Vorstellung. Es ist, als würde uns ein herrliches Schloss gehören und wir würden davon nur einen kleinen Kellerraum bewohnen und nicht wissen, dass es auch das Schloss gibt.

Als sehr vereinfachende Veranschaulichung kann man unseren Organismus als einen intelligenten Bio-Computer ansehen. Unser Ich-Bewusstsein gleicht dem Bildschirm, auf dem die Informationen sichtbar werden, die von der im Verborgenen (im „Unbewussten“) arbeitenden zentralen Steuerungseinheit (dem Prozessor und dem „Mother!“board) verarbeitet werden. Der Bildschirm ist nicht der Verursacher der ganzen Datenverarbeitung, obwohl nur auf ihm die Resultate sichtbar („bewusst“) werden. Die auf dem Bildschirm erscheinenden Daten sind das Endergebnis eines komplexen Rechenvorganges.

Ebenso wenig wie der Bildschirm der Verursacher ist, kann man sagen, dass das Ich-Bewusstsein, mit dem wir uns naturgemäß identifizieren, der eigentliche Verursacher unseres Erlebens und Verhaltens sei. Das Ich-Erleben und unser Bewusstsein sind Ausdruck eines viel komplexeren, autonomen, weitgehend sich selbst regulierenden Prozesses, der im Hinter- und Untergrund abläuft, ohne dass wir davon wissen.

Dieser Vergleich unseres Organismus mit einem Computer mag den „wirklichen“ Verhältnissen nur sehr entfernt ähnlich sein, aber könnte doch ein ahnungsweises Bild davon vermitteln, wie die „wahren“ Beziehungen zwischen unserem Ich-Bewusstsein und den Selbststeuerungsvorgängen unseres Organismus sind.

> Das Ich steht zum Selbst, wie das Patiens zum Agens, oder wie das Objekt zum Subjekt, weil die Bestimmungen, die vom Selbst ausgehen, umfänglich und daher dem Ich überlegen sind. Wie das Unbewusste, so ist das Selbst das a priori Vorhandene, aus dem das Ich hervorgeht. Es präformiert sozusagen das Ich. Nicht ich schaffe mich selbst, ich geschehe vielmehr mir selber.
>
> *C. G. Jung*[109]

Wir – oder unser Ich-Bewusstsein – können also nichts anderes kennen, als das, was uns im Rahmen unserer engen Möglichkeiten überhaupt bewusst wird. Wir kennen nur unser Bewusstsein und die Inhalte, die wir uns bewusst machen können. Von daher ist es nur natürlich, dass wir unser Ich für das gesamte psychische System halten und den Eindruck haben, wir würden alles selbst hervorbringen. Wir glauben dann, wir müssten dieses ganze komplexe Leben, für dessen Entfaltung der evolutionäre Prozess Jahrmilliarden benötigt hat, allein aus uns heraus gestalten, müssten dafür die Verantwortung tragen, müssten alles wissen, alles verstehen, alles kontrollieren.

Jetzt verstehen wir, woher unsere dauernde innere Anspannung, unsere Angst vor dem Versagen, unser tiefes Unsicherheitsgefühl möglicherweise wirklich stammen. Sie kommen daher, dass wir heimlich schon immer gespürt haben – aber niemals wagten, es uns einzugestehen – ,dass wir den ganzen Lebensprozess überhaupt nicht im Griff haben. Wir tun so, als würden wir denken, als würden wir fühlen und wollen, und dabei merken wir unterschwellig, dass wir „gedacht", „gefühlt" und „gewollt" werden. Wir können in keiner Weise sicher sein, was „Es" in uns im nächsten Augenblick denken und fühlen wird. Wir befürchten aber, bei den anderen Menschen würde es anders sein, sie hätten sich mehr unter Kontrolle.

Unsere ganze leistungs- und willensorientierte Gesellschaft beruht ja auf dieser Illusion des autonomen, allmächtigen Ich. Deswegen halten wir uns ängstlich bedeckt und deshalb spielen wir alle so verzweifelt dieses unglaublich verrückte Theater von des Kaisers neuen Kleidern, die gar nicht da sind. Und weil wir von diesen tieferen Zusammenhängen nichts wissen, deswegen wagen wir es auch nicht, die Kontrolle und Souveränität, die wir gar nicht haben, aufzugeben. So viel unnötige Tragik und so viel unnötiges Leiden, so viel Rechthaberei und Besserwissen, so viel Arroganz und Intoleranz sind in der Menschheitsgeschichte dadurch entstanden, dass wir glauben, uns gegenseitig eine Großartigkeit, Besonderheit und Klugheit vorspielen zu müssen, die wir gar nicht besitzen, zumindest nicht in unserem Ich-Bewusstsein!

Die Erkenntnis von der eigentümlichen Selbstverborgenheit des durch uns wirkenden schöpferischen Lebens ist natürlich nicht wirklich neu. In den Upanischaden, den Grundlagentexten des Hinduismus, heißt es beispielsweise über das innere Selbst als unserem eigentlichen Wesenskern:

> Das Selbst wohnt in allen Wesen;
> die Wesen aber kennen es nicht;
> alle Wesen sind sein Leib,
> es lenkt alle Wesen von innen.
> Es ist ungesehen, aber sehend;
> ungehört, aber hörend;
> ungedacht, aber „der Denker“.
> Es ist ungekannt und dennoch der Kenner.
> Es gibt keinen, der sieht außer ihm,
> keinen der hört, außer ihm.
> Es ist das Selbst, der innere Lenker,
> der Eine Unsterbliche.

Heinrich Zimmer[110]

Und der abendländische Mystiker Meister Eckhart schreibt:

> Du brauchst Gott nicht zu suchen.
> Er ist nicht ferner als vor der Tür deines Herzens:
> da steht Er und wartet und harrt, dass Er dich bereit finde,
> dass du Ihm auftust und Ihn einlässest.
> Du brauchst Ihn nicht von fernher zu rufen,
> sondern dich nur nach innen zu wenden:
> Gott wartet ungeduldiger als du,
> dass du dich Ihm öffnest;
> Ihn verlangt tausendmal dringender nach dir,
> als dich nach Ihm.
> Dein Auftun und sein Eingehen geschieht in einem
> Augenblick.[111]

Unser Selbst verlangt tausendmal dringlicher nach uns – unserem Erkennen – als wir nach ihm. Es sendet uns unaufhörlich „Signale", auch und gerade durch unsere „neurotischsten" Probleme. Aber weil wir unser Selbst nicht unmittelbar spüren können, können wir seine Signale meist nicht richtig verstehen.

> Als unendliches, alles durchdringendes und allumfassendes Bewusstsein ist dies das Eine und Viele, das Einzige und Alles, Quelle und Soheit, Ursache und Bedingung, so dass alle Dinge nur eine Geste dieses Einen sind und alle Formen nur ein Spiel desselben. Als Unendlichkeit verlangt es uns Staunen ab; als Gott fordert es Verehrung; als Wahrheit fordert es Weisheit, und als das eigene wahre Selbst fordert es Identität. Sein Wesen kennt keine Einschränkungen, und diese Spurlosigkeit währt ewig. Glückseligkeit jenseits aller Glückseligkeit, kann es doch nicht gefühlt werden. Licht jenseits allen Lichts, kann es doch nicht entdeckt werden. Allzu offensichtlich, wird es nicht einmal erahnt. Reine Gegenwart, leuchtet es auch jetzt.
>
> *Ken Wilber*[112]

So ergeht es uns auch mit dem Wunder unserer Existenz. Allzu offensichtlich wird es von uns kaum erahnt. Und weil wir das Wunder unserer Existenz nicht fühlen, hat es auch keine verwandelnde Wirkung auf unser Leben. Das scheint unsere größte Tragik zu sein.

Symbole des Selbst

Die unmittelbare Existenz und schöpferische Kraft unseres Selbst scheint unserem Bewusstsein also notwendigerweise und auf immer verborgen zu sein. Wenn wir es auch nicht direkt erkennen, nicht sehen, nicht hören, nicht tasten und nicht schmecken können, weil wir es immer schon sind, so können wir es doch ein wenig erahnen und erschließen durch Selbstbeobachtung und Nachdenken.

Manche Aspekte unseres Selbst erfahren wir auch in unseren körperlichen Reaktionen, in unseren Gefühlen, Gedanken und Fantasien, in unseren Bedürfnissen, Sehnsüchten und Wünschen. Alles, was wir in uns spüren und erleben können, ist eine Manifestation des inneren Selbst, allerdings nur ein kleiner Ausschnitt von dem, was wirklich passiert.

Darüber hinaus hat unser Selbst eine unablässige Tendenz, sich durch uns seiner selbst annäherungsweise bewusst zu werden. Es erzeugt unentwegt schöpferische Impulse, es entwirft und projiziert Bilder, Symbole und Modelle, die seinem Wesen so nahe wie möglich kommen. Solche Symbole finden sich vor allem in den literarischen und bildnerischen Gestaltungen der menschlichen Kultur und in den religiösen Fantasien der Menschheit. Die großen archetypischen Symbole der Menschheit sind keine willkürlichen Erfindungen, sondern sind spontan auftauchende Selbst-Abbildungen. Wir sind von solchen Symbolen deshalb fasziniert, weil sie in uns eine Ahnung unserer innersten Wirklichkeit erwecken. Sie zeigen uns, wie unglaublich großartig unser innerstes Wesen ist.

So symbolisiert sich die in uns wirkende Weisheit und Kraft des Selbst in den Bildern und Begriffen unserer höchsten Werte, z. B. als das unergründliche Geheimnis, Wunder und Mysterium, als göttliches Wesen, als die schöpferische Energie, die kosmische Intelligenz, das Sein, das Eine, die Schöpfung, das Leben, als das alles durchflutende Licht, die goldene Blüte, das Atman, Tao, Alpha et Omega, das göttliche Prinzip, der göttliche Funken, der innere Meister, der Alte Weise, die Große Mutter oder das Göttliche Kind. In den Märchen ist es die „schwer zu erreichende Kostbarkeit“, der Schatz oder das Wasser des Lebens, in der Kabbala ist es das „En Soph“, in der Alchemie die „prima materia“, die in sich den „Stein der Weisen“ enthält.

Weil das Selbst zudem auch eine schöpferische Synthese aus Vergangenheit und zukünftigen Entfaltungsmöglichkeiten, aus Hellem und Dunklem, aus „Männlichem“ und „Weiblichem“ ist, stellt es sich auch in vereinigenden Symbolen dar, wie dem Mandala, dem chinesischen Yin/Yang-Symbol, dem Tao oder der sexuellen Beziehung zwischen Mann und Frau. Die diesen Symbolen entsprechende seelische Erfahrung wird meist in scheinbar widersprüchlichen Worten beschrieben: Sie ist die abgründige Leere und gleichzeitig die schöpferische Fülle, sie ist die tiefe Stille und die göttliche Musik, sie ist gleichgültige Ur-Natur und überquellende, allumfassende Liebe, sie ist alles und nichts, sie ist unendlich weich, mild und sanft, gleichzeitig unzerstörbar fest und tragfähig.

Schließlich kann sich das Selbst – da es das Kostbarste ist, was das Universum bisher hervorgebracht hat – auch in all dem symbolisieren, was uns im Alltäglichen als kostbar und wertvoll fasziniert: Geld und Gold, Diamanten und Perlen, Reichtum und Macht, Ruhm und Ehre, Schönheit und Attraktivität. Und es macht unsere Tragik aus, dass wir nicht erkennen, dass wir nicht sehen, dass das, was wir an Geld, an Besitz und in der Schönheit faszinierend finden, zu ganz großem Teil etwas ist, das wir in uns selbst tragen.

Stirb und werde

Unsere entscheidende Frage ist also: Wie kann uns die einfache, essenzielle Wahrheit vom Wunder unseres inneren Selbst so erfassen, dass sie uns verändert, dass sie uns mit Freude, Liebe und Dankbarkeit erfüllt? Wie können wir uns dieses Geschenks der Fülle und Glückseligkeit erinnern, wie können wir es uns bewusst machen? Wie können wir das alles wirklich fühlen?

Wir haben gesehen, wie schwer es ist, unsere evolutionären Begrenzungen, die aus dem Wunder des Lebens ganz schnell etwas Gewöhnliches und Alltägliches machen, zu überwinden. Wir benötigen meist eine Kontrasterfahrung, die uns aus unserer Routine, unseren Pflichten und Abhängigkeiten herausreisst und uns hilft, unsere Lebenswirklichkeit anders als üblich, tiefer und umfassender wahrzunehmen. Solche Kontrasterfahrungen entstehen bei sehr vielen Menschen durch tiefe existenzielle Krisen, die oft mit Trennung und Todesnähe verbunden sind, von daher nicht angenehm sind und natürlicherweise weitgehend vermieden werden.

Die Geschichte vom Fisch auf der Suche nach dem Wasser des Lebens

Die folgende Geschichte vom Fisch, der auf der Suche nach dem Wasser des Lebens ist, illustriert, wie schwer zugänglich entscheidende Erfahrungen sein können.

> Ein kleiner Fisch ist von einer sonderbaren Unruhe getrieben. Irgendetwas vermisst er in seinem Leben, immer wieder muss er denken: „Da stimmt doch was nicht. Das kann doch nicht alles sein!“ Er schwimmt hierhin, er schwimmt dorthin, versucht mit anderen Fischen ins Gespräch zu kommen und will wissen, ob es ihnen auch so geht, ob ihnen nicht auch etwas fehlt? Aber die anderen Fische sind über seine Fragen und seine Zweifel erstaunt: „Nein, uns fehlt eigentlich nichts. Das Leben ist so, wie es eben ist, da kann man nichts dran ändern. Du wirst geboren, du musst um deine Existenz kämpfen, dann stirbst du. Was soll es anderes geben?“
>
> Fast will der kleine Fisch seine tiefe Sehnsucht, die er in seinem Herzen trägt, aufgeben, denn die anderen werfen ihm vor, er sei ein Träumer, er sei unrealistisch, er wolle nicht erwachsen werden, er wolle dem Ernst und der Härte des Lebens ausweichen, indem er sich vorstelle, es gebe noch etwas anderes als das, was ihm die anderen vorleben.
>
> Doch eines Tages hört er zufällig von einem anderen merkwürdigen Fisch, der gelegentlich in der Gegend auftaucht und der den anderen Fischen merkwürdige Fragen stellt, z. B. „Wisst ihr, dass das Leben ein großes Wunder ist?“ oder „Kennt ihr das Wasser des Lebens?“ Die Fische halten ihn irgendwie für sonderbar. Das Leben ein großes Wunder? Nein. Man wird geboren, man kämpft um seine Existenz, man stirbt. Alles ist schwer und leidvoll. Nichts

Wunderbares. Und vom Wasser des Lebens hat man auch noch nie gehört. Wasser, was soll das überhaupt sein? Niemand hat so etwas jemals gesehen. So etwas gibt es gar nicht. Und was soll das mit dem Leben zu tun haben?

Unser kleiner Fisch ist aber neugierig geworden. Er fragt die anderen, wo denn dieser sonderbare Fisch, der so merkwürdige Fragen stelle, wohne. Die wissen es nicht genau: Irgendwo weiter draußen im Meer. Dort, wo es tiefer und einsamer ist.

Sie warnen ihn, man könne sich dort sehr leicht verirren und niemals zurückfinden. Doch unser Fisch denkt bei sich: „Eigentlich habe ich ja nicht viel zu verlieren. So, wie die Anderen leben, ist das Leben sowieso nicht so interessant." Also macht er sich auf die Suche.

Je weiter er nach draußen ins Meer schwimmt, desto mehr Angst bekommt er. Das Wasser wird tiefer und dunkle Abgründe tun sich unter ihm auf. Er begegnet eigenartigen, bedrohlichen Fischen, die er noch niemals gesehen hat. Gleichzeitig aber wird das Wasser nach oben hin immer klarer und heller, er atmet freier, er kann sich irgendwie leichter bewegen, er sieht Farben und Sonnenstrahlen, die ins Wasser fallen.

Dumpfe Erinnerungen steigen in ihm auf. Da war doch was? Was nur? Als er Tage und Nächte gesucht hat und schon ziemlich erschöpft ist, hört er auf einmal ein merkwürdiges Platschen. Er schaut sich um und sieht einen Fisch mit großem Tempo nach oben schwimmen, verschwinden und ein Stück weiter plötzlich wieder erscheinen. Er beobachtet dieses eigenartige Spiel eine Zeit lang und ruft dem Fisch zu: „Hallo, was machst du da eigentlich?" Der Fisch hält inne: „Ich feiere das Wunder des Lebens!" Jetzt weiß unser Fisch, dass er den sonderbaren Fisch gefunden hat. „Bist du nicht der, der den anderen Fischen so merkwürdige Fragen stellt?" „Ja, der bin ich!" „Kannst du mir bitte sagen, was deine Fragen zu bedeuten haben? Wieso ist das Leben ein Wunder? Was ist das Wasser des Lebens?"

„Das ist im Grunde etwas ganz Einfaches", antwortet der sonderbare Fisch, „merkwürdigerweise bleibt es uns aber meistens verborgen. Ich bin auch nur durch Zufall draufgekommen, ein Zufall, der mich fast das Leben gekostet hat. Vor ein paar Jahren bin ich, wie die anderen Fische auch, nahe an der Küste entlanggeschwommen, auf der Suche nach Nahrung. Auf einmal sah ich einen besonders leckeren Bissen. In meiner Angst, ein anderer könnte ihn mir wegschnappen, vergaß ich alle Vorsicht und schluckte ihn ganz schnell.

Dann geschah etwas ganz Furchtbares. Etwas schnitt und riss mir tief in meinen Hals und zog mich mit aller Gewalt in eine Richtung, in die ich einfach nicht wollte. Ich war voller Panik, wehrte mich mit allen Kräften, aber es nützte nichts. Diese unheimliche Kraft zog mich davon und dann war ich aus dem Wasser:" „Aus dem Wasser?" „Ja, aus dem Wasser. Es war furchtbar. Etwas Heißes, Trockenes strich durch meine Kiemen, ich glaubte zu ersticken. Ich atmete immer heftiger, aber es wurde nur noch schlimmer. Etwas Hartes packte mich, etwas stocherte mir im Hals herum, und ich dachte, ich müsse jetzt sterben. In meiner Verzweiflung machte ich noch einmal zwei, drei letzte kräftige Schläge mit meinem Körper und, ich weiß nicht wie, war ich auf einmal wieder im Wasser.

Und dann kam das große Wunder. Erst war ich noch ganz durcheinander, dann aber, als ich das Wasser wieder durch mich hindurchströmen fühlte, so kühl, so feucht, so voller Energie, stieg eine ungeahnte Glückseligkeit und Dankbarkeit in mir auf. Ich war so froh, zu leben, das Wasser in mir und um mich herum zu spüren, wie es mich trug, wie es mich streichelte, wie es mich durchflutete und belebte, und ich dachte, es gibt nichts Wunderbareres als dieses Wasser und dieses Leben. Und nicht nur dieses Wasser, das ich vorher kaum gekannt hatte, spürte ich, ich erlebte mich auch selbst viel klarer und deutlicher, wacher, lebendiger. Ich fühlte mich wie neugeboren, ich merkte zum ersten Mal in meinem Leben, was es heißt, zu leben und wie wunderschön das ist. Tagelang war ich selig vor Freude über diese Erfahrung.

Manchmal, wenn mir alles wieder etwas gewöhnlich und langweilig erscheint und ich unzufrieden werde, dann erinnere ich mich an dieses Erlebnis. Und wenn das auch nicht recht hilft, dann schwimme ich mit großer Geschwindigkeit durch das Wasser, nehme einen großen Anschwimm und springe aus dem Wasser heraus. Erst bekomme ich dann wieder einen großen Schrecken, weil ich glaube, sterben zu müssen. Wenn ich aber ins Wasser zurückfalle, wenn mich das Wasser aufnimmt und durchflutet, dann fühle ich mich wieder als der glücklichste und dankbarste Fisch im Meer. Ich schwimme dann voller Lust und Freude durch das Wasser und feiere das Wunder des Lebens.“

Der kleine Fisch hatte mit großen Augen und offenem Maul zugehört. Das hörte sich ja zu fantastisch an! Er konnte kaum glauben, dass es so etwas wie Wasser geben sollte, das einen trägt und aus dem heraus man lebt. Aber wenn es wahr wäre? Ob er es nicht einfach einmal versuchen sollte? Er hatte große Angst, aber er nahm all seinen Mut zusammen, nahm einen großen Anschwimm und sprang aus dem Wasser. Und es war so, wie der sonderbare Fisch gesagt hatte: Erst glaubte er, sterben zu müssen. Aber als er dann wieder ins Wasser eintauchte, spürte er auf einmal, wie wunderbar das Wasser war, wie herzlich es ihn wieder aufnahm, wie kühl, frisch, klar es war, wie belebend es ihn durchflutete, wie liebevoll und zärtlich es ihn umstreichelte, wie beglückend es war, sich in ihm zu bewegen und einfach nur da zu sein.

Während er noch wie berauscht war von diesem Geschenk, da sein zu dürfen und sich im Wasser so lebendig zu spüren, begann er sich zu erinnern. War es nicht das, was er heimlich immer gesucht hatte? Hatte es nicht einmal eine Zeit gegeben, als er noch ganz jung war, wo er voller Lust und Freude durch das Wasser geschwommen war, so schnell er konnte, wo er sich an dem Licht und den Farben gefreut hatte, wo er voller Staunen, Faszination und Glück gewesen war? Ja, diese Zeit hatte es gegeben, aber irgendwie hatte er sich alles nicht richtig merken können, und zu schnell war der Ernst des Lebens gekommen. Er hatte fürs Leben lernen müssen, wie man überlebt, wie man für Nahrung sorgt, er hatte sich angstvoll schützen müssen vor größeren und gefährlichen Fischen. Auch war das Wasser mit der Zeit dunkler, schmutziger geworden, das Atmen war schwer geworden und das Denken vor lauter Sorgen anstrengend und eng. Er hatte nur noch ganz tief in seinem Herzen eine Ahnung behalten, dass es noch etwas anderes geben müsse.

Jetzt wusste er, dass er recht gehabt hatte und dass es gut gewesen war, sich selbst treu zu sein. Der kleine Fisch blieb jetzt bei dem sonderbaren Fisch draußen im Meer, wo alles klarer und heller war und lernte mit ihm, das Leben zu feiern. Immer wieder aber kehrte er auch zu den anderen Fischen zurück und man hörte ihn fragen: „Wisst ihr, dass das Leben ein großes Wunder ist?“ oder „Kennt ihr das Wasser des Lebens?“[113]

Häufig ist es also eine krisenhafte, existenzielle Notsituation, eine Trennung, eine Krankheit, ein Unfall, die Nähe des Todes, die uns eine Neuorientierung ermöglicht. Plötzlich werden wir aus dem ewig kreisenden Rad der Alltagstrance und Gleichförmigkeit herausgerissen und können unser Leben aus einer völlig neuen Perspektive sehen. Durch die Kontrasterfahrung erkennen wir auf einmal deutlich und klar, wie bedeutsam das Leben wirklich ist.

> Manche fangen wirklich erst dann zu leben an,
> wenn sie aufhören sollen.
> Wenn du dies für wunderbar hältst,
> so will ich etwas hinzufügen,
> worüber du dich noch mehr verwundern wirst.
> Manche haben zu leben aufgehört, ehe sie anfingen.
>
> *Seneca*[114]

Menschen, die unter Asthma leiden, finden es ekstatisch, wenn sie wieder frei und unbelastet atmen können. Menschen, die Herzangst haben, deren Herz sich in Schmerzen zusammenzieht und wild vor Panik rast, finden es ekstatisch, wenn es wieder ruhig und regelmäßig schlägt. Menschen, die Rheuma haben, finden es ekstatisch, Arme und Beine frei bewegen zu können. Menschen, die in tiefer Depression waren und nichts mehr wünschen und fühlen konnten, finden es ekstatisch, wenn sich wieder Wünsche und Gefühle einstellen, selbst wenn es nur der kleinste Ärger oder die kleinste Freude sind. Atmen, der ruhige Herzschlag, sich frei bewegen, Gefühle haben: Alles dies sind Dinge, die wir üblicherweise als alltäglich empfinden und deren Wert wir gar nicht schätzen, weil uns der notwendige Kontrast fehlt.

Der niederländische Psychiater Piet Kuiper beschreibt in seinem Buch „Seelenfinsternis“ seine eigene Erfahrung mit einer langjährigen Depression. Symptome einer schweren Depression sind: die gedanklichen Assoziationen verarmen, der positive Gefühlsbezug zu sich selbst, den vertrauten Menschen und der Welt geht verloren, man ist von panikartiger Angst und der tiefen Überzeugung erfüllt, absolut versagt zu haben, man glaubt, minderwertig, dumm und unfähig zu sein und erlebt abgrundtiefe Schuld-, Leere- und Sinnlosigkeitsgefühle. Die Wiederkehr seiner Gefühle nach der Depression beschreibt Kuiper so:

> Frau Wijsenbeck ging von einem zum anderen und wandte sich dann an mich. Sie merkte, dass es mir nicht leicht fallen würde, meine Gefühle in Worte zu fassen, und sie forderte mich auf: „Versuchen Sie es ruhig.“ Tränen auf den Wangen, die hatte ich seit Jahren nicht mehr gespürt. „Was haben Sie dabei empfunden? Können Sie das sagen?“ Sprechen konnte ich kaum, aber schweigen würde völlig im Gegensatz zu dem stehen, was ich fühlte. Sie lächelte, wie eine Mutter ihr Kind anlächelte. Frostige Dunkelheit war Licht und Wärme gewichen, der Frühlingswind wehte über die vereisten Hänge. Ich fühlte grenzenloses, maßloses Glück. „Was ich empfinde [...] dass das Leben trotz all dieses bitteren, schrecklichen Elends doch wert ist, gelebt zu werden.“[115]

Ein Weiser wurde einmal gefragt, seit wann er den Sinn seiner Existenz gefunden habe. Er antwortete: „Seitdem ich nicht mehr zu wissen glaube, was heute Abend sein wird.“ Diese Einsicht in die äußerste Begrenztheit unserer persönlichen Existenz in jeder Hinsicht öffnet uns für die Unbegrenztheit unserer transpersonalen Existenz. Darin liegt der tiefere Grund, warum das „Stirb und werde“ im Zentrum jedes Prozesses der Selbst-Findung steht.

Übung: Stirb und werde

Vorbemerkung: Die nachfolgende Übung kann uns helfen, sich den unschätzbaren Wert unseres Lebens bewusst zu machen. Die Übung stammt von Oscar Carl und Stephanie Simonton, wurde von Annemarie und Reinhard Tausch übernommen und hier ein wenig variiert.[116] Sie kann sehr tief greifend und erschütternd sein, aber ist für manche Menschen auch nicht gut erträglich. Wenn Sie sich nicht sicher sind, ob Sie die mit ihr verbundene psychische Belastung aushalten und verarbeiten können, dann überspringen Sie sie bitte oder machen Sie sie in Begleitung einer Vertrauensperson oder in einer Gruppe.

Wenn Sie bereits ein Entspannungsverfahren kennen oder eine Meditationshaltung gewöhnt sind, dann verwenden Sie ruhig diese als Einleitung. Wenn nicht, lesen Sie bitte zuerst die folgenden Schritte und üben Sie dann.

Suchen Sie sich einen Ort, an dem Sie ausreichend Ruhe haben und für etwa 60 Minuten ungestört sein können. Der Ort sollte für Sie angenehm sein, und Sie sollten sich wohlfühlen. Lassen Sie sich für die einzelnen Abschnitte und Fragen genügend Zeit, damit sie wirklich in Berührung mit Ihren Gefühlen und Fantasien kommen.

Setzen Sie sich oder legen Sie sich so, dass Sie sich ganz entspannt fühlen können. Es ist nicht wichtig, dass Sie eine besondere Körperhaltung einnehmen. Das Wunder des Lebens ereignet sich ohnehin in Ihnen, ob Sie sitzen, gehen, liegen, schlafen oder wachen. Viel wichtiger ist, dass Sie sich so entspannen können, dass Sie mit Ihrem Herzen in Kontakt kommen und Sie sich seinen leisen Impulsen öffnen können. Wenn Sie ihre Ausgangshaltung eingenommen haben, überprüfen Sie noch einmal kurz, ob es auch wirklich bequem ist. Überprüfen Sie das Gesicht, lockern Sie die Stirn, die Augenpartie, die Kiefermuskulatur, lockern Sie die Schultern und atmen Sie einige Male etwas tiefer in den Bauch ein und aus. Stellen Sie sich vor, dass beim Ausatmen eine Welle der Wärme und Entspannung erst durch die Arme, dann durch die Beine fließt. Mit jedem Ausatmen wird die Entspannung tiefer und tiefer. Sie lassen sich ganz los.

Wenn Sie den Eindruck haben, dass Sie zur Ruhe gekommen, Arme, Beine und der Körper entspannt sind und Sie sich wohlfühlen, dann stellen Sie sich vor, dass jetzt die Zeit Ihres Sterbens gekommen sei. Stellen Sie es sich so vor, wie es Ihnen jetzt in den Sinn kommt. Lassen Sie sich Zeit, bis Sie ganz in Fühlung mit dieser Vorstellung sind. Wenn die Gedanken abschweifen, ist das in Ordnung. Kommen Sie dann einfach zur Übung zurück. Denken Sie immer wieder daran, dass Ihnen diese Übung wichtige Einsichten bringen kann und dass sich die kleine Anstrengung der Konzentration lohnt.

Stellen Sie sich nun vor: Sie sprechen mit Ihrem Arzt, und er informiert Sie, dass er keine Heilungsmöglichkeiten mehr sieht und dass sich der schnelle Fortgang der schweren Erkrankung nicht aufhalten lässt.

Stellen Sie sich Ihre Gefühle und Gedanken vor, die Sie bei dieser Information haben. Was wollen Sie jetzt machen? Mit wem wollen Sie sprechen? Was wollen Sie sagen? Nehmen Sie sich jetzt Zeit, sich das in allen Einzelheiten vorzustellen.

...

Stellen Sie sich jetzt vor, wie Sie die letzten Lebenswochen verbringen wollen. Was möchten Sie tun? Was ist Ihnen wichtig?

...

Und jetzt sehen Sie sich selbst, wie Sie Ihrem Tod näher kommen. Sie sehen, wie die Verschlechterung Ihres Körpers zunimmt. Sie sehen die Einzelheiten Ihres Sterbens. Sie fühlen, dass sich Ihr Körper seinem Ende nähert. Sie sind sich bewusst, dass Sie sterben werden. Erlauben Sie sich, diese Gefühle zu erfahren und setzen Sie sich mit ihnen auseinander.

...

Sehen Sie jetzt die Menschen um Sie herum, an Ihrem Sterbebett. Stellen Sie sich vor, wie sie reagieren, was sie Ihnen sagen werden. Was sagen Sie? Und was fühlen Sie?

...

Stellen Sie sich vor, Sie würden jetzt von einem Ihnen sehr nahe stehenden Menschen um Rat gefragt, wie man sein Leben eigentlich leben sollte. Was würden Sie sagen?

...

Und jetzt stellen Sie sich vor, dass Ihr Körper seine Kraft verliert. Sehen Sie sich selbst im Moment des Sterbens.

Und jetzt sehen Sie sich selbst gestorben. Mit Ihrer Seele geschieht jetzt das, was Sie sich vorstellen, wie es Ihren religiösen Vorstellungen entspricht. Vielleicht also geht Ihre Seele in das Universum – in die Ewigkeit – zu Gott oder was immer Sie denken.

...

Und jetzt, während Ihre Seele im Universum oder bei Gott ist, blicken Sie zurück auf die Einzelheiten Ihres Lebens. Nehmen Sie sich für den Rückblick auf Ihr Leben Zeit.

- Was war mein Leben?
- Was habe ich getan?
- Welche Schwierigkeiten, Leiden, Schmerzen, Ängste, Verletzungen habe ich erfahren?
- Wo habe ich anderen Menschen geschadet und Leid zugefügt?
- Was möchte ich wieder gutmachen?
- Was hat mir Freude gemacht?
- Wann habe ich mein Leben als erfüllt und ganzheitlich erfahren?
- Was würde ich heute gerne anders machen in meinem Leben?

Da diese letzte Frage so wichtig ist, lassen Sie sich bitte so viel Zeit, wie Sie brauchen, um zu einer für Sie wirklich befriedigenden Antwort zu finden. Fragen Sie immer weiter und tiefer und bleiben Sie nicht bei der ersten Antwort, die Ihnen in den Sinn kommt, stehen. Fragen Sie immer weiter und tiefer, bis Sie das Gefühl haben, dass Sie die für Sie letzte und tiefste, aufrichtigste Antwort gefunden haben. Diese Antwort muss nicht unbedingt ein Wort oder Satz sein, sondern kann auch ein Bild oder Symbol, ein Gefühl oder eine Stimmung sein.

...

Lassen Sie sich nun noch etwas Zeit, die Übung aus- und nachklingen zu lassen. Das war die Vorstellung von Ihrem Sterben und Ihrem Tod. Und das war ein Rückblick auf Ihr Leben.

Kommen Sie bitte langsam wieder hierher zurück.

Lassen Sie die Augen noch geschlossen. Seien Sie sich bewusst, dass Sie wieder neu in dieses Leben eintreten. Und dass Sie die Chance haben, weiter und neu zu leben.

Sie fühlen den Frieden, den die Gegenwart für Sie hat. Fühlen Sie, wie entspannt Sie sind. Sie spüren, wie das Leben und die Wärme ihren Körper durchfluten. Sie spüren Ihren Körper deutlich, Sie bewegen ihn ein wenig, strecken die Arme und die Beine, atmen tief ein und aus. Sie spüren, dass Sie jetzt wieder deutlich hier in diesem Raum sind. Nun machen Sie bitte langsam die Augen auf und fühlen Sie sich auf unserer Erde wieder zu Hause.

Lassen Sie sich die Zeit, die Sie brauchen, um alle Empfindungen, Gedanken, Gefühle und Fantasien ausklingen zu lassen und verarbeiten zu können. Sie können Ihre Erfahrungen mit der Übung auch aufschreiben oder mit einem Vertrauten besprechen.

Memento mori

Von Gautama Buddha wird berichtet, er habe seinen Schülern empfohlen, sich monatelang unter Sterbenden und Toten aufzuhalten und bei zerfallenden Leichnamen zu meditieren, damit ihnen die Eigenart und Vergänglichkeit der menschlichen Existenz bewusst würde und sie den Weg der Befreiung fänden. Die Philosophen des Altertums bis zur Gegenwart erinnern uns beständig daran, dass der Tod unser weisester Lehrmeister ist. Menschen, die wissen, dass sie bald sterben müssen, und sich mit ihrem nahenden Tod angefreundet haben, sagen häufig, dass sie erst jetzt richtig angefangen hätten zu leben. Sie sagen, sie würden Stunden höchster Intensität erfahren, sie seien ruhiger, gelassener, friedvoller, ja sogar heiterer geworden und seien für viele kleine Augenblicke und Begegnungen, an denen sie früher achtlos vorbeigegangen waren, empfänglich und dankbar. Die Gewissheit des Todes führt offenbar zu einer Umverteilung der Werte. Was vorher so sehr wichtig erschien, wird nun unwichtig, was vorher nicht beachtet wurde, wird zur Offenbarung.

C. G. Jung schrieb nach einem Herzinfarkt, der ihn in Todesnähe gebracht hatte, an eine tödlich erkrankte Kollegin:

> Alles in allem war mir meine Krankheit eine überaus wertvolle Erfahrung; sie gab mir die kostbare Gelegenheit, einen Blick hinter den Schleier zu tun. Nur das ist schwierig: sich vom Körper zu lösen, nackt zu werden und leer von Welt und Ich-Willen. Wenn man den rasenden Lebenswillen aufgeben kann, und wenn es einem vorkommt, als fiele man in bodenlosen Nebel, dann beginnt das wahre Leben mit allem, wozu man gemeint war und das man nie erreichte. Das ist etwas unaussprechlich Großes. Ich war frei, vollständig frei und ganz, wie ich mich nie zuvor gefühlt hatte […]
>
> Es war ein stummes, unsichtbares Fest, und ein unvergleichliches, unbeschreibliches Gefühl ewiger Seligkeit durchdrang es; nie hätte ich geglaubt, dass ein solches Gefühl im Bereich menschlicher Erfahrung läge. Von außen gesehen und solange wir außerhalb des Todes stehen, ist er von größter Grausamkeit. Aber sobald man darin steht, erlebt man ein so starkes Gefühl von Ganzheit und Frieden und Erfüllung, dass man nicht mehr zurückkehren möchte.“[17]

Die Begegnung mit dem Tod kann in vielerlei Hinsicht zu einem Schlüssel werden, der uns neue Bewusstseinsräume öffnet und tiefe Lebenswerte zugänglich macht. Das Erschütterndste und zugleich Befreiendste daran ist die Einsicht, dass es in gewisser Hinsicht auf nichts wirklich ankommt und wir innerhalb gewisser Grenzen frei sind, zu tun, was wir tun wollen, wenn wir dafür die Verantwortung übernehmen. Das ganze Ausmaß dieser Freiheit zu ertragen, ist allerdings für uns meist so schwer, dass wir uns lieber in Zwänge und Abhängigkeiten hineinverwickeln lassen, um das Geschenk, das die Gewissheit des Todes uns macht, nicht wahrnehmen zu müssen. Denn in dieser Freiheit liegen auch Ungeborgenheit, Unsicherheit, Unbeständigkeit, fortwährende Wandlung. Wenn es angesichts des Todes auf nichts wirklich ankommt, dann kommt es auch nicht mehr auf unsere Wichtigkeit und Bedeutsamkeit an, auch nicht auf unsere persönliche Geschichte, Vergangenheit und Zukunft oder auf die vielen anderen Dinge, an denen wir uns so verzweifelt festklammern. Übertriebener Ehrgeiz, Stolz und Machtgier stellen sich als leidvolle Wahngebilde heraus.

So schwer es uns auch fällt, dies zu sehen: Gerade in dieser Endlichkeit und Sterblichkeit liegt auch die große Chance der Bewusstwerdung unserer transpersonalen, kosmischen Natur. Brian Swimme stellt die Frage, was der sich sich entfaltende Kosmos davon hat, bestimmte Geschöpfe – die Menschen – zu enthalten, die sich ihres eigenen Todes bewusst sind. Und er gibt die Antwort:

> Um uns das Abenteuer des Lebens tiefer empfinden zu lassen, um die Dramatik jedes Augenblicks zu unterstreichen. Das Universum verlangt sehnsüchtig danach, sich zu zeigen. Das Universum repräsentiert jenes unnennbare Mysterium, aus dem das Leben hervorscheint. Wie sonst könnte das Universum seinen eigenen umwerfenden Wert spüren? Wie anders als durch eine menschliche Spezies, die sich ihres eigenen Endes bewusst ist? Innerhalb des menschlichen Selbst-Bewusstseins lässt sich ein Funke der unendlichen Kostbarkeit allen Lebens spüren, und dazu wären wir bestimmt nicht fähig, wenn wir uns des Todes nicht bewusst wären. [...] Würdige dein Todesbewusstsein als Geschenk des Universums an dich. Wenn dir dieser Weg, den unendlichen Wert jedes Augenblicks zu sehen, nicht gegeben wäre – was sonst würde dich dazu bringen, dein Leben zu leben?[117]

Die ernsthafte Auseinandersetzung mit der Sterblichkeit führt zu einem „Ich-Tod“ insofern, als sie uns von allen jenen Vorstellungen befreit, mit denen wir uns vorher fälschlich und illusorisch identifiziert haben, zum Beispiel mit unserer Grandiosität und Allmacht oder auch mit unserer Allschuld. Das Ja zu diesem „Ich-Tod“ ist aber zugleich auch ein Ja zum Leben und zum Selbst. Indem wir wagen, unsere Vorstellungen von uns selbst, unserem Können und Vermögen, in Frage zu stellen und zu relativieren, uns von unseren überhöhten Größenvorstellungen, unseren Minderwertigkeitsgefühlen und unseren Schuldzuschreibungen zu lösen, gewinnen wir jenen überpersönlichen Standpunkt, der es uns ermöglicht, zu einer fließenden, freien Einstellung zu finden, die in einem fruchtbaren Verhältnis zu dem Ganzen der Persönlichkeit und der Umwelt steht.

Dann zeigt sich, dass der gefürchtete Weg nach unten vom alten Ich-Bewussteinsstandpunkt her gesehen zwar ein „Abstieg“ und ein Tod ist, zugleich aber auch ein Weg aufwärts. Der Abstieg bringt eine Erhöhung beziehungsweise Vertiefung des Lebens, das Leiden des Ich-Bewusstseins führt zur Erlösung des Selbst, das Eintauchen in den Todesbereich führt zu einer Neugeburt.

Der neue Mensch, der durch den symbolischen „Ich-Tod“ gegangen ist, ist kein ewiger, unsterblicher, sondern er ist ein durch den Tod gewandelter Mensch. Er ist ein Mensch, der die Flucht vor sich und dem Tod aufgegeben hat und der deshalb zu neuem Leben und zu neuer Lebendigkeit erwachen kann. Er kann das Wunder und das Geschenk des Lebens in seiner ganzen Paradoxie und Schönheit wahrnehmen und beginnen, es in Liebe zu feiern.

> Tod ist ein selig Ding: Je kräftiger er ist:
> Je herrlicher daraus das Leben wird erkiest.
>
> Ich sage, weil der Tod allein mich machet frei,
> Dass er das beste Dinge aus allen Dingen sei.

Angelus Silesius[118]

Wie neugeboren: Unser Inneres Kind

Der erste Grund, weshalb wir das Wunder des Lebens so schwer erfassen können, liegt, wie wir eben gesehen haben, in der prinzipiellen Verborgenheit unseres Selbst, der zweite in unserer Schwierigkeit, uns auf unsere Endlichkeit und Sterblichkeit einzulassen und der dritte darin, unser Inneres Kind zuzulassen. Alle die Qualitäten, um die es uns hier geht, die Lebendigkeit und Körperlichkeit, die Freude und Begeisterungsfähigkeit, die Neugierde und Lernbereitschaft, das leidenschaftliche Wissenwollen und die Faszination am Geheimnisvollen, finden wir im Kind in ihrer ursprünglichen Form. Solange wir es uns nicht gestatten, bestimmte Seiten von uns wieder zuzulassen, die wir in unserer Kindheit als „kindisch", „närrisch", „verrückt", „dumm" schamhaft verdrängen mussten, werden wir das Wunder des Lebens kaum fühlen können.

Es gibt in unserer Seele etwas, das so frisch, so lebendig, so offen, so unschuldig und so sehr verletzlich ist, wie ein kleines Kind. Wenn wir ganz entspannt sind, wenn wir alle Ansprüche an uns fallen lassen, wenn wir uns „gehen" lassen, wenn wir uns gestatten, ganz weich, ganz aufrichtig und ganz bei uns zu sein, dann spüren wir diese Seite in uns, dann haben wir den Eindruck, dass dies eigentlich unser wahres Wesen ist, dass alles andere nur Oberfläche, Angelerntes, Maske, Vorgetäuschtes ist. An der Oberfläche mag unsere Gestalt sich ändern, wir werden älter, sammeln Wissen und Erfahrungen, aber im Innersten sind und bleiben wir in diesem frischen, kindlichen Zustand.

Wenn Menschen Erfahrungen machen, bei denen sie den Eindruck haben, dass sie etwas ganz Wesentliches und Zentrales von sich erleben, dann finden sie häufig keinen treffenderen Vergleich als zu sagen, dass sie sich jetzt wie ein Kind fühlen. Und sie meinen damit hauptsächlich eine große Offenheit und Sensibilität für das, was sie umgibt. Sie meinen damit einen Zustand, in dem sie glücklich sind, einfach da zu sein, mühelos, neugierig, lernfreudig, liebevoll.

Die Jugend ist nicht ein Abschnitt des Lebens,
sie ist ein Zustand der Seele,
der in einer bestimmten Form des Willens besteht,
in einer Bereitschaft zur Fantasie,
in einer gefühlsmäßigen Kraft;
im Überwiegen des Mutes über die Zaghaftigkeit
und der Abenteuerlust über die Liebe zur Bequemlichkeit. [...]
Jung sein bedeutet, mit sechzig oder siebzig Jahren
die Liebe zum Wunderbaren bewahren
das Erstaunen für die leuchtenden Dinge
und die strahlenden Gedanken;
den kühnen Glauben,
den man den Ereignissen entgegenbringt,
den unstillbaren Wunsch des Kindes für alles, was neu ist,
den Sinn für die angenehme und fröhliche Seite des Daseins. [...]

Grabinschrift[119]

Siddhartha

Eine bekannte literarische Gestaltung, in dem das Motiv des Zum-Kind-Werdens erscheint, ist Hermann Hesses Roman Siddhartha.

Siddhartha muss einen sehr langen Weg gehen, bis er zu seinem Selbst findet. Er übt religiöse Versenkung, geht mit den Asketen, lässt seine leiblichen Bedürfnisse absterben, hört die Lehre Buddhas, aber er muss immer weiter. Er weiß, dass er seine Wahrheit nur finden kann, wenn er sich selbst treu bleibt und nur seinen eigenen Erfahrungen traut.

Er lernt bei der Kurtisane Kamala die Liebeslust, wird ein reicher Kaufmann, lernt das „süße Leben" in all seiner Faszination und Ausschweifung kennen, das Geldverdienen und Geldausgeben, das Spielen, das Trinken, das nächtelange Feiern. Nachdem er so das Ganze des Lebens durchkostet hat, gelangt er an einen Punkt, wo er glaubt, dass es nicht mehr weiter geht, dass seine Seele abgestorben ist, dass alles sinnlos und unbedeutend ist. Schließlich entdeckt er, nachdem er sich an einem Fluss sein leer und schal gewordenes

Leben fast genommen hätte, welche wunderlichen Umwege er in seinem Leben nehmen musste, um wieder Kind werden zu können.

> Nun, dachte er, da alle diese vergänglichen Dinge mir wieder entglitten sind, nun stehe ich wieder unter der Sonne, wie ich einst als kleines Kind gestanden bin, nichts ist mein, nichts kann ich, nichts vermag ich, nichts habe ich gelernt. Wie ist dies wunderlich! Jetzt, wo ich nicht mehr jung bin, wo meine Haare schon halb grau sind, wo die Kräfte nachlassen, jetzt fange ich wieder von vorn und beim Kinde an! Wieder musste er lächeln. Ja, seltsam war sein Geschick! Es ging abwärts mit ihm, und nun stand er wieder leer und nackt und dumm in der Welt. Aber Kummer konnte er nicht empfinden, nein er fühlte sogar großen Anreiz zum Lachen, zum Lachen über sich, zum Lachen über diese seltsame, törichte Welt.[120]

Siddhartha sieht aber auch, dass alle seine Illusionen und Täuschungen unvermeidlich, notwendig und richtig waren. Er erkennt, dass er durch so viel Dummheit, durch so viele Laster, durch so viel Irrtum, durch so viel Ekel und Enttäuschung und Jammer hindurchgehen musste, um wieder ein Kind werden und neu anfangen zu können. „Aber es war richtig so, mein Herz sagt ja dazu, meine Augen lachen dazu.“[121]

Zu viel entfremdendes Wissen hatte er früher angehäuft. Zu viele Regeln und Vorstellungen, zu viel angestrengtes Tun und Wollen hatten sein Verhalten bestimmt. Voll Hochmut war er gewesen, immer bestrebt, der Klügste, der Eifrigste, der Bessere, der Geistige und der Weise zu sein. Er hatte sich nicht erlauben können, einfach der zu sein, der er war. Das hatte ihn so rastlos und unzufrieden gemacht, das hatte ihn seinen Frieden nicht finden lassen. Jetzt endlich kann er diese leidvollen illusionären Ich-Vorstellungen loslassen, er braucht nicht irgendwie besonders und großartig zu sein. Und er entdeckt, dass er keineswegs, wie befürchtet, alles verloren, sondern alles gewonnen hat.

Momo

Eine weitere wunderschöne literarische Gestaltung des Göttlichen Kindes ist Michael Endes Geschichte von dem kleinen Mädchen Momo.

Kurz zusammengefasst geht es in der Geschichte um Folgendes: Graue Herren sind aufgetaucht und rechnen den Menschen vor, mit welchen unproduktiven Aktivitäten sie einen Großteil ihres Lebens verbringen und verführen sie dazu, ihre Zeit zu sparen. Sie sollen auf alle scheinbar unnützen und uneffektiven Aktivitäten verzichten und ihre Zeit nach der Formel „Zeit ist Geld" genau planend strukturieren und nur noch das tun, was unmittelbaren, greifbaren (finanziellen) Gewinn bringt.

Die dadurch gewonnene Zeit sollen sie auf der Zeitsparkasse sparen und sie würden diese Zeit dann später mit Zins und Zinseszins zurückbekommen, wenn sie sie im Alter brauchen. Die meisten Menschen verfallen den vernünftig und logisch erscheinenden Argumenten der grauen Herren, was zur Folge hat, dass ihr Leben immer hastiger, leerer, unbezogener, unbefriedigender wird. Nur ein Mädchen namens Momo erweist sich dem Einfluss der grauen Herren gegenüber eigentümlich immun. Ihr gelingt es schließlich auch, die grauen Herren aufzulösen und die verlorene Zeit der Menschen zurückzuholen.

Die grauen Herren

Die grauen Männer stellen alle jene unsere Einstellungen, Haltungen und Werte dar, die uns, mit dem Versprechen auf ein befriedigendes Leben in der Zukunft, daran hindern, schon hier und jetzt, in der Gegenwart, zu einem erfüllten Leben zu finden. Sie sind ein Ausdruck einer Geisteshaltung, die nichts vom Wunder des Lebens, der Liebe und des Lichts weiß. Die grauen Männer sind aber nicht wirklich unmenschlich oder bösartig. Hinter ihrer maskenhaften Uniformität, ihren versteinerten Gesichtszügen, ihren Statussymbolen und in ihrem sehn-süchtigen Saugen an ihren Zigarren wird ihre Angst, ihre Verzweiflung und ihre Einsamkeit für uns deutlich spürbar. Das macht sie uns irgendwie vertraut, sympathisch und wir nehmen wahr, dass auch sie ein Teil von uns sind. Sie stellen jene existenziellen Ängste und Unsicherheiten in uns dar, die uns dazu verführen, hauptsächlich nach Besitz, Geld, Macht, Prestige und Erfolg zu streben und dabei das Wunder des Lebens nicht zu erkennen.

Momo symbolisiert das Göttliche Kind in uns. Sie ist auf einmal ganz einfach da. Auf die Frage, wo sie herkommt, macht sie eine unbestimmte Bewegung, die irgendwohin in die Ferne deutet. Sie weiß nichts über ihre Eltern oder Verwandtschaft. Sie hat sich ihren Namen selbst gegeben. Sie kann ihr genaues Alter nicht nennen. Sie kann nur sagen: „Soweit ich mich erinnern kann, war ich schon immer da". Wo sie ist, da ist sie zu Hause.

Momo ist, wie alle Göttlichen Kinder, „kleiner als klein" und zugleich „größer als groß". Unter leistungsmäßiger Hinsicht und unter dem Gesichtspunkt des „Habens" und „Besitzens", wie ihn die grauen Herren vertreten, kann und hat Momo eigentlich nichts. Sie hat keine besondere Herkunft, keinen besonderen Status, kein Geld, keine Sachen, sie kann nicht lesen und schreiben. Sie hat keine Wunderkräfte oder sonstige übermenschliche Fähigkeiten. So gesehen ist sie „kleiner als klein".

Aber was sie kann, ist: Sie kann sein. Darin ist sie „größer als groß". Sie kann einfach da sein, einfach ganz gewöhnlich und selbstverständlich sie selbst sein, in der jeweiligen Gegenwart. Dadurch steht sie sich mit nichts selbst im Wege und deshalb kann sie offen sein für die Erfahrung der jeweiligen inneren und äußeren Wirklichkeiten. Sie ist durchlässig für das jeweils real und konkret Gegebene der äußeren Wirklichkeit wie für die transpersonale Wirklichkeit.

Momo ist ganz einfach da. Mehr ist es nicht und mehr scheint es auch nicht zu brauchen. Aber dieses unscheinbare, einfache Da-Sein hat tief gehende Wirkungen auf ihre Umwelt. Jeder, der in ihrer Nähe ist, kann sich auf einmal entspannen. Sie hört demjenigen einfach und aufmerksam zu, sie lauscht ihm, sie schaut ihn an und auf einmal findet er den Mut, auch ganz einfach er selbst zu sein. Er traut seinen eigenen Gedanken, Fantasien und Fähigkeiten. Kinder fangen in ihrer Anwesenheit an, zu spielen, wie sie noch nie gespielt haben, ein stummer Kanarienvogel, dem sie lauscht, findet wieder zu seinem Gesang. Ein grauer Herr, der versucht, auch sie zu einem Tauschhandel mit der Zeit zu verführen, kann ihrer mitfühlenden Frage: „Hat dich denn niemand lieb?" nichts mehr entgegensetzen, und er beginnt sich seinen innersten Sehnsüchten zu öffnen.

> War Momo vielleicht so unglaublich klug, dass sie jedem Menschen einen guten Rat geben konnte? Fand sie immer die richtigen Worte, wenn jemand Trost brauchte? Konnte sie weise und gerechte Urteile fällen?
> Nein, das alles konnte Momo ebenso wenig wie jedes andere Kind.
> Konnte Momo dann vielleicht irgendetwas, das die Leute in gute Laune versetzte? Konnte sie zum Beispiel besonders schön singen? Oder konnte sie irgendein Instrument spielen? Oder konnte sie – weil sie doch in einer Art Zirkus wohnte – am Ende gar tanzen oder akrobatische Kunststücke vorführen?
> Nein, das war es auch nicht.
> Konnte sie vielleicht zaubern? Wusste sie irgendeinen geheimnisvollen Spruch, mit dem man alle Sorgen und Nöte vertreiben konnte? Konnte sie aus der Hand lesen oder sonst wie die Zukunft voraussagen?
> Nichts von alledem. Was die kleine Momo konnte wie kein anderer, das war: Zuhören.[122]

Dieses intensive, bedingungslose Offen-Sein und Zuhören ist nur mit einem stillen Bewusstsein möglich, einem Bewusstsein, das nicht von Meinungen, Vorstellungen und Werten von richtig und falsch, gut und böse belastet wird. Es ist ein Bewusstsein, das nicht von Gefühlen der Angst vor Verlust oder des Anstrebens von Gewinn und Vorteil getrübt wird. Es ist eine mutige und vertrauensvolle Haltung, die wagt, an das, was jeweils ist, heranzutreten, die in der Lage ist, die Angst vor dem Neuen, Unbekannten auszuhalten, und eine Weile dabeizubleiben, ohne vorschnell zu reagieren. Und schließlich ist es eine Bereitschaft, auf dieses jeweilig Seiende mit seinem ganzen Wesen zu reagieren, es immer wieder und immer tiefer zu befragen, sich ihm und den eigenen innersten Reaktionen darauf anzuvertrauen und aus diesem innigen Austausch aus der gegenwärtigen Situation heraus zu handeln.

Diese Art des offenen, direkten Da-Seins in der Gegenwart haben wir bereits als wohlwollende Achtsamkeit kennengelernt. Diese hat sehr viel mit der meditativen Haltung des Taoismus oder des Zen-Buddhismus gemeinsam. Im Taoismus des Laotse lesen wir immer wieder von einer Haltung des „Wu Wei", einer Haltung, die in fließender Übereinstimmung zwischen innen und außen ist, ein Leben und Handeln, das manchmal auch paradoxerweise als „Nicht-Tun" bezeichnet wird.

Ein Handeln, das nicht aus einem ruhelosen Beschäftigtsein, nicht aus einem ständigen Planen und Überlegen heraus geschieht, sondern sich spontan aus den gegenwärtigen Gegebenheiten heraus ereignet, ist anders. Indem wir es wagen, uns mutig, offen und liebevoll der gegenwärtigen Situation auszusetzen, indem wir bereit sind, aus dem jeweils Gegebenen zu lernen, kann unser ganzer Organismus, unsere ganze Intelligenz, können Bewusstes und Unbewusstes zugleich reagieren. Diese Reaktion ist nicht vorhersehbar, sie ist neu und vielleicht einmalig. Sie wird etwas Kreativ-Spielerisches an sich haben, etwas Riskantes, etwas von einem Experiment, sie wird flexibel sein und keineswegs immer der Weisheit letzter Schluss, aber sie wird lebendig und von daher befriedigend sein.

Momos Haltung eines interessierten, liebevollen Offen-Seins für alles, was ist – und das ist das Schöne und Befreiende an ihr – ist bedingungslos, an keinerlei besondere Begabung, Fähigkeit, Kenntnis, Leistung, Besonderheit oder Großartigkeit gebunden. Um zu ihr zu gelangen und alle die vielen grauen Männer aufzulösen, bedarf es nicht mehr als des Mutes, immer tiefer und tiefer wir selbst zu sein, so, wie wir eben sind und auf diesem Wege immer mehr unsere ursprüngliche Freiheit, Offenheit und Selbstverständlichkeit zu gewinnen. Es ist die einfache und doch so schwierige Kunst, ganz gewöhnlich zu sein, ganz gewöhnlich in unseren Ängsten und Wünschen, Sorgen und Freuden, Unsicherheiten und Fähigkeiten. Indem wir wagen, ganz gewöhnlich zu sein, können unsere verzweifelten inneren Anspannungen und Kämpfe, uns irgendwie anders zu erleben und darzustellen, als wir sind, aufhören. Die Last einer jahrzehntelangen Entfremdung, Angst und Scham wird von uns genommen. Wir stehen einer liebevollen Beziehung zu uns selbst und der Welt gegenüber nicht mehr im Wege.

Neben diesen Eigenschaften – der Offenheit, Achtsamkeit und Bereitschaft, sich auf die Gegenwart und die Realitäten der eigenen Seele und der Welt einzulassen, so wie sie sind und der tiefen Selbst-Akzeptanz – lernen wir von Momo ganz unvermerkt noch ein Weiteres: die Bereitschaft, Verantwortung für das eigene Leben zu übernehmen. Momo hätte vermutlich guten Grund gehabt, ihre Einsamkeit, ihre Armut und schwierige Vergangenheit zu beklagen. Aber man hört nichts davon.

Sie lebt einfach zufrieden mit dem, was sie findet oder geschenkt bekommt. Dort wo sie ist, ist sie zu Hause angekommen. Darin drückt sich eine tiefe Versöhnung mit der eigenen Existenz aus. Die Vergangenheit ist irgendwo in unbestimmter Ferne. „Soweit ich mich erinnern kann, war ich schon immer da“. Ihr einfaches Da-Sein ist Grund genug, dafür Verantwortung zu übernehmen. Deshalb scheint Momo auch den Verführungsversuchen der grauen Männer gegenüber immun zu sein. Sie lebt ganz aus ihrer eigenen Existenz heraus.

Das Wunder der Stundenblume

Den Höhepunkt der Geschichte stellt die Begegnung Momos mit Meister Hora, einem Alten Weisen, einer anderen Symbolgestalt des inneren Selbst dar. Bei ihm erfährt sie etwas über das Wunder der Lebenszeit und sie erfährt etwas über die unendliche Tiefe ihres inneren Selbst. Momo wird von Meister Hora schweigend an den

Ort geführt, wo die Zeit der Menschen herkommt. Sie steht unter einer vollkommen runden Kuppel aus reinstem Gold. Durch eine Öffnung oben in der Mitte fällt eine Lichtsäule auf einen Teich mit schwarzem Wasser wie ein dunkler Spiegel. Die Lichtsäule schwingt wie ein Pendel über dem Wasser.

> Als das Sternenpendel sich nun langsam immer mehr dem Rande des Teiches näherte, tauchte dort aus dem dunklen Wasser eine große Blütenknospe auf. Je näher das Pendel kam, desto weiter öffnete sie sich, bis sie schließlich voll erblüht auf dem Wasserspiegel lag.
> Es war eine Blüte von solcher Herrlichkeit, wie Momo noch nie zuvor eine gesehen hatte. Sie schien aus nichts als leuchtenden Farben zu bestehen. Momo hatte nie geahnt, dass es diese Farben überhaupt gab. Das Sternenpendel hielt eine Weile über der Blüte an, und Momo versank ganz und gar in den Anblick und vergaß alles um sich her. Der Duft allein schien ihr wie etwas, wonach sie sich immer gesehnt hatte, ohne zu wissen, was es war.[123]

Die Stundenblume ist ein weiteres zentrales Symbol der Geschichte von dem kleinen Mädchen Momo. Sie hat sehr viele Gemeinsamkeiten mit dem Symbol des Göttlichen Kindes, weshalb sie in vielerlei Symbolgestaltungen auch miteinander verbunden werden oder sich gegenseitig auch vertreten. Blumen bzw. Blüten sind überall auf der Welt Symbole des jungen, sprießenden, farbigen Lebens, Symbole der Lebenskraft, der Lebensfreude, der Schönheit, des Eros, der Liebe. In ihm findet der schöpferische Wachstumsimpuls der Natur eine tief beeindruckende Struktur und Gestalt.

Überall auf der Welt, wo wir Menschen versuchen, uns den schönen, freud- und hoffnungsvollen Seiten des Lebens gegenüber zu öffnen, wo wir das Lebendige verehren, wo wir uns dankbar erweisen möchten, wo wir dem „grauen Alltag“ etwas Glanz verleihen und das Leben feiern möchten, greifen wir auf Blumen zurück und lassen sie „sprechen“.

Tatsächlich scheint es im Bereich der Natur neben der Symbolik der menschlichen, besonders natürlich der weiblichen Gestalt, kein elementareres, tiefsinnigeres und schöneres Symbol zu geben für all das, was wir uns im Innersten ersehnen und wie wir unser Leben leben möchten, als die Blume. Denken wir in diesem Zusammenhang an die „blaue Blume", die den Romantikern zum Inbegriff ihrer Sehnsucht nach dem Unendlichen, dem Geheimnisvollen und Verborgenen, dem Essenziellen und Wesentlichen ihrer Existenz, ihres innersten Zieles wurde.

Aber auch schon viel früher wurde die Blume als Symbol des Wesentlichen verwendet. Viele Mandalas haben Blumencharakter. In der indischen Philosophie gibt es die Vorstellung von inneren psychischen Zentren, die sich wie Räder drehen oder wie Blüten öffnen, wenn sie aktiviert werden, die „Chakren". Im Taoismus ist die aus dem Scheitel wachsende „Goldene Blüte" ein Symbol der Erleuchtung, des höchsten menschlichen Bewusstseinszustandes, in dem sich dem Menschen die wahre Natur seiner Existenz und seines Seins, seine Verbundenheit, mit allem, was ist, offenbaren soll.

Eine ähnliche Bedeutung hat die Lotos-Blume in der buddhistischen Philosophie. Dort symbolisiert sie u. a. die Entfaltung des inneren Selbst und des höheren Bewusstseins aus dem Unbewussten des Wassers und des erdhaften Schlammes, in dem sie wurzelt.

Auch die Stundenblume hat religiösen, transpersonalen Charakter. Das ständige Aufblühen und Verwelken der Stundenblumen symbolisiert nicht nur den Ablauf der Zeit, sondern deutet darüber hinaus an, dass jede Stunde unseres Lebens ihren jeweils eigenen Reiz und Zauber haben kann, wenn wir offen dafür sind, dies wahrzunehmen. Nicht nur in den großen Glücksphasen, den „Sternstunden" unseres Lebens, sondern in jedem Moment kann sich in uns das Leben und unser innerstes Selbst in seiner Ganzheit und Eigenheit offenbaren. Aber, um die wunderbaren Blüten zu sehen, die sich in jedem Moment öffnen und schließen, bedarf es einer besonderen Offenheit und Achtsamkeit, bedarf es einer besonderen Art und Weise, da zu sein. Es ist dies ein selbstvergessenes Schauen und

Lauschen mit offenem, liebenden Herzen, eine tiefe Bereitschaft, das, was jetzt ist, auch wirklich ganz an sich heranzulassen, sich ihm uneingeschränkt auszuliefern, um zu erfahren, was es ist.

> Doch dann schwang das Pendel langsam, langsam wieder zurück. Und während es sich ganz allmählich entfernte, gewahrte Momo zu ihrer Bestürzung, dass die herrliche Blüte anfing, zu verwelken. Ein Blatt nach dem anderen löste sich und versank in der dunklen Tiefe. Momo empfand es so schmerzlich, als ob etwas Unwiederbringliches für immer von ihr fortginge.[124]

Aber für die Erhaltung der schöpferischen Lebensdynamik ist eben noch ein Zweites notwendig: das immer erneute Loslassen und Sterbenlassen-Können der jeweils alt gewordenen Form. Das Leben entfaltet sich, wie es in dieser zentralen Erfahrung Momos dargestellt wird, wo das Lichtpendel über dem dunklen Wasser des Unbewussten von dem einen Rand zu dem gegenüberliegenden Rand schwingt, im Rhythmus und in der Spannung der Polaritäten. Dies ist im Kleinen wie im Großen gültig, im Ablauf der Minuten einer Stunde – wie schnell können die Stimmungen innerhalb weniger Minuten sich verändern – im Ablauf der Stunden eines Tages, der Tage einer Woche, der Wochen eines Monats, der Monate und Jahreszeiten, im Ablauf der Lebensalter und Lebensstufen.

Dem Aufblühen jedes Momentes folgt sein Verblühen. Es ist für uns nicht einfach, diesem Pulsschlag des Lebens zu vertrauen, gerade in den Zeiten, wo die Blüten des Lebens verwelken, in den dunklen, leeren Zuständen, wo wir uns desorientiert und verzweifelt fühlen und fast nicht mehr glauben können, dass es die wundersamen Blüten des Lebens überhaupt gibt. Je tiefer wir uns aber diesem Pulsschlag anvertrauen und lauschen, desto deutlicher können wir auch erahnen, dass sich darin ein umfassenderes Leben manifestiert, das sich durch uns offenbaren will.

> Je länger sie zuhörte, desto deutlicher konnte sie einzelne Stimmen unterscheiden. Aber es waren keine menschlichen Stimmen, sondern es klang, als ob Gold und Silber und alle anderen Metalle sangen. Und dann tauchten, gleichsam dahinter, Stimmen ganz anderer Art auf, Stimmen aus undenkbaren Formen und von unbeschreibbarer Mächtigkeit. Immer deutlicher wurden sie, sodass Momo nun nach und nach Worte hörte, Worte einer Sprache, die sie noch nie vernommen hatte und die sie doch verstand. Es waren Sonne und Mond und die Planeten und alle Sterne, die ihre eigenen, ihre wirklichen Namen offenbarten. Und in diesen Namen lag beschlossen, was sie tun und wie sie alle zusammenwirken, um jede einzelne dieser Stunden-Blumen entstehen und wieder vergehen zu lassen.
> Und auf einmal begriff Momo, dass alle diese Worte an sie gerichtet waren. Die ganze Welt bis hinaus zu den fernsten Sternen war ihr zugewandt wie ein einziges, unausdenkbares großes Gesicht, das sie anblickte und zu ihr redete!
> Und es überkam sie etwas, das größer war als Angst.[125]

Unser Inneres Kind kann uns zu jenem geheimnisvollen Ort in unserer Seele führen, wo wir das größere Leben in uns spüren, wo wir wahrnehmen können, dass wir Kinder des Universums sind und wo wir den geheimen Sinn unserer Existenz erahnen können.

Das ewige Kind des Universums

Das Innere Kind mit seiner Offenheit und Neugier, seiner Spontanität, seinen Träumen und Wünschen, seiner Lebensfreude, Lust und Kreativität steht in einer so engen Beziehung zu unserem wirklichen Wesen, dass es, wie wir gesehen haben, in vielen Religionen zum Symbol des Selbst wurde. Es ist nicht das einzige Symbol für das wahre Selbst von uns, wir haben noch viele andere kennengelernt, aber es beinhaltet doch ganz entscheidende und zentrale Aspekte davon.

> Es [das göttliche Kind, Anm. d. Verf.] personifiziert Lebensmächte jenseits des beschränkten Bewusstseinsumfanges, Wege und Möglichkeiten, von denen das Bewusstsein in seiner Einseitigkeit nichts weiß, und eine Ganzheit, welche die Tiefen der Natur einschließt. Es stellt den stärksten und unvermeidlichsten Drang des Wesens dar, nämlich den, sich selber zu verwirklichen. [...]
> Der Drang und Zwang zur Selbstverwirklichung ist Naturgesetzlichkeit und daher von unüberwindlicher Kraft, auch wenn der Beginn ihrer Wirkung zunächst unansehnlich und unwahrscheinlich ist.
>
> *C. G. Jung*[126]

Die Begegnung mit unserem Inneren Kind ist nicht einfach für uns, weil wir dabei mit starken Gefühlen konfrontiert werden: mit heißen Sehnsüchten, mit großer Angst, mit Schmerz und Trauer und vor allem mit Scham. Die tiefe Scham, die wir empfinden, wenn wir in Berührung mit den Gefühlen und Wünschen unseres Inneren Kindes kommen, macht es uns oft unendlich schwer, unser wahres Selbst zu erfahren. Wir glauben, mit aller Gewalt unser innerstes Geheimnis verbergen zu müssen. Wir wehren uns verzweifelt, nichts von diesen vermeintlich „schwachen" Gefühlen zu zeigen: wie sehr wir geliebt sein wollen, wie sehr wir lieben wollen, wie viel Angst wir haben, nicht geliebt zu werden, wie unsicher wir darüber sind, ob wir liebenswert sind. Wir wollen unsere unendliche Sehnsucht nach liebevoller Bestätigung, unsere Verletzlichkeit und unsere Empfindlichkeit nicht offenbaren. Wir haben Angst vor den innigen, weichen, warmen Gefühlen, die uns überkommen könnten, vor den Tränen, die vielleicht fließen würden, vor unserer Rührung und Trauer, aber auch vor den ekstatischen Reaktionen, vor all den „sentimentalen" Gefühlen, der „Gefühlsduselei".

Wir verbergen sie stattdessen hinter Ernsthaftigkeit, Verantwortlichkeit und Pflicht, hinter Neid, Verbitterung, Rachegefühlen, Aggressionen, Vorwürfen, Streitereien, Rivalitäten. Aber wenn wir gelernt haben, das Innere Kind in uns und in anderen Menschen zu sehen, dann wissen wir, dass wir hinter all diesen „erwachsenen" Haltungen und hinter all den negativen, zerstörerischen Impulsen oft nur eines zum Ausdruck bringen wollen: „Liebe mich! Bestätige mich! Nimm mich an, wie ich bin!" Und das ist nicht nur ein „neurotisches", „narzisstisches" Verlangen, sondern es ist auch die Sehnsucht unseres inneren Selbst, das nach unserer Zuwendung, unserer Bestätigung, nach unserer ganzheitlichen Akzeptanz ruft.

Die Abwehr der Scham vor unseren „kindischen" Gefühlen ist es vermutlich auch, die uns dazu bringt, mit „realistischen", „intellektuellen", „vernünftigen" Argumenten das Wunder des Lebens als naive Realitätsverleugnung abzutun. Wenn uns wirklich erlauben, zu staunen, verwundert, fasziniert, beglückt, begeistert darüber zu sein, dass wir hier auf der Erde sind, dann kämen ja vielleicht auch alle diese peinlichen, „kitschigen" Gefühle mit und mit ihnen die Trauer und der Schmerz über unsere verlorene Ganzheitlichkeit und Herzlichkeit.

Wenn wir das Wunder des Lebens erfahren wollen, müssen wir wieder unsere Neugier, Sinnlichkeit und Lebenslust, unsere Offenheit und Hingabe, unsere Fähigkeit zum Staunen, Experimentieren, Forschen, Spielen, Lachen, Tanzen und Singen erwecken. Wir müssen „zum Kind reifen."[127]

> In jener Stunde kamen die Jünger zu Jesus und fragten:
> Wer ist im Himmelreich der Größte?
> Da rief er ein Kind herbei,
> stellte es in ihre Mitte und sagte:
> Amen, das sage ich euch:
> Wenn ihr nicht umkehrt und wie die Kinder werdet,
> könnt ihr nicht in das Himmelreich kommen.
> Wer so klein sein kann wie dieses Kind,
> der ist im Himmelreich der Größte.[128]

Dieses Jesuswort oder der „Anfängergeist" des Zen-Buddhismus erinnern uns daran, zurück zu einer offenen, freien Einstellung dem Leben gegenüber zu finden. Aber das ist viel leichter gesagt, als getan, unsere prägenden Lebenserfahrungen und die Automatismen unseres Gehirns machen es uns sehr schwer. Wir können nicht mehr so einfach und offen und neugierig wie ein Kind sein. Aber wir können wenigstens versuchen, dieser kindlichen Qualität ein wenig mehr Raum in unserem Leben zu geben.

> Christ, so du kannst ein Kind von ganzem Herzen werden,
> So ist das Himmelreich schon deine hier auf Erden.
>
> *Angelus Silesius*[129]

Wenn das Göttliche Kind in uns (wieder) lebendig werden darf, dann treten wir in eine bewusstere Beziehung zu unserem ganzen Selbst. Je mehr wir uns erlauben, auf unsere leisen, oft kindlich anmutenden Impulse zu hören, desto mehr wächst unser Vertrauen in die Weisheit des Selbst.

Wir erahnen die Quelle, aus der unsere ganze Lebendigkeit gespeist wird. Wir können uns als Kinder des Universums erfahren, gezeugt von der „Großen Mutter“ und dem „Großen Vater“, von „göttlichen“ wie von menschlichen Eltern, erfüllt vom „Heiligen Geist“ der Schöpfung.

Was von unserem erwachsenen Ich-Bewusstsein zuerst als Verlust seiner Kontrolle und Macht gefürchtet wird, ist gar kein Verlust, sondern vielmehr eine Befreiung, eine tief ersehnte Erlösung, eine unendliche Erleichterung. Wir erfahren uns als Teil eines größeren Systems, einer überlegenen Weisheit und können jetzt endlich wahrnehmen, was wir schon immer gewesen sind, ohne es zu wissen: eine Offenbarung der schöpferischen Intelligenz des Universums.

Wenn wir unser „ursprüngliches Antlitz“, wie es im Zen-Buddhismus heißt, entdecken, ändert sich äußerlich gesehen zunächst noch nicht sehr viel. Wir bleiben für eine Zeit lang die gleichen Menschen mit den gleichen Eigenschaften, Bedürfnissen und Interessen. Auch unsere Mitmenschen und die Welt bleiben die gleichen. Wir tun weiterhin das, was wir auch sonst getan haben. Aber da unser Organismus das Ergebnis eines unendlich langen evolutionären Prozesses ist, verlagert sich in dem Maße, in dem wir die Ganzheit des Selbst als unser neues Zentrum bewusst erfahren, der Schwerpunkt unseres Identitätsgefühls allmählich weg von der Vorstellung, eine begrenzte Person mit dem Namen XY zu sein, hin zu dem Erleben, an einem übergeordneten gemeinschaftlichen Prozess teilzuhaben. Statt Attraktivität, Erfolg, Macht und der narzisstischen Darstellung der eigenen Person tritt nun das Leben selbst in den Mittelpunkt des Interesses.

Wir entdecken den wahren Reichtum, den wir bislang nach außen auf Besitz, Geld und Status-Symbole projiziert haben, vor allem auch in uns selbst, in unserem Lebendigsein, in unserem Bewusstsein, in unserem Körper mit seinen vielen wundervollen Fähigkeiten. Wir möchten die unnötigen Barrieren und Blockaden, die uns an der vollen Entfaltung unserer Fähigkeiten und Begabungen hindern, überwinden. Wir möchten unser Verstehen des Mysteriums des Lebens und des Bewusstseins vertiefen, wir möchten Verantwortung übernehmen für das Leben, das uns zum Geschenk gemacht wurde, und wir möchten unseren Teil zur guten Entfaltung des Lebens auf dieser Erde beitragen.

Schließlich erfahren wir, dass das Glück, die Liebe und die Freiheit, nach der wir uns so tief gesehnt haben, sich dann erfüllen, wenn wir das leben, was in Übereinstimmung mit unserer inneren Wahrheit ist. Im zunehmenden Vertrauen zu unserem Selbst gewinnen wir jene Sicherheit und jenen höchsten Wert, die das Ziel unserer Suche, unserer lange Wege und Umwege durch das Leben waren.

Du musst das Leben nicht verstehen,
dann wird es werden wie ein Fest.
Und lass Dir jeden Tag geschehen
so wie ein Kind im Weitergehen von jedem Wehen
sich viele Blüten schenken lässt.

Sie aufzusammeln und zu sparen,
das kommt dem Kind nicht in den Sinn.
Es löst sie leise aus den Haaren,
drin sie so gern gefangen waren,
und hält den lieben jungen Jahren
nach neuen seine Hände hin.

Rainer Maria Rilke[130]

Übung: Unser Inneres Göttliches Kind

Wenn Sie bereits ein Entspannungsverfahren kennen oder eine Meditationshaltung gewöhnt sind, dann verwenden Sie ruhig diese als Einleitung. Wenn nicht, lesen Sie bitte zuerst die folgenden Schritte und üben Sie dann. Sie können sich den Text auch erst auf Band sprechen.

Suchen Sie sich einen Ort, an dem Sie ausreichend Ruhe haben und für etwa 30 Minuten ungestört sein können. Der Ort sollte für Sie angenehm sein, und Sie sollten sich wohlfühlen.

Setzen Sie sich oder legen Sie sich so, dass Sie sich ganz entspannt fühlen können. Es ist nicht wichtig, dass Sie eine besondere Körperhaltung einnehmen. Das Wunder des Lebens ereignet sich ohnehin in Ihnen, ob Sie sitzen, gehen, liegen, schlafen oder wachen. Viel wichtiger ist, dass Sie sich so entspannen können, dass Sie mit Ihrem Herzen in Kontakt kommen und Sie sich seinen leisen Impulsen öffnen können.

Wenn Sie Ihre Ausgangshaltung eingenommen haben, überprüfen Sie noch einmal kurz, ob es auch wirklich bequem ist. Überprüfen Sie das Gesicht, lockern Sie die Stirn, die Augenpartie, die Kiefermuskulatur, lockern Sie die Schultern und atmen Sie einige Male etwas tiefer in den Bauch ein und aus. Stellen Sie sich vor, dass beim Ausatmen eine Welle der Wärme und Entspannung erst durch Ihre Arme, dann durch Ihre Beine fließt. Mit jedem Ausatmen wird die Entspannung tiefer und tiefer. Sie lassen sich ganz los. Schließen Sie die Augen.

Lassen Sie sich immer genügend Zeit, bis Sie ganz in Fühlung mit der jeweiligen Fantasie sind. Wenn die Gedanken abschweifen, ist das in Ordnung. Kommen Sie dann einfach zur Übung zurück. Denken Sie immer wieder daran, dass Ihnen diese Übung wichtige Einsichten bringen kann und dass sich die kleine Anstrengung der Konzentration lohnt.

Jetzt lassen Sie sich immer mehr und immer tief los. Denken Sie daran, wie sie als Kind gelernt haben, festzuhalten und loszulassen ... Sie haben gelernt festzuhalten, als Sie laufen gelernt haben ... Als Sie zu essen gelernt haben ... Sie haben das Loslassen gelernt, als Sie auf einer Schaukel gesessen haben und Ihr Haar im Wind wehte ... Sie haben losgelassen, als Sie Ihre ersten Tagträume hatten, oder wenn Sie abends einschliefen ... Sie wissen also ganz genau, in welchem Maß Sie festhalten und loslassen müssen.

Sie können sich an Ihre ersten Schultage erinnern und an ihre Freunde, die sie damals hatten.

Sie können sich an das Haus erinnern, in dem Sie gewohnt haben, als Sie zur Schule gingen. War es auf dem Land? In der Stadt? Wo haben Sie sich gewöhnlich aufgehalten? Hatten Sie ihr eigenes Zimmer? Wo stand ihr Schreibtisch. Das Bett?

Wo hat sich die Familie gewöhnlich aufgehalten? Wo stand der Tisch? Wer sitzt an dem Tisch? Was war es für ein Gefühl, an diesem Tisch zu sitzen. Was war es für ein Gefühl, in diesem Haus zu wohnen?

Jetzt fällt Ihnen spontan eine Szene aus ihrer Kindheit ein. Was geschieht gerade? Fragen Sie ihr kindliches Selbst, was es gerade erfährt und wie es sich fühlt. Lassen Sie sich ausreichend Zeit, ihm zuzuhören. Fragen Sie nach und fühlen Sie sich in seine Situation ein.

Nachdem das Kind geendet hat, sagen Sie ihm das, was es jetzt hören möchte und braucht. Nehmen Sie sich Zeit, es zu trösten. Vielleicht möchten Sie das Kind auf den Arm nehmen, es umarmen oder es streicheln. Tun Sie es. Lassen Sie Ihren eigenen Gefühlen wie auch denen Ihres Inneren Kindes freien Lauf.

Tun Sie alles, was nötig ist, um das Selbstgefühl des Kindes wiederherzustellen, wenn es verletzt wurde. Geben Sie ihm Sicherheit, schenken Sie ihm Liebe. Geben Sie ihm dann folgende Zusicherungen:

- Ich bin so froh, dass ich Dich gefunden haben und dass Du hier bist.
- Ich mag Dich so, wie Du bist.
- Ich werde Dich nie verlassen, ganz gleich, was geschieht.

- Ich finde, dass Deine Bedürfnisse berechtigt sind.
- Ich lasse Dir so viel Zeit, wie Du brauchst, um Deine Bedürfnisse zu erfüllen.
- Ich bin so froh, dass Du ein Junge / ein Mädchen bist.
- Ich werde mich um Dich kümmern.
- Es macht mir Spaß, meine Zeit mit Dir zu verbringen.
- Auf der ganzen Welt gibt es niemanden, der so ist wie Du.

Lassen Sie diese Worte ausreichend lang nachklingen. Wenn Sie glauben, dass es in dieser Situation angemessen ist, dann nehmen Sie Ihr Kind auf Ihren Schoß und halten es zärtlich in Ihren Armen. Lassen Sie sich von ihm ein Ereignis aus seinem Leben zeigen, das für es besonders schmerzlich war. Lassen Sie sich Zeit, dass Ihnen diese Erfahrung ganz bewusst werden kann.

Wenn Sie den Eindruck haben, dass es jetzt angemessen ist, dann lassen Sie sich von Ihrem Kind ein Ereignis aus seinem Leben zeigen, das für es besonders schön und beglückend war. Lassen Sie sich Zeit, diese Erfahrung mit Ihrem Kind zu genießen.

Verabschieden Sie sich nun von Ihrem Kind, danken Sie ihm für alles, was es Ihnen offenbart hat und sagen Sie ihm, dass Sie sich jetzt immer gut um es kümmern werden. Bitten Sie es, dass es sich auch bei Ihnen immer wieder bemerkbar macht und deutlich seine Wünsche äußert.

Kommen Sie nun allmählich wieder zurück. Atmen Sie tiefer, bewegen Sie Ihren Körper, recken und strecken Sie sich. Nehmen Sie Ihre Stimmung mit in den Wachzustand. Sie spüren jetzt, dass Ihr ganzer Körper hellwach ist. Ihr Bewusstsein befindet sich wieder im normalen Wachzustand. Öffnen Sie jetzt die Augen.

Lassen Sie sich nun noch etwas Zeit, die Übung aus- und nachklingen zu lassen.[131]

Diese Übung lässt sich auch variieren, denn in oder hinter unserem Inneren Kind lebt das Göttliche Kind. Wenn Sie eine Weile in gutem Kontakt mit Ihrem Inneren Kind gestanden haben, Sie sich gegenseitig wieder vertraut geworden sind, schauen Sie Ihrem Inneren Kind tief in die Augen und öffnen sie ihm Ihr Herz. Sagen Sie ihm, dass Sie nun gerne mit dem Göttlichen Kind sprechen möchten. Spüren Sie das Göttliche Kind in Ihrem Inneren Kind. Nehmen Sie das Kind liebevoll in der Arm, schauen Sie es dankbar an und machen Sie sich bewusst, dass durch dieses Göttliche Kind, das Sie selbst sind, etwas auf die Erde kam, das nur durch Sie zum Ausdruck kommen kann und das von anderen Menschen nur durch Sie erlebt werden kann. Sie haben eine einzigartige Bestimmung und Ihr Göttliches Kind weiß davon und sehnt sich danach, es zu verwirklichen.

Fragen Sie Ihr Göttliches Kind nach Ihrer eigentlichen Aufgabe, nach Ihrer Bestimmung, nach Ihrem Lebenssinn. „Was ist meine Aufgabe?" „Warum bin ich hier?" „Was kann ich tun?"

Lassen Sie sich genügend Zeit, um wirklich in Kontakt mit Ihrer Frage, Ihrer innersten Sehnsucht zu kommen und warten Sie entspannt und offen auf eine Reaktion Ihres Göttlichen Kindes.

Die Antwort kann als Wort, als Gefühl, als Bild, als Symbol, als Geste erscheinen. Nehmen Sie die Antwort dankbar entgegen und sprechen Sie mit Ihrem Göttlichen Kind darüber, wenn Sie möchten.

Bedanken Sie sich bei Ihrem Göttlichen Kind und bitten Sie es, dass es immer mit Ihnen in Kontakt bleiben möge und Ihnen helfen möge, Ihren Auftrag und Ihren „Wahren Willen" nicht zu vergessen.

Das große offene Weltgeheimnis
liegt in seiner ganzen Schönheit und Herrlichkeit
vor uns im Lichte des eben gegenwärtigen Tages.

Freue dich,
dass du in der Welt bist
und zu den Wundern gehörst.

Wilhelm Raabe[132]

Anmerkungen und Literatur

1. Goethe, Johann Wolfgang von: Xenien aus dem Nachlass Nr. 45. Berliner Ausgabe. Poetische Werke, Band 2, Berlin 1960 ff., S. 495-496.
2. Buber, Martin: Die Geschichten des Rabbi Nachman. Nacherzählt von Martin Buber. Hamburg: Rowohlt 1989. Die genaue Quelle konnte leider nicht gefunden werden. Durch Rabbi Nachman soll dieser Spruch seines Urgroßvaters, des Baalschemtow, überliefert worden sein.
3. Pascal, Blaise: Wissen des Herzens. München: Barth 1987, S. 46.
4. Dostojewskij, Fjodor: Die Dämonen. (Die Teufel). Leipzig (1920), Band 2, S. 55.
5. Augustinus: Bekenntnisse. Buch 10, 8. Zitiert nach Grunow, Alfred: Führende Worte Bd. 3. Berlin: Haude und Spener 1963, S. 279.
6. Rilke, Rainer Maria: Winterliche Stanzen. Frankfurt: Insel 1968, S. 848.
7. Dostojewskij, Fjodor: Der Jüngling. Zitiert aus: Worte wie Spiegel. Freiburg, S. 32.
8. Das Pentaolon-System wird ausführlich beschrieben bei: Müller, Lutz: Lebe Dein Bestes. Die Quintessenz der Lebenskunst und Selbst-Verwirklichung. Stuttgart: opus magnum 2011. Dies Buch gibt es auch in einer Internet-Fassung unter www. pentaolon.de und wird dort laufend aktualisiert.
9. Hesse, Hermann: Die Einheit hinter den Gegensätzen. Frankfurt: Suhrkamp 1986, S. 9.
10. Goethe, Johann Wolfgang von: Faust. Ausgabe letzter Hand. Bd. 3., S. 193 .
11. Goethe, Johann Wolfgang von: Parabase. Ausgabe letzter Hand. Bd. 1, S. 542.
12. Rilke, Rainer Maria: Ich lieb ein pulsierendes Leben. Werke Bd. 3, Frankfurt: Insel 1955, S. 31.
13. Hoyle, Fred: Zitiert nach: Kelley, Kevin: Der Heimatplanet. Frankfurt: Zweitausendeins 1992, Umschlagklappe.
14. White, Frank: Der Overview-Effekt. Wie die Erfahrung des Weltraums das menschliche Wahrnehmen, Denken und Handeln verändert. München: Goldmann 1993.
15. Mitchell, Edgar: zitiert nach: Kelley, Kevin: Der Heimatplanet. Frankfurt: Zweitausendeins 1992, S. 138.
16. Wolynow, Boris: zitiert nach: Kelley, Kevin: Der Heimatplanet. Frankfurt: Zweitausendeins 1992, S. 88.
17. Jung, C. G. / Jaffè, A.: Erinnerungen, Gedanken und Träume von C. G. Jung. Zürich: Rascher 1962, S. 292 f.

18. Sagan, Carl: Blauer Punkt im All. Droemer-Knaur 1996, S. 67 f.

19. Ruska, Julius: Tabula Smaragdina. Heidelberg: Carl Winters Universitätsbuchhandlung 1926. Vgl. auch: Die Tabula Smaragdina in: Müller, Lutz: Magie. Tiefenpsychologischer Zugang zu den Geheimwissenschaften. Stuttgart: Kreuz 1989. Überarbeitete Neuherausgabe unter dem Titel: Müller, Lutz: Magie. Die Symbolik der Hermetik und der Geheimwissenschaften. Stuttgart: opus magnum 2011 .

20. Zitiert nach: Sonnentage. Ein Begleiter durch das Jahr. Stuttgart: Kreuz 1994, 24. Mai.

21. Swimme, Brian: Das Universum ist ein grüner Drache: Ein Dialog über die Schöpfungsgeschichte oder von der mystischen Liebe zum Kosmos. München: Claudius 1991, S. 23.

22. Ruska, Julius: Tabula Smaragdina. Heidelberg: Carl Winters Universitätsbuchhandlung 1926. Vgl. auch: Die Tabula Smaragdina in: Müller, Lutz: Magie. Tiefenpsychologischer Zugang zu den Geheimwissenschaften. Stuttgart: Kreuz 1989. Überarbeitete Neuherausgabe unter dem Titel: Müller, Lutz: Magie. Die Symbolik der Hermetik und der Geheimwissenschaften. Stuttgart: opus magnum 2011.

23. Nola, Alfonoso di: Aus der Sonnenhymne des Amenophis IV. - Echnaton. Zitiert nach: Gebete der Menschheit. Frankfurt: Insel 1977, S. 177 ff.

24. Priestley, John B.: Rain upon Godshill. Toronto 1939. Zitiert nach Adler, G.: Zur Analytischen Psychologie. Zürich: Rascher 1952, S. 159 f.

25. Bingen, Hildegard von: Welt und Mensch. De operatione dei. VIII, 2, S. 265. Aus dem Genter Kodex übersetzt und erläutert von Heinrich Schipperges, Salzburg: Otto Müller 1965.

26. Goethe, Johann Wolfgang von: Gesang der Geister über den Wassern. Vermischte Gedichte. Berliner Ausgabe. Poetische Werke, Band 1, Berlin 1960 ff., S. 312-313.

27. Hesse, Hermann: Siddhartha. Frankfurt: Suhrkamp 1977, S. 109.

28. Goethe, Johann Wolfgang von: Im Atemholen sind zweierlei Gnaden. Westöstlicher Diwan. Buch des Sängers. Berliner Ausgabe. Poetische Werke, Band 3, Berlin 1960 ff, S. 12.

29. Rilke, Rainer Maria: Atmen ... Frankfurt: Insel 1968, S. 695.

30. Häuptling Seattle: Ausschnitt aus einer Rede, die Häuptling Seattle 1855 an den Präsidenten der Vereinigten Staaten gerichtet haben soll (historisch nicht belegt). Der Text ist eine freie Bearbeitung eines Redetextes, der erstmals publiziert wurde im Seattle Sunday Star, 1887 und später auch in der Washington Historical Quartery erschienen ist. Die bekannteste Version des Textes, die nur noch wenig Gemeinsamkeiten mit dem Original aufweist, wurde 1972 von Ted Perry für einen Film über Ökologie verfasst.

31. Watts, Alan: Die Illusion des Ich. Westliche Wissenschaft und Zivilisation in der Krise. München: Kösel 1980, S. 139.
32. Wehr, Gerhard: Novalis. Schaffhausen: Novalis 1976, S. 137
33. Konfuzius. Gespräche Lun-yü. München: DTV 2005, S. 16.
34. Rossi, Ernest, L.: 20 Minuten Pause. Paderborn: Junfermann 1993.
35. Reps, Paul: Ohne Worte - ohne Schweigen. München: Barth 1976, S. 91 f.
36. Zitiert nach Mello, Anthony de: Warum der Vogel singt. Freiburg: Herder 1984, S. 21.
37. Jost Perfahl: Matthias Claudius. Sämtliche Werke. Winkler-Verlag, München: 1976, S. 149-150.
38. Jung, C. G.: Das Grundproblem der gegenwärtigen Psychologie. GW 8. Olten: Walter 1977, § 673.
39. Bingen, Hildegard von: Welt und Mensch. De operatione dei. I. 2. 25 f. Aus dem Genter Kodex übersetzt und erläutert von Heinrich Schipperges, Salzburg: Otto Müller 1965.
40. Schiller, Friedrich: Ode an die Freude. Zitiert nach: Bemmann, Hans, Pinkerneil, Dietrich: Das große Hausbuch deutscher Dichtung. Königstein: Athenäum 1982, S. 138.
41. Verändert nacherzählt nach Mello, Anthony de: Wer bringt das Pferd zum Fliegen? Freiburg: Herder 1989, S. 120 f.
42. Hesse, Hermann: Lektüre für Minuten. Neue Folge. Herausgegeben von V. Michels. Frankfurt: Suhrkamp 1976, S. 186.
43. Müller, Lutz: Des Kaisers neue Kleider. Stuttgart: Kreuz 1995; überarbeitete Neuauflage: Stuttgart: opus magnum 2011.
44. Buber, Martin: Schriften zum Chassidismus. Heidelberg: Lambert Schneider 1963, S. 947.
45. Rogers, Carl: Die Entwicklung der Persönlichkeit. Stuttgart: Klett-Cotta 1989, S. 32.
46. Rogers, Carl: Die Entwicklung der Persönlichkeit. Stuttgart: Klett-Cotta 1989, S. 37.
47. Hesse, Hermann: Klein und Wagner. Zitiert nach: Worte des Zauberers. Freiburg: Herder 1987, S. 125.
48. Zitiert nach Eckart Hans, Grunow, Alfred: Führende Worte Bd. 1. Berlin: Haude und Spener 1963, S. 186 .
49. Meister Eckhart: Deutsche Predigten und Traktate. Predigt 13. München: Hanser 1963, S. 214.
50. Ende, Michael: Die unendliche Geschichte. Stuttgart: Thienemann 1983, S. 414.

51. Goethe, Johann Wolfgang von: Erinnerung. Werke in zwölf Bänden. Erster Band, Gedichte I, S. 92.
52. Fromm, Erich: Haben oder Sein. München: DTV 1979.
53. Dürckheim, Karlfried Graf: Hara: die Erdmitte des Menschen. Frankfurt: Barth 2005
54. Saint-Exupéry, Antoine de: Der kleine Prinz. Düsseldorf: Karl-Rauch-Verlag 2008, S. 71.
55. Watts, Alan: Dies ist Es. In White, H. (Hrsg): Was ist Erleuchtung? Freiburg: Bauer 1988, S. 17.
56. Watts, Alan: Dies ist Es. In White, H. (Hrsg): Was ist Erleuchtung? Freiburg: Bauer 1988, S. 41.
57. Krishnamurti, Jiddu: Einbruch in die Freiheit. Berlin: Ullstein, 22 f.
58. Jung, C. G.: Kommentar zum Geheimnis der Goldenen Blüte. GW 13, Olten: Walter 1977, § 20 .
59. Goethe, Johann Wolfgang von: Zitiert nach: Schad, Wolfgang: Würde der Dinge. Freiheit des Menschen. Goethe-Texte. Stuttgart: Urachhaus, 1983, S. 173.
60. Eichendorff, Joseph, Freiherr von: Wünschelrute. Zitiert nach: Bemmann, Hans, Pinkerneil, Dietrich: Das große Hausbuch deutscher Dichtung. Königstein Ts.: Athenäum 1982, S. 289.
61. Jung, C. G.: Das symbolische Leben (1939a). GW 18/1. Olten: Walter 1979, § 627.
62. Einstein, Alfred: Mein Weltbild. Berlin: Ullstein, 1983, S. 10.
63. Jung, C. G. / Jaffé, A.: Erinnerungen, Gedanken, Träume von C. G. Jung, Zürich: Rascher 1962, S. 357.
64. Müller, Lutz, Knoll, Dieter: Ins Innere der Dinge schauen. Mit Symbolen schöpferisch leben. Düsseldorf: Patmos 2007. Überarbeitete und erweitere Neuauflage: Stuttgart: opus magnum 2011.
65. Novalis: Schriften. Heinrich von Ofterdingen. Band 1, S. 359, 1802. Stuttgart 1960-1977.
66. Schiller, Friedrich: Das Höchste. Zitiert nach Eckart Hans, Grunow, Alfred: Führende Worte Bd. 1. Berlin: Haude und Spener 1963, S. 103.
67. Nach einer Fabel aus Ghana. Zitiert nach: Hug, Barbara und Hans: Blätter, die uns durch das Jahr begleiten. Stuttgart: Kreuz 1992, 19./20. August.
68. Müller, Lutz: Der Held. Jeder ist dazu geboren. Stuttgart: Kreuz. Neuauflage: Stuttgart: opus magnum 2011.
69. Rückert, Friedrich: Zitiert nach: Reiners, Ludwig: Der ewige Brunnen. München: Beck 1959, S. 923.

70. Buber, Martin: Die Erzählungen der Chassidim. Zürich: Manesse 1992, S. 39.

71. Buddha: Anguttara Nikaya III, 66 Lehrreden des Buddha aus der angereih ten Sammlung. Der Ursprung der angegebenen Übersetzung konnte nicht gefunden werden. Gefunden wurde eine etwas andere Übersetzung, die sich mit folgendem Wortlaut findet in: Govinda, Anagarika: Einsichten eines Pilgers im Himalaya, S. 86: „Geht, Kalamer, nicht nach Hörensagen, nicht nach Überlieferungen, nicht nach Tagesmeinungen, nicht nach der Autorität heiliger Schriften, nicht nach bloßen Vernunftgründen und logischen Schlüssen, nicht nach erdachten Theorien und bevorzugten Meinungen, nicht nach dem Eindruck persönlicher Vorzüge, nicht nach der Autorität eines Meisters! Wenn ihr aber, Kalamer, selber erkennt: Diese Dinge sind heilsam, sind untadelig, werden von Verständigen gepriesen und unternommen, führen sie zu Segen und Wohl, dann, o Kalamer, mögt ihr sie euch zu eigen machen." .

72. Buber, Martin: Zitiert nach: Sonnentage. Ein Begleiter durch das Jahr. Stuttgart: Kreuz, 25. 8.

73. Williamson, Marianne: Return to Love, S. 191. Deutsch: Rückkehr zur Liebe. Hamburg: Goldmann 1993, S. 181.

74. Tagore, Rabindranath: Fruchtlese. Leipzig: Kurt Wolff 1921, S. 122.

75. Fulda, Ludwig. Zitiert nach: Reiners, Ludwig: Der ewige Brunnen. München: Beck 1959, S. 714.

76. Goethe, Johann Wolfgang von: Faust. Ausgabe letzter Hand. Bd. 3, S. 348.

77. Csikszentmihalyi, Mihaly: Flow. Das Geheimnis des Glücks. Stuttgart: Klett-Cotta, S. 64.

78. Gendlin, E.: Focusing. Salzburg 1981.

79. Eine hilfreiche Anleitung, wie man immer tiefer fragen kann, um zu essenziellen Antworten zu gelangen, findet sich in: Andreas, Connirae u. Tamara: Der Weg zur inneren Quelle. Paderborn: Junfermann 1995.

80. Volkslied, ca. 1790 bearbeitet von Hoffmann von Fallersleben, 1842.

81. Platon: Sämtliche Werke. Band 2. Der Staat, 7. Buch, Berlin: Lambert Schneider 1940, S. 248 ff.

82. Zitiert nach Grunow, Alfred: Führende Worte Bd. 3. Berlin: Haude und Spener 1963, S. 124.

83. Jung, C. G. / Jaffé, Aniela: Erinnerungen, Träume und Gedanken von C. G. Jung. Zürich: Rascher 1962, S. 260.

84. Chardin, Pierre Teilhard de: Das Auftreten des Menschen. Olten: Walter 1964 - Der Mensch im Kosmos. München: Beck 1959.

85. Swimme, Brian: Das Universum ist ein grüner Drache: Ein Dialog über die Schöpfungsgeschichte oder von der mystischen Liebe zum Kosmos. München: Claudius 1991, S. 26 f..
86. Gebser, Jean: Ursprung und Gegenwart. Stuttgart: DVA 1949.
87. Neumann, Erich: Ursprungsgeschichte des Bewusstsein. Zürich: Rascher 1949.
88. Obrist, Willy: Die Mutation des europäischen Bewusstseins. Eine Zusammenfassung seines Werks. Stuttgart: opus magnum 2006; Religiosität ohne Religion. Stuttgart: opus magnum 2009; Tiefenpsychologie und Theologie. Aufbruch in ein integrales Bewusstsein. Stuttgart: opus magnum 2009
89. Wilber, Ken: Halbzeit der Evolution. München: Scherz 1984; ders.: Eine kurze Geschichte des Kosmos. Frankfurt: Fischer 2004; ders. Integrale Psychologie: Geist, Bewußtsein, Psychologie, Therapie. Freiburg: Arbor 2001.
90. Wilber, Ken; Patten, Terry; Leonard, Adam; Morelli, Marco: Integrale Lebenspraxis. München: Kösel 2010.
91. Jung, C. G.: Psychologie und Religion. GW 11. Olten: Walter 1977, S. 91.
92. Watts, Alan: Die Kunst der Kontemplation. Freiburg: Aurum 1977, S. 7 (Zusammen mit Lama Anagarika Govinda) .
93. C. G. Jung. Mysterium Coniunctionis. GW 14/1 Olten: Walter 1972, S. 117.
94. Hakuin: Meditationsgesang. Zitiert nach Watts, A.: Vom Geist des Zen. Frankfurt: Suhrkamp 1991, S.: 38.
95. Müller, Anette / Müller, Lutz (Hrsg.): Ein Stern kommt auf die Erde. Die spirituelle Symbolik von Weihnachten. Stuttgart: opus magnum 2010
96. Wehr, Gerhard: Angelus Silesius - Der cherubinische Wandersmann. Schaffhausen: Novalis 1977, Buch 1, Vers 253, 8 und 11.
97. Llull, Ramon.: Die Kunst, sich in Gott zu verlieben. Freiburg: Herder 1985, S. 68 f.
98. Popper, Karl: Alles Leben ist Problemlösen. München: Piper 1994, S. 144.
99. Zitiert nach: Eckart Hans, Grunow, Alfred: Führende Worte Bd. 1. Berlin: Haude und Spener 1963, S. 185.
100. Diese Übung findet sich in Variationen in: Assagioli, Roberto: Handbuch der Psychosynthesis. Freiburg: Aurum 1978; Ferrucci, Pierro: Werde was du bist. Selbstverwirklichung durch Psychosynthese. Hamburg: Rowohlt 1992 S. 73ff und Ken Wilber: Wege zum Selbst. München: Kösel 1984, S. 170 f.
101. Wilber, Ken: Das Atman Projekt. Paderborn: Junfermann 1990, S. 247.
102. Goethe, Johann Wolfgang von: Epirrhema. Berliner Ausgabe. Poetische Werke [Band 1–16], Band 1, Berlin 1960, S. 545-546.

103. Vgl. Mello, Anthony de: Wer bringt das Pferd zum Fliegen? Freiburg: Herder 1989, S. 46.

104. Vgl. Mello, Anthony de: Warum der Schäfer jedes Wetter liebt. Freiburg: Herder 1988, S. 175.

105. Buber, Martin: Der Weg des Menschen nach der chassidischen Lehre. Heidelberg: Lambert Schneider 1977, S.: 45.

106. Dostojewskij, Fjodor: Zitiert nach Google. Die genaue Quelle dieses Zitats konnte leider nicht gefunden werden.

107. Seneca: Trostschrift an seine Mutter Helvia, VIII, 5. Verschiedene Übersetzungen.

108. Wilber, Ken: Die drei Augen der Erkenntnis: auf dem Weg zu einem neuen Weltbild. München: Kösel 1988, S. 240.

109. Jung, Carl Gustav: Das Wandlungssymbol in der Messe. GW 11. Olten: Walter 1979, S.: 284.

110. Zimmer, Heinrich: Philosophie und Religion Indiens. Frankfurt: Suhrkamp 1973, S. 328 f.

111. Zitiert nach Schmidt, K. O.: In dir ist das Licht. München: Drei Eichen 1979, S. 195.

112. Wilber, Ken: Das Atman Projekt. Paderborn: Junfermann 1990, S. 247.

113. Diese Geschichte gibt es in der Weisheitsliteratur in vielen Varianten. Sie wurde hier vom Verf. erweitert und ausgestaltet.

114. Seneca: Von wahrer Lebenskunst. München: Barth 1990, S. 73.

115. Kuiper, Piet C.: Seelenfinsternis. Frankfurt: S. Fischer 1991, S. 188.

116. Tausch, Anne-Marie, Tausch, Reinhardt: Sanftes Sterben. Hamburg: Rowohlt 1985, S. 249-252.

117. Swimme, Brian: Das Universum ist ein grüner Drache: Ein Dialog über die Schöpfungsgeschichte oder von der mystischen Liebe zum Kosmos. München: Claudius 1991, S. 113.

118. Wehr, Gerhard: Angelus Silesius - Der cherubinische Wandersmann. Stuttgart: opus magnum 2011, Buch 1, Vers 26 und Vers 35.

119. Stein der Jugend bei der großen Eiche. Grabinschrift im Parco Giardino Sigurta bei Verona. Zitiert aus dem Internet.

120. Hesse, Hermann: Siddhartha. Frankfurt: Suhrkamp 1977, S. 78.

121. Hesse, Hermann: Siddhartha. Frankfurt: Suhrkamp 1977, S. 79.

122. Ende, Michael: Momo. Stuttgart: Thienemann, S. 15.

123. Ende, Michael: Momo. Stuttgart: Thienemann, S. 162.

124. Ende, Michael: Momo. Stuttgart: Thienemann, S. 162.

125. Ende, Michael: Momo. Stuttgart: Thienemann, S. 164 f..

126. Jung, C. G.: Das göttliche Kind. GW 09/1. Olten: Walter 1976, § 289.
127. Montague, Ashley: Zum Kind reifen. Stuttgart: Klett 1984.
128. Matthäus. Katholische Bibelanstalt, Stuttgart, Das neue Testament, Einheitsübersetzung 18, 1-5.
129. Wehr, Gerhard: Angelus Silesius - Der cherubinische Wandersmann. Stuttgart: opus magnum 2011, Buch 1, Vers 253.
130. Rilke, Rainer Maria: Gedichte. Frankfurt: Insel 1968, S. 147.
131. Bradshaw, John: Das Kind in uns. München: Droemer Knaur 1992, S. 76 ff. Diesem Buch wurde auch die Anregung zur angegebenen Übung entnommen.
132. Raabe, Wilhelm: Zit. nach Google. Die genaue Quelle konnte nicht gefunden werden.

Weitere Bücher von Lutz Müller

Muller, Lutz: ***Lebe Dein Bestes. Die Quintessenz der Lebenskunst und Selbst-Verwirklichung.*** Stuttgart: opus-magnum 2011 (Neu gestaltete und erweiterte Auflage des Buches von 2001 bei Düsseldorf: Walter.)

Müller, Lutz / Knoll, Dieter: ***Ins Innere der Dinge schauen. Mit Symbolen schöpferisch leben.*** Stuttgart: opus-magnum 2011. (Neu gestaltete und erweiterte Auflage des Buches von 2007 bei Düsseldorf: Patmos).

Müller, Lutz: ***Magie - Symbolik der Hermetik und der Geheimwissenschaften.*** Stuttgart: opus-magnum 2011. (Neu gestaltete und erweiterte Auflage des Buches von 1989 bei Stuttgart: Kreuz).

Müller, Lutz: ***Der Held - Jeder ist dazu geboren.*** Stuttgart: opus-magnum 2011. (Neu gestaltete und erweiterte Auflage des Buches von 1987 bei Stuttgart: Kreuz).

Müller, Lutz: ***Des Kaisers neue Kleider - Durchbruch zum wahren Selbst.*** Stuttgart: opus-magnum 2011. (Neu gestaltete und erweiterte Auflage des Buches von 1995 bei Stuttgart: Kreuz).

Müller, Lutz: ***Das tapfere Schneiderlein - Lebenskunst mit Geist und Witz.*** Stuttgart: opus-magnum 2011. (Neu gestaltete und erweiterte Auflage des Buches von 1987 bei Stuttgart: Kreuz).

Müller, Lutz: ***Suche nach dem Zauberwort - Der Weg der Selbst-Verwirklichung.*** Dargestellt am Beispiel der „Unendlichen Geschichte" von Michael Ende. Stuttgart: opus-magnum 2011. (Neu gestaltete und erweiterte Auflage des Buches von 1989 bei Stuttgart: Kreuz).

Müller, Lutz: Müller, Anette (Hrsg.): ***Ein Stern kommt auf die Erde - Die spirituelle Symbolik von Weihnachten.*** Stuttgart: opus-magnum 2009

Müller, Lutz; Müller, Anette (Hrsg.): ***Wörterbuch der Analytischen Psychologie.*** Düsseldorf: Walter 2003, 2007. Unter Mitarbeit von 60 renommierten Autoren der Analytischen Psychologie. Neuherausgabe und Online-Fassung geplant.

Müller, Lutz (Hrsg.): ***Wörterbuch der tiefenpsychologischen Symbolik.*** Existiert bisher nur in einer Online-Fassung: www.symbolonline.de

Alle Bücher können nach Erscheinen über www.opus-magnum.de oder www.amazon.de eingesehen werden.